★ 国家出版基金资助项目
★ 湖北省学术著作出版专项资金资助项目

高等教育与社会发展论丛
董泽芳◇主编

制度与实践：
一流研究型大学科教融合研究

吴洪富 等 著

華中師範大學出版社

新出图证（鄂）字 10 号

图书在版编目（CIP）数据

制度与实践：一流研究型大学科教融合研究/吴洪富等著．—武汉：华中师范大学出版社，2018．12

（高等教育与社会发展论丛/董泽芳主编）

ISBN 978-7-5622-8447-5

Ⅰ．①制…　Ⅱ．①吴…　Ⅲ．①高等教育—科学研究工作—教学研究　Ⅳ．①G64

中国版本图书馆 CIP 数据核字（2018）第 292458 号

制度与实践：一流研究型大学科教融合研究

© 吴洪富等　著

责任编辑：魏耀武　　责任校对：肖绪旭

封面设计：罗明波

编辑室：学术出版中心　　电话：027-67863220/7792

出版发行：华中师范大学出版社　　社址：湖北省武汉市洪山区珞喻路 152 号

电话：027-67863426（发行部）　　027-67861321（邮购）

传真：027-67863291　　邮编：430079

网址：http：//press.ccnu.edu.cn　　电子信箱：press@mail.ccnu.edu.cn

印刷：湖北恒泰印务有限公司　　督印：王兴平

开本：710mm×1000mm　1/16　　字数：235 千字

版次：2018 年 12 月第 1 版　　印次：2018 年 12 月第 1 次印刷

印张：16　　定价：56.00 元

欢迎上网查询、购书

总　　序

高等教育是社会大系统中的一个极其重要的子系统，它与经济、政治、文化等子系统之间有着相互依存的关系。高等教育作为培养高层次专门人才的社会活动，与人的发展更有着极为密切的联系。同时，高等教育自身又是一个多层次、多类型、多主体的系统，不仅大学之间，大学内部各组织之间，领导、教师与学生之间关系错综复杂，而且与社会的方方面面都有着千丝万缕的联系。随着时代的发展，多层次的高等教育与多元化的社会之间形成了越来越密切的互动关系。现代社会，高等教育的存在和发展越来越离不开政府和社会在人力、物力、财力，以及政策、环境等方面的支持与促进；社会的发展也越来越离不开高等教育及其研究的引领与推动。美国经济学家弗里德曼用经济学“核心—边缘”理论研究二战后的经济社会现象与教育特别是与高等教育的关系时，发现在知识成为经济社会赖以存在和发展的基本资源与生产要素后，高等教育逐渐从游离于社会之外的“象牙塔”进入社会的边缘区，并渐次成为推动经济社会发展的“中心”要素，从而提出了著名的高等教育“从边缘走向中心”的发展趋势理论。从二战后高等教育对许多国家发展的实际影响来看，高等教育已成为促进国家科技振兴、经济发展、政治民主、文化繁荣的必要条件；从高等教育对社会个体的影响来看，高等教育不仅是提高个人素质、开发个人潜能的重要基础，更是促进社会流动、实现人生价值的主要途径。的确，高等教育对社会及个人的影响力从来没有像今天这样巨大，社会变革对高等教育的影响也从来没有像今天这样深刻。

然而，随着现代科技的发展和工业化进程的加速，科学文化及其内含的经济价值和工具价值得以彰显，高等教育发展中理性主义与功利主义的冲突日趋激烈。同时，高等教育大众化的进程加快及其与政府、市场、大学三者关系日益复杂，加之财政困难，高等教育商业化、官僚化、技术至上和教育质量下降等问题凸显，高等教育发展的现状和社会的期望之间的鸿沟逐渐加深，高等教育与社会发展之间的冲突也不断加剧。著名的高等教育学家约翰·S. 布鲁贝克在其《高等教育哲学》一书中，专门从冲突论的视角，论述了高等教育发展中认知论与政治论、自治与控制、学术自由与社会责任、精英教育与大众教育、普通教育与专才教育五方面的冲突，还就传统的高等教育与现代的高等教育、学术研究与社会现实道德、大学与教会等方面的冲突展开了论述。联合国教科文组织前总干事费德里克·马约尔在 1995 年发布的联合国教科文组织关于“高等教育的变革与发展的政策性文件”中更明确指出，“全世界几乎所有国家的高等教育都处于危机之中”。

在我国，随着社会现代化进程的加快，人们已愈来愈清楚地认识到，高等教育与社会的良性互动和协调发展不仅是政治稳定、科技振兴、经济发展、文化繁荣、人民幸福的必要前提，而且是保障高等教育健康发展、高效运行的基本条件。然而，现实的高等教育与社会互动机制仍不够健全，高等教育与社会发展不协调的现象也普遍存在。尤其是在社会大转型的今天，新旧体制、新旧观念与新旧因素的对立与摩擦，以及由此产生的社会失序、混乱与震荡，不仅使高等教育与社会的互动日趋复杂，也使高等教育与社会的协调发展严重受阻。有关高等教育与社会发展的关系的研究也面临着一系列值得研究的新问题。

从宏观的层次讲：一是社会结构转型与高等教育制度的调适问题。社会转型主要包括政治结构、经济结构、文化结构等在内的社会结构的整体性变迁过程。社会转型必然引起与原有社会结构相配套的规则与程序不同程度的失效，而新社会结构要素的生长亟待制度创新来促进和保障。高等教育制度如何调适与创新，如何形成与各种新的社会结构要素协调发展的关系，如何实现高等教育自身健康发展与着眼于学科发展、促进社会全面协调发展的双重目标等问题，必须通过高等教育社会学的研究才能作出科学的回答。二是高等教育与社会关系的变化及高等教育的社会功能重构。社会结构的全面转型必然对高等教育产生巨大的影响，并使高等教育与社会的关系出现一系列新变化。如市场经济的发展打破了高等教育自我封闭的格局，加强了高等教育对市场的关注；民主政治的推进提升了高等教育的自主地位，弱化了高等教育对政府的依赖；对外开放格局的形成拓展了教育者的视野，加强了高等教育同世界的联系，等等。在这种情况下，如何重新认识高等教育的社会价值，如何重构高等教育的各种社会功能，如教育对市场经济的适应、支持与矫正功能，对政治的维护、监督与批评功能，对国外文化的选择、吸收与融合功能，等等，也是高等教育社会学研究的重要任务。三是高等教育与社会冲突的加剧及高等教育的整合机制。社会全方位的变革使高等教育赖以生存的基础发生了变化，高等教育本身也进入了一个剧变时期，旧的运行机制正在被打破，新的运行机制尚未被建立，高等教育与社会的冲突大量存在。如社会经济发展对高等教育的人才需求结构与高等教育的人才培养、输出结构的冲突，高等教育发展对投入的需求与社会经济承受力的冲突，高等教育对理性精神的追求与社会现实的功利取向的冲突，高等教育的价值观念取向与社会文化观念更新的冲突，等等。诚然，高等教育社会冲突的出现并不必然产生消极的后果。如果通过高等教育社会学的研究能够形成比较健全的教育与社会的整合机制，高等教育与社会之间的冲突就会向积极的方面转化。

从中观的层次讲，主要是社会转型带来的各种社会分化引发了一系列新的高等教育社会问题。如区域分化与高等教育发展的失衡问题，阶层分化与弱势群体子女的高等教育问题。急剧的社会转型使原有社会阶层结构产生了前所未有的大分化，进而导致利益的大分化，这必然会在不同利益主体间产生广泛的矛盾和冲突。由此引发了地区之间高等教育差距扩大、高等教育资源配置不合理、高等教育机会不均等等新的高等教育社会问题。

从微观的层次看，主要有社会行为无序与大学行为失范问题，高等教育时空拓展与高校师生关系变化问题，大学校内、校外环境变化与大学教师角色冲突问题，商业的价值原则渗透与大学生的功利行为问题，等等。这些现实的问题，都是令人感到困惑的新的教育问题、社会问题，迫切需要高等教育社会学的探讨与解决。

在这种情况下，高等教育社会学理应顺应时代的要求，调整研究的视角，真正树立起高等教育与社会一体化协调发展的观念，加强对高等教育与社会互动机制的研究，努力探寻高等教育与社会协调发展的规律，促进我国高等教育的健康发展和社会的全面进步。本丛书的出版目的正在于促进这一研究。

本丛书在编写上突出了下列特点：一是研究立场的本土性与研究内容的时代性。从中国近代高等教育的发展过程看，过去高等教育学的研究在一定程度上存在着过于依赖西方教育理论和教育观念的问题，相关研究缺乏本土意识。本丛书强调立足中国国情来解决中国高等教育实践中的问题。在研究内容上，牢牢把握当下中国社会大转型这一时代背景，直面因新旧体制、新旧观念及新旧因素的对立与冲突所产生的社会失序、混乱及震荡给高等教育发展带来的冲击与挑战，紧紧围绕“高等教育与社会和谐发展”这一核心主题，提出了摆脱困境、战胜危机所要解决的一系列重要问题，并通过实实在在的研究，给出了明确回答。本丛书提出的这些问题，都是“高等教育与社会和谐发展的中国问题”，或者说是“中国的高等教育与社会和谐发展问题”。而丛书作者通过研究作出的回答，可视为有助于解决问题的一些“中国答案”。

二是研究视域的广泛性与研究视角的多层性。高等教育与社会发展都是多层次、多类型、多主体的系统，探讨二者的关系应该有广阔的视域和多层的视角。在研究的视域上，本丛书既着力审视整个社会的结构与文化、体制与机制同整个高等教育之间的关系，也努力探明区域分化、地方传统文化同地方高等教育之间的关系，并用力探究具体高校中的职业性别政治、权力关系及角色冲突等问题。在研究的视角上，本丛书立足于高等教育学，比较倚重于社会学，但并不局限于社会学，而是根据研究的具体问题及主要目的，将研究的视角延展至经济学、文化学、人类学、教育学等学科。开阔的学术视野与多样的研究视角，使得丛书内容格外丰富多彩。

三是研究方法的多元性与研究手段的实证性。本丛书遵循了理论研究与实证研究相结合、立足国情与合理借鉴相结合、问题分析与对策探讨相结合等原则，注重多种方法的综合运用。尤为强调运用实证分析的手段，将研究结论建立在翔实的资料基础之上，力图更多地用客观事实说话，用实际材料说话。如制度政策的文本分析、形式多样的问卷调查、扎根实地的田野研究、已有统计数据的二次分析等，在本丛书中都有合理运用，从而为发现高等教育与社会协调发展中存在的问题、揭示成因、寻觅对策提供了必要依据。通过开展实证研究，本丛书改变和克服了老套社会科学研究“从概念到概念”、“从理论到理论”、“从问题到问题”的不良倾向，增强了理论研究的“问题导向”与策略研究的“有的放矢”。

本丛书得以出版，既要感谢华中师范大学出版社新老领导的精心策划与大力支持，也要感谢编辑部主任和各位编辑的认真审读与细致编校，更要感谢顾明远先生与吴康宁先生的充分肯定与郑重推荐。

本丛书的作者主要是高等教育与社会发展研究方向的博士和博士后，丛书多是在他们的博士学位论文的基础上修改而成，虽然研究宗旨与写作要求一致，但每本书的主题思想与写作风格各异。作为丛书主编，我希望本丛书的出版能够为促进我国高等教育与社会协调发展起到一定的作用，也希望高等教育与社会发展的议题能受到学界更多的关注。由于作者的水平以及对高等教育与社会协调发展规律的认识有限，本丛书必有诸多不足之处，诚望诸位学者、读者不吝赐教。

董泽芳

2017 年 6 月 6 日

目　录

导　言

在漫长的发展进程中，大学历经持久的变革。由于其内向性，大学的变革常常是被动和渐进的，但也有为数不多的主动的革命性转型，19世纪初期德国大学的改革便是值得大书特书的一次。那次独一无二的学术革命与洪堡（Wilhelm von Humboldt）的名字联系在一起，确立了“教学与科研相统一”这一永久的原则。这一原则把科学研究（即科研，下同）纳入大学之中，并彻底改变了大学，使主要作为教学场所的机构步入现代，传统大学蜕变为现代大学。

这一革命性的转型，给大学带来了新的活力和生长空间，但也带来了困惑，那就是如何处理新增添进来的“科学研究”与“教学”之间的关系。对此，学界有持久的争论。纽曼（John Henry Newman）、加塞特（Ortega Y. Gasset）、弗莱克斯纳（Abraham Flexner）、雅斯贝尔斯（Karl Jaspers）、本-戴维（Joseph Ben-David）和博耶（Boyer E. L.）等都对这一问题进行过专门评述。1990年发表的题为《学术反思：教授工作的重点领域》（*Scholarship Reconsidered：Priorities for the Professoriate*）的报告，呼吁“是时候远离令人厌倦的、陈旧的关于教学与科研的争论了”①。但时至今日，相关争论似乎并未停止。

在实践中，教学与科研关系也引发了诸多困扰。20世纪60年代以来，随着高等教育大众化的到来、科学研究体制的变化，这种困扰愈发突出。从盎格鲁-撒克逊传统的美国、英国、澳大利亚、新西兰等国关于

---

① BOYER E L. Scholarship Reconsidered：Priorities for the Professoriate [R]. Princeton N J：Carnegie Foundation for the Advancement of Teaching，1990：16.

科研与教育关联的大讨论，到罗马传统的德国、法国等国围绕洪堡理念的前景进行研究，以及我国近年来兴起的围绕“钱学森之问”与“科教两张皮”展开的讨论①，都是这种困扰的体现。有学者甚至指出：“在大众化高等教育系统中，教学与科研关系是一个在思想上最混乱、政治上争论最多、管理上最复杂的问题之一。”②

可以说，科学研究进入大学，造就了现代大学。自此，教学与科研关系成为大学的基本问题。克拉克（Clark B. R.）甚至认为，在“现代大学教育中，没有任何问题比教学与科研之间的关系更为根本”③。

为深入研究“教学与科研相统一”的当代境遇，克拉克领导的课题组于 1987 年到 1990 年对德、英、法、美、日五国进行了比较研究，以分析洪堡原则在 20 世纪末的实践状况及问题。基于这一研究，克拉克在 1995 年出版了《探究的场所：现代大学的科研和研究生教育》（*Places of Inquiry：Research and Advanced Education in Modern Universities*，下文简称《探究的场所》）一书，发现在各国大学中，都出现了“科研漂移”与“教学漂移”现象，科研、教学和学习的关系在很多方面越来越紧张。与此同时，整合的力量也存在。基于此，克拉克从全国高教系统可能的条件、大学层面形成的条件、基层单位实施的条件三个方面，提出把探究置于大学的核心，使大学成为探究的场所，进而重建科研—教学—学习联结体。

自克拉克开展上述研究至今已有 30 余年，如今，洪堡原则又是怎样的境遇？克拉克提出以探究的场所容纳科研—教学—学习联结体的理想是否得到了实现？这是本书写作的大背景。而本书所具体关注的是科教

① 周光礼，马海泉. 科教融合：高等教育理念的变革与创新［J］. 中国高教研究，2012（8）：15-23.

② SCOTT P. Divergence or Convergence? the Links between Teaching and Research in Mass Higher Education，in Barnett，R（Ed.）Reshaping the University：New Relationships between Research，Scholarship and Teaching［M］. Maidenhead：McGraw-Hill/Open University Press，2005：53.

③ CLARK B R. The Modern Integration of Research Activities with Teaching and Learning［J］. The Journal of Higher Education，1997，68（3）：241-255.

融合问题。

就本质而言，科教融合主要是指科学研究与教育教学的实质性兼容或曰一体化，是科研与教学相结合的高级形态。科教融合体现在多个层面：一是国家创新体系层面，体现为传统的、分立的科学研究系统和教育系统之间的融合，以实现资源优化配置和整体创新能力的提升；二是科研院所和高等院校之间的融合，这两类机构之间的一体化发展；三是在高校内部，科学研究和教学的融合。当然，就高校内部而言，还可以区分为组织层面的科教融合和教师个体层面的科教融合等。

本书主要关注大学内部科学研究与教学的融合，研究大学如何把科学研究与教学这两项基本活动、基本职能及相关资源资源进行一体化处理。当然，由于当代大学与外部组织的联系非常密切，边界趋于模糊，因此，本书对于大学内部科教融合的研究会涉及诸如吸纳大学之外的科研要素进行教学等方面。本书认为，大学科教融合，指的是大学在教育和办学理念、组织结构、人才培养模式、教学模式等方面都融合科学研究和教育教学，实现科研与教学的一体化。

正如上文所说，本书是克拉克 30 年前研究的接续。在《探究的场所》一书中，克拉克提出要把大学理解为一个探究的场所，这样“科研和教学的活动就不只被看作是相互渗透的，而且具有实质上的兼容性”①。这种科研和教学的实质性兼容其实就是科教融合，这也是本书接续克拉克的研究继而探讨大学科教融合的缘由之一。但本书更主要的研究背景，是“科教融合已成为世界高等教育变革与转型的共同信念”②，是“高校必须解决的时代命题”③。有学者甚至认为，科教融合已是高校办学的新常态④。

---

① 王承绪．序［M］//伯顿·克拉克．探究的场所：现代大学的科研和研究生教育．王承绪，译．杭州：浙江教育出版社，1995：（序）4.

② 周光礼，马海泉．科教融合：高等教育理念的变革与创新［J］．中国高教研究，2012（8）：15-23.

③ 李爱民，马海泉．科教融合：高校必须解决的时代命题［N］．中国教育报，2012-10-26（06）.

④ 邹晓东，韩旭，姚威．科教融合：高校办学新常态［J］．高等工程教育研究，2016（1）：43-50.

科教融合是当代大学的基本理念，但其与“教学与科研相统一”有密切的渊源。有学者指出，19世纪初德国大学的那次改革，“把科学研究和大学组成单一的结构，实现了科教融合”①。确实，洪堡的“教学与科研相统一”是科教融合的滥觞，是古典意义上的科教融合。洪堡认为，大学师生所有时间都保持研究状态，并在研究过程中，“个人天赋完全地发展，各种潜能最圆满、最协调地发展，最终整合成一个整体”，成为“完人”。这一不断接近“完人”的过程，也就是达至“修养”的过程，正所谓“以科学达至修养”。在洪堡看来，科学是天然适合“修养”的材料，大学只要专注于科学，便可自然而然实现教育目的；科研的过程就是教育教学的过程，二者是统一的。

但是，严格说来，科教融合是一个不断演化的大学理念，“是一种尽管经受各种挑战仍顽强延续下来的大学理念”②。当代的科教融合，与19世纪德国大学“教学与科研相统一”的理念已经有了很大的差异。洪堡的大学理念以新人文主义为哲学基础，以完美人性的培养为核心，正如克拉克所指出的那样，洪堡的理想，不是为高度专门化的科研辩解，其实是自由教育的一个变种③。不过，洪堡理念之所以引发了大学的现代化，是因为它强调大学不能再以古典知识的传授和学习为基础，而应以永无止境的对于新知识的探究为依托。在洪堡的世界里，这种新知识是纯科学而非专门化的科学知识。洪堡所强调的科研是纯科学研究，是理论性的、哲理性的研究。可是，科学研究有其自身的发展逻辑，随着19世纪后期学术职业的发展和科学规模的增大，科研的专门化成为必然。科研不再仅仅服务于洪堡所谓的“修养”，而开始具有培养未来的学术职业人员、解决社会现实需求等目的。因此，即使在德国，柏林大学创

① 周光礼，马海泉．科教融合与大学现代化：西方大学科研体制化的同质性和差异性［J］．中国高教研究，2013（1）：12-21.

② 周光礼，马海泉．科教融合：高等教育理念的变革与创新［J］．中国高教研究，2012（8）：15-23.

③ 伯顿·克拉克．探究的场所：现代大学的科研和研究生教育［M］．王承绪，译．杭州：浙江教育出版社，2001：22-23.

建后短短几十年内，实际的做法就远离了洪堡等人的设想[1]。而柏林大学模式遇到美国实用主义哲学和功利主义科研观，便使得最有意识的模仿变成了非常本土化的创造，美国研究型大学应运而生。美国研究型大学的最大特点是把科学安置在了一个与本科阶段不同的、以科研为中心的学士后阶段即研究生院，并把它作为容纳和凝聚科学的永久的框架，这就形成了由本科生、研究生两个不同阶段和不同组织架构的立式大学[2]。这样，原来专注于本科生的教育机构就容纳了科学研究。需要指出的是，由于获得了更为独立的保护性框架，科研的独立性在增强的同时，科研的教育性却变得更具条件性了——只有研究生院才具有教育价值，而对立式大学下层的本科生，其教育价值愈来愈成为问题。到了20世纪下半叶，随着“大科学”的大量增加，大学科研的外向性更加突出，从事科研的大学教师与本科生更加疏远，大学科研与本科生也没有多大关联。这引发了普遍的对于大学尤其是研究型大学“重科研，轻教学”的批判，为回应社会批评，美国开启了重建本科教育运动，而这一运动，实质就是用科教融合理念重塑整个大学尤其是本科教育。1998年发布的《重建本科教育：美国研究型大学发展蓝图》（*Reinventing Undergraduate Education：A Blueprint for American's Research University*，即《博耶报告》）指出，美国研究型大学的本科教育依然是学院时代的模式，是与科研活动隔离的，大学整体上并没有把本科生纳入它们最重视的研究使命中去。而“高级研究和本科教学处于两个相当不同的层面，前者是愉快、认可和奖励的源泉，后者是为了保持组织的生存能力或多或少不愿意去承担的负担”[3]。这就很难改变本科教育受忽视的局面。因此，“现在需要的是一个研究型大学全新的本科教育模式，以使

---

① 伯顿·克拉克．探究的场所：现代大学的科研和研究生教育［M］．王承绪，译．杭州：浙江教育出版社，2001：23-24.

② 吴洪富．美国研究型大学建构教学与科研关系的行动逻辑研究［M］．北京：科学出版社，2016：68.

③ Boyer Commission on Educating Undergraduates in the Research University. Reinventing Undergraduate Education：A Blueprint for America's Research Universities［R］. Stony Brook：State University of New York at Stony Brook，1998：7.

本科生经验成为整体的不可分割的一部分。大学应好好利用他们本科生无穷的资源，并用研究项目来强化本科教育质量，而不是努力去复制文理学院独特的环境。……研究型大学与小学院显然不同，它们应提供一些与学院经验不同的经验”①。这种全新的本科教育模式，就是把每一个人都视为发现者和学习者，并用共享的使命把师生结合在同一个社群而不是隔离的群岛上。

从洪堡的“教学与科研相统一”到美国研究生院的“科研—教学—学习联结体”，再到《博耶报告》提出的新的本科教育模式，都可以归为广义的科教融合。那么，从洪堡到博耶，是否就是转了一圈又回到了原点呢？显然不是。有学者认为这“不是线性的回归，而是螺旋上升式的回归”②。是否是螺旋上升式的回归，值得研究，但一定不是线性回归。因为，19 世纪初与当代的大学及其教学、科研已有巨大差异。其一，19 世纪初的德国大学，是弗莱克斯纳心目中的“高深学问学院”，是研究高深学问的有机体，而今日的大学，则早已是克尔（Clark Kerr）所谓的“多元巨型大学”，是异常复杂的机构。其二，“教学与科研相统一”强调大学“唯科学是重”，把科研作为教学的方式，其强调的是“纯科学”，而当代科学与技术已难区分，科学的规模和功利性非常明显，相应地，当代科学的教育性就受到了很大的限制。其三，19 世纪初德国大学强调的是培养“完人”，是一种自由教育的变种，而当代大学教育则是专业教育导向的，至少是在通识教育基础上的专业教育。

因此，当代大学的科教融合，是“教学与科研相统一”的当代模式；反过来，“教学与科研相统一”则算是广义的科教融合的古典模式。从古典到当下，科教融合理念的基本内核都建立在科研育人的基础之上，但是，当代科教融合是“教学与科研相统一”在经历科教分立之后的再次融合，是在科研、教学和整个大学都发生极大变化、变得复杂多样之

① Boyer Commission on Educating Undergraduates in the Research University. Reinventing Undergraduate Education: A Blueprint for America's Research Universities [R]. Stony Brook: State University of New York at Stony Brook, 1998: 7-8.

② 李茂国，周红坊，朱正伟. 科教融合教学模式：现状与对策 [J]. 高等工程教育研究，2017（4）：58-62.

后的回归。当代科教融合，变得具有了很多条件限制。正如克拉克所说："洪堡的理想在现代高等教育系统和有关的科研系统不再，而且不能占统率地位。强有力的条件强行规定，很多科研和教学、科研和学习将在不同的道路上前进。"①

在《探究的场所》一书中，克拉克提出了科教融合的支持性条件，其基本主张就是，要把研究型大学从其他高校中分化出来，主要从事科研和研究生教育，并以探究作为基本理念，在基层实现教学群体和科研群体的整合，进而重建科研—教学—学习联结体。可见，在克拉克看来，研究型大学是实现科教融合的理想场所。《博耶报告》也持有这样的认识。

接续克拉克等人的研究，本书把研究对象限定在研究型大学的范围之内。具体来说，本书选取了哈佛大学、牛津大学、悉尼大学、坎特伯雷大学和华中科技大学等一流研究型大学为对象，进行深入的案例研究和比较分析。虽然选取的一流研究型大学不多，但由于它们分别处于美国、英国、澳大利亚、新西兰和中国等不同的国家和相应的组织环境中，因此，这些案例大学具有一定的比较意义，从中能发现世界一流研究型大学科教融合方面主要的实践和一般性的规律。当然，仅仅选取上述几个国家的几所大学，具有很大的局限性。因为，本书选取的 4 所国外大学，主要是英美国家或者说是盎格鲁-撒克逊高等教育体系的大学，对于罗马传统高等教育体系的大学研究不多，尤其是没有关注诸如德国和法国在科教融合方面有独特意义的大学。由于语言和资源等方面的限制，本书仅能选取上述几所大学，这不免让人遗憾，好在我们选取了 1 所中国大学，而这在一定程度上能弥补缺少罗马传统高等教育体系大学（中国大学具有这一体系大学的很多特征）的缺憾。

本书所关注的是一流研究型大学的科教融合问题。具体来说，本书着重研究这样一些问题：

第一，科教融合是否已成为一流研究型大学的基本理念？

---

① 伯顿·克拉克．探究的场所：现代大学的科研和研究生教育［M］．王承绪，译．杭州：浙江教育出版社，2001：241．

第二，一流研究型大学科教融合的理念体现在哪些制度上？制度是关键问题，是理念与行动的中介，没有制度创新作为中介，理念只能停留在理想阶段，难以化为自觉的创新实践。科教融合作为高等教育的重要理念，如果没有良好的制度设计，就很难得到落实。

第三，为实践科教融合，一流研究型大学都有哪些具体的策略？大学科教融合的实现，必须靠一定的策略来达成。本书拟分析相关案例，挖掘、整理一些宝贵的实践策略，并结合中国高等教育现实，提出一些较为可行的大学教学与科研相融合的策略。

为寻求上述问题的答案，本书进行了深入的案例分析，这是全书的主要内容。具体来说，本书分为三大部分。第一部分包括第一章和第二章，第一章探讨科教融合理念从古典到当代的演化，第二章分析当代科教融合的理论和社会基础；第三章到第七章为第二部分，分别研究哈佛大学、牛津大学、悉尼大学、坎特伯雷大学和华中科技大学等一流研究型大学科教融合的制度与实践；第八章为第三部分，基于上述的理论研究和案例研究，系统总结世界一流研究型大学科教融合的制度与实践，并提出一个理想的行动框架，全面推进一流研究型大学科教融合的发展。

第一部分是基础理论部分，对大学科教融合的历史演化和理论基础做出阐述。学界普遍认为，从中世纪到19世纪初，大学都是教学的场所。不过，严格来说，当时的大学已存在古典意义上的研究，只是这种研究主要是教师个体私自的活动，而非大学公开的职能。19世纪初期德国大学的改革，诞生了科教融合的经典模式“教学与科研相统一”。而随着科学性质的变化和体制化、高等教育大众化等进程的推进，大学科教融合在20世纪中后期遭遇危机，科教分立加剧。近年来，科教融合理念回归，再次成为大学尤其是一流研究型大学的基本原则。科教融合理念的回归，是有深刻的理论基础的。当代教育学理论、知识社会化理论以及当代社会理论等都要求大学坚持科教融合，培养具有探究精神的人才。

第二部分是本研究的主体，通过案例研究，揭示分别来自美国、英国、澳大利亚、新西兰和中国的一流研究型大学，是如何基于自身所处的组织环境建构其科教融合制度并开展相关实践的。

第三部分也就是最后一章，基于科教融合理念的历史演变规律和理论基础，在总结归纳案例大学科教融合制度与实践的基础上，从宏观政策环境、组织制度创新、实践方案再造等三个层面，提出了一流研究型大学（主要指向中国一流研究型大学）科教融合的创新性方案。

当代大学站在十字路口，面临多种选择。其中，对于教学与科研关系的处理是当代大学在十字路口面临的重大抉择之一。从实践看，有大学选择分立教学和科研，有大学任其发展，而越来越多的一流研究型大学则选择了科教融合。但即使选择以科教融合为基本理念，仍有很多大学把科教融合仅仅放在官网、发展规划文本或其他官方话语中，并没有多少实质性的进展。本书集中于大学制度和实践策略，也许能为相关大学科教融合的实际发展提供些许帮助。当然，我们清楚地知道，科教融合不仅需要大学层面的努力，更需要基层和教师个体的扎实工作。无论如何，我们坚信，科教融合这一理念会逐渐成为大学尤其是一流研究型大学的基本准则和行动指南。

第一章　大学科教融合的历史演化

科教融合是现代高等教育的一个基本理念，但这种理念并非横空出世，而是历史发展的逻辑使然。为了更深入地研究科教融合，我们有必要全面研究科教融合理念的历史演变。

第一节　大学科教融合之前

学界普遍认为，古典或者经典意义上的大学科教融合最早出现于19世纪初的德国大学。在那之前，大学被视为教学的场所。其实，严格来说，教学与科研的融合在欧洲中世纪大学中已有体现，不过那是一种基于教师个体而非大学组织层面的自然、自发的融合。到了中世纪后期，随着近代科学的发展及其体制化，科学研究与大学教学的自然融合式微。

一、中世纪大学的教学与科研关系

一般认为，中世纪大学所关心的主要是向他人传授公认的知识，而不是发现知识，因此只被看作是一个教学机构。客观地说，认为中世纪大学仅仅是教学机构的观点，有其合理之处，也有偏颇的地方。就合理性而言，中世纪大学虽然也是因高深知识才形成和发展的，但当时的社会环境禁锢着知识的发展，理性被限制在信仰的范围内，大学教师虽然也有学术探索，但基本可以定性为对教条的辩护。另外，中世纪大学在很大程度上是职业养成的场所，是为了满足社会职业需求的机构。反过来说，认为中世纪大学仅开展教学活动，又是不符合实际的，可以说是一种错觉。著名的中世纪史专家雅克·勒戈夫（Jacques Le Goff）发现，在13世纪，中世纪大学的“‘研究’甚至完全脱离经文。它是独立存在的”①。科学社会学家约瑟夫·本-戴维更是明确地指出：“自古以来，高等院校就是研究（research）的场所。柏拉图、亚里士多德以及中世纪许多学者都把教学和研究结合起来，这种做法即使在今天仍是值得模仿的。”②

那么，为什么会有这种相互矛盾的认识呢？大概有以下两个原因。

第一，“研究”概念的变化使然。在中世纪大学之中，无疑存在对于经典的阐释、对于整个世界的思考等探索活动，这种运用理性思维的创造性活动，国外学者称之为“学术的观念”（scholarship），这种观念“包括了反思、评价和评论已有的知识”③，这其实就是研究。帕金斯（Perkins J. A.）说，19世纪之前，以个体学习、反思和写作为形式的学术或研究，几乎一直被看作是教师做好工作的关键要素，因为它可以使教师保持敏锐的头脑，授课内容新颖并能促使学生心智的活跃④。当然，这种“探索”、“学术”或者说“研究”，并非是现代意义上的“科研”，国内有学者把它称为“古典意义”⑤ 的科研。

随着近代科学的出现，“科学研究”成为关键词，甚至成为后世人们对于“研究”的全部认识。其实，“研究是永恒和普遍的，而科学研究则是人类社会发展到一定阶段的特殊产物”，因此，基于“近代科学的范式来看，中世纪大学是没有科学研究的，但没有科学研究不等于没有研究”⑥。

---

① 雅克·勒戈夫．中世纪的知识分子［M］．张弘，译．北京：商务印书馆，1996：82.

② 约瑟夫·本-戴维．学术研究的历史、目的和组织［J］．李亚玲，译．外国教育资料，1983（6）：27-30.

③ NEUMANN R. Researching the Teaching-research Nexus：A Critical Review［J］. Australian Journal of Education，1996，40（1）：5-18.

④ PERKINS J A. The University as an Organization［M］. New York：McGraw-Hill，1973：3-14.

⑤ 赵婷婷．从大学与社会的矛盾看教学与科研的关系［J］．高等教育研究，1999（2）：47-50.

⑥ 王建华．重温“教学与科研相统一”［J］．教育学报，2015（3）：77-86.

第二，教学和科研组织化进程不一所致。作为教育机构，中世纪大学的教学自然是公开的、建制化的，有明确的入学要求、课程计划等。可是，中世纪的研究，则完全是教师个人的事，“是在家中书房里或者在私人实验室里非公开地进行的”①。建制化的科学学会、科研组织、科学实验室、出版和发表等复杂的结构，是近代以来才有的事。因此，在近代以前，教师的研究与教学是一体的，二者并没有明确的组织和制度边界。我们至多可以说那时的研究是附着于、隐藏于教学或为教学准备的过程中的——“事实上，教学与研究在制度上的严格的二分法完全是现代社会工具理性的产物，绝非自古皆然”②。

总之，中世纪大学的教学与科研是在教师身上自然融为一体的。但由于“研究”的概念变化及其组织化程度的变迁，使得近现代学者眼中的中世纪大学仅仅是教学的场所。

二、16—18世纪西方大学的教学与科研关系

中世纪后期，西方社会开启大变革，近代科学在大学之外不断体制化，“科学研究”成为大学之外科学机构的事务，大学主要进行教学而很少开展近现代意义上的“科学研究”——大学内部一定还有教师个体化的“研究”，但这并不被认为是“科学研究”。

（一）近代科学的发展及其在大学之外的制度化

在16到18世纪的两三百年间，包括德国大学在内的欧洲大学处于“冰河期”，不仅办学状况凋零，其内在活力也几乎尽失。在这一时期，恰恰是近代科学迅速形成与发展的时期，17世纪被誉为欧洲历史上“科学的世纪”，18世纪是“理性的世纪”，以实验和观察为代表的新的科学方法被普遍采用，很多科学理论和成果出现，为19世纪科学知识的高歌猛进奠定了坚实基础。而大学却抵制近代科学及新知登堂入室，大学未能参与到近代科学的崛起与发展之中。

科学不能在大学找到生存的空间，便转而促发了科学学会的发展。

---

① 约瑟夫·本-戴维. 学术研究的历史、目的和组织［J］. 李亚玲，译. 外国教育资料，1983（6）：27-30.

② 王建华. 重温“教学与科研相统一”［J］. 教育学报，2015（3）：77-86.

日本学者古川安认为："17世纪以后，科学学会成为近代科学活动的舞台。"① 18世纪前，科学学会已成为欧美国家普遍的科学组织。在这一时期，"无论在欧洲或者英国殖民地，除了神学家，极少有科学家、哲学家或有影响的思想家在正规高等教育机构中工作"②。莱布尼茨（Gottfried Wilhelm Leibniz）甚至以大学为耻，要求取消大学，以科学院取而代之。

那么，为什么大学拒斥近代科学呢？除了保守之外，本-戴维从普通教育、专业教育和科学的关系入手，给出了解释。他说，在14世纪到18世纪之间，大学的主要功能依然是培养法学家、公务人员、教士和医生等的专业教育。哲学和古典著作"被看作是学习几门专业的必要准备"③，也就是说，普通教育是专业教育的基础和成功的保障。而普通教育更适合与哲学及哲学式的纯科学相结合，但那一时期，恰恰又是科学范式从思辨转向实证的时期。因此，"直到18世纪末，从普通教育与专业教育的观点来看，大学里都不可能造成一种可以使科学活动扩大的良好状况……在其他地方必须发现科学的完全自主所需要的社会基础"④。而科学学会便是近代科学在大学之外寻找到的社会和组织基础。

（二）普通教育、专业教育和科学的两种关系模式

进入18世纪，在科学与大学的普通教育、专业教育的关系上，西方大学形成了两种模式，本书称之为法国模式和德国模式。两种不同的模式，对于大学科学研究的发展有不同的影响。

1. 法国模式

近代法国高等教育的发展正是这种逻辑的展开。一方面，法国彻底

---

① 古川安. 科学的社会史：从文艺复兴到20世纪［M］. 杨舰，梁波，译. 北京：科学出版社，2011：45.

② 亚瑟·科恩. 美国高等教育通史［M］. 李子江，译. 北京：北京大学出版社，2010：17.

③ 约瑟夫·本-戴维. 科学家在社会中的角色［M］. 赵佳苓，译. 成都：四川人民出版社，1988：105.

④ 约瑟夫·本-戴维. 科学家在社会中的角色［M］. 赵佳苓，译. 成都：四川人民出版社，1988：106.

颠覆了专业教育必须基于普通教育的大学传统。另一方面，在大学之外设立了专门的研究机构。

进入18世纪，法国传统大学已跟不上时代，于是，高等专科学校（被称为“大学校”）应运而生。资料显示，“至大革命爆发，法国共发展高等专科学校72所，广泛分布于军事、工程、水利、采矿、医学、文学和音乐等学科领域”①。大革命爆发后，资产阶级政权于1793年通过《公共教育组织法》，宣布关闭和取消所有传统大学，继续发展高等专科学校，专注于高等教育的第二层次——专业教育。1808年通过的《大学组织令》，确认并鼓励这一体制，将高等教育发展的重心从大学转移到高等专科学校。这样，“大学校实际上打破了关于普通教育应先于专业训练并为专业训练提供基础的陈旧的观念。在大学校这个体系中，专业教育被视为发展智力的最好方式，从这些学校毕业的学生被视为具有新型文化的人”②。但是，法国仍未能把科学研究纳入这个体制，而是设立了专门的科学机构从事科研和科研训练。

15世纪后，法国大学便陷入低潮，因循守旧，封闭内敛。文艺复兴后兴起的近代科学，逐渐在新建的科研机构如法兰西科学院中获得生存空间。大革命之后，“资产阶级新政府通过改造16世纪以来出现的科研机构以及创建新机构等方式，建立了专门从事科学研究的各种机构”③。这些机构主要包括：法兰西学院、自然历史博物馆、科学研究院、医学研究院等。在这些机构中，最著名的当属自然历史博物馆。“自然历史博物馆侧重理论研究，课题以农业、医学等为主，设置11个教授职位……没有文法、修辞、自然哲学等构成中世纪大学核心的内容。这从另一个侧面反映出当时政府不重视或排斥人文和社会学科的特点。”④ 这

① 贺国庆，王保星，朱文富．外国高等教育史：第二版［M］．北京：人民教育出版社，2006：96.

② 伯顿·克拉克．高等教育新论：多学科的研究［M］．王承绪，译．杭州：浙江教育出版社，2001：214.

③ 黄福涛．外国高等教育史：第二版［M］．上海：上海教育出版社，2008：92.

④ 贺国庆，王保星，朱文富．外国高等教育史：第二版［M］．北京：人民教育出版社，2006：98-99.

是因为法国的计划是发展以自然科学为核心的百科全书式的科学，这种科学尤其是自然科学不像人文学科那样，比较难以与教学发生联系。结果是，科学与教学的联系是间接的。出色的科学家时常也在大学中任职，但他们的教学活动并不与他们的研究发生重要联系，他们之所以到大学任教，主要是为了获得收入，保障科学研究①。可以说，虽然还是有些许科学的成分（如数学和物理）被纳入教学中去，但整体而言，那时的法国高等教育机构的科学研究还比较羸弱。

2. 德国模式

与法国不同，德国则采用了相对温和的方式改革中世纪大学，最终却带来了革命性的变革。18 世纪末 19 世纪初，在康德（Immanuel Kant）、费希特（Johann Gottlieb Fichte）、施莱尔马赫（Friedrich D. E. Schleiermacher）等学者的推动下，在文化基因的作用下，德国形成了完全不同于法国的处理科学和大学关系的模式。我们同样从对于科学的理解、普通教育和专业教育的关系两方面来加以阐释。

第一，德国理性主义的科学观。

近代科学的发展，基于两种不同的道路：经验主义和理性主义。以伽利略（Galileo Galilei）、培根（Francis Bacon）等为代表的科学家，倡导观察和实验为方法的经验科学——这也是近代科学最终的范式；以笛卡尔（Rene Descartes）、莱布尼茨等为代表的科学家则是理性主义的倡导者，更重视演绎推理的价值。与法国更重视经验主义科学不同，德国有很深的理性主义传统，强调真正的科学是主体能动的心智活动，是思辨的产物，而不是建立在经验世界基础上。“研究统摄宇宙的法则和概念，所以它高于经验科学，是真正的、绝对的知识。这种科学不为特定目的所限定，也就是说自为目的。”②

这种科学的自为性建立于它仅仅服从理性的原则之上。在《系科之争》中，康德分别就哲学系与神学系、医学系、法学系的争执加以分

① BEN-DAVID J. Centers of Learning：Britain，France，Germany and the United States [M]. New York：McGraw-Hill，1977：96-97.

② 陈洪捷. 德国古典大学观及其对中国大学的影响：修订版 [M]. 北京：北京大学出版社，2006：57.

析。康德认为，大学里存在两类有本质区别的系科，即神学、医学、法学等“高等系科”，哲学这一“低等系科”。这两类系科的区别在于它们与政府的关系不同。“高等系科”直接服务于政府和公众，其教学活动、教师言行等都应接受政府规制；而“低等系科”则应获得充分的自由，政府应任由它自由生长。康德指出：“对于学者共同体来说，在大学里必须有一个在其学说上独立于政府命令的系科，这个系科并不发令，但却对一切加以评判，它拥有对于科学兴趣——即真理——的自由，在这里理性必须有权公开说话；假如没有这种系科的话，真理将永不见天日（这本身对政府是有害的），理性按其本性是自由的，不接受任何要求它把某种东西当作是真的命令。”[①] 在康德看来，这一系科即哲学系开展的活动，是真正的科学。而这是那一时期德国纯科学理念的体现。可以说，与法国的以自然科学为核心的科学计划不同，德国最初更重视哲学和人文学科，“一些人甚至试图把哲学的、推理的方法扩展到自然科学，采用罗马式的‘自然哲学’”[②]。

第二，德国大学更为重视普通教育。

德国注重纯科学的概念，并将其纳入培养学生心智的普通教育中。德国所谓的“由科学达至修养”体现了纯科学与普通教育的完美结合。相应地，在普通教育与专业教育的关系上，德国大学尤为重视普通教育——与法国重视高等专科学校的体制完全不同。关于这一点，洪堡在《立陶宛学校计划》中有如下经典的表达：

> 凡是生活需要或者个别行业需要的专门教育，必须与普通教育分开来，必须在学生结束普通教育之后让他们去受这种专门的教育。如果把两者混淆起来，那么教育就会变得不纯，那么就会既培养不出全面的人，也培养不出各种层次的全面的公民。
>
> 普通教育与专门教育，这两类教育是受不同的原则指导的。普通教育应当使各种能力，即人本身，增强起来，纯洁起来，并得到

① 康德. 论教育学［M］. 赵鹏，何兆武，译. 上海：上海人民出版社，2005：63.

② BEN-DAVID J. Centers of Learning：Britain，France，Germany and the United States［M］. New York：McGraw-Hill，1977：97.

调节；而专门教育只是使人获得有用的技能。就普通教育而言，任何知识、任何技能，如果不能让学生通过全面洞察严格地列举各种根源，或者不能使他们形成放之四海而皆准的观点（如数学和美学的观点），从而提高他们的思维力和想象力，并通过这两者使他们的智能得到提高的话，那么这种知识和技能是死的和无用的。就专门教育而言，这种教育往往不得不把学生局限在不让他们了解其根源的结论上，因为这种教育的目标必须是掌握技能，学生们缺乏时间或天赋去认识这些结论的根源。例如在培养非学术性职业的外科医生和众多工厂主等等方面，情况就是如此。普通教育的一个主要目的在于：使学生做好充分准备，这样，对他们来说，就会仅仅在少数行业方面还剩下不了解的、对人格绝不会发生多大影响的技能需要去学习。①

总之，18 世纪末 19 世纪初，德国形成了独特的科学和大学理念。洪堡正是基于这些理念整合提出了“教学与科研相统一”这一经典理念，并在创建柏林大学的过程中使之组织化了。

第二节　作为科教融合古典模式的“教学与科研相统一”

学界一般认为，科教融合肇始于“教学与科研相统一”，或者说，“教学与科研相统一”是科教融合的古典模式。而“教学与科研相统一”与洪堡的名字紧密关联，因此，对于“教学与科研相统一”的阐释，一定要基于洪堡的论述来展开。

洪堡“教学与科研相统一”的理念，是其“由科学达至修养”的思想在教育教学中的体现，强调的是教学与科研过程的统一性，或者说强调的是在同一过程中完成两项使命。在《论柏林高等学术机构的内部和外部组织》一文中，洪堡指出，高等学术机构“立身的根本原则是，在最深入、最广泛的意义上培植科学，并使之服务于全民族的精神和道德教育”②。这

① 威廉·冯·洪堡．立陶宛学校计划［M］//瞿葆奎．教育学文集：联邦德国教育改革．北京：人民教育出版社，1991：4．

② 威廉·冯·洪堡．论柏林高等学术机构的内部和外部组织［J］．高等教育论坛，1987（1）：93-96．

明确指出了大学承担着两项使命——发展科学与教学育人，而这是在同一个过程——科学研究的过程中实现的。换句话说，在洪堡看来，科学研究既是发展科学的方式，其本身又是教学的过程。因此，有学者指出，“教学与科研相统一”的实质是“把教学纳入科研的范畴……把教学变为引导学生参与研究的过程”①。

教学与科研相性统一内在的决定了研究者和讲授者身份的统一、科学探究和学习目的的统一。正如德国高等教育史学家弗里德里希·包尔生（Friedrich Paulsen）指出的那样，“按照德国人的理念，大学教授既是一名讲授者，又是一名科学研究者，而人们非常看重后一个功能，以至于应该这么说：德国的科学研究者，也是为大学生上课的讲授者。当然这么讲也就意味着：这样一种大学的教学主要是纯理论和纯科学的。大学学习的重要性并不在于为学生就业做准备，而在于把学生领进通往科学知识和科学研究的大门”②。包尔生认为，“这种研究与教学的紧密结合，赋予了德国大学与众不同的个性”③。反之亦然，“教学与科研相统一”源于洪堡式的大学及其活动独特性十足。

一、大学是高等学术机构

洪堡把大学定性为高等学术机构。虽然它也起着育人的作用，但其主要的着眼点是科学；虽然它也与外部社会、国家相联系，但它“实际上就是那些把身外的闲暇或内心的追求用于科学和研究的人们的精神生活”④。在洪堡的体系中，大学是卓尔不群的学术机构，是永远处于科学探究中的能动的、充满活力的社团，而不是低层次的、为上一级学校做准备或者为职业生活做准备的中学、专科学校。洪堡特别强调，不要降低大学的层次和境界，要严格划分大学和其他机构的界限。

---

① 王建华．重温“教学与科研相统一”［J］．教育学报，2015（3）：77-86．

② 弗里德里希·包尔生．德国大学与大学学习［M］．张弛，郄海霞，耿益群，译．北京：人民教育出版社，2009：3．

③ 弗里德里希·包尔生．德国大学与大学学习［M］．张弛，郄海霞，耿益群，译．北京：人民教育出版社，2009：3．

④ 威廉·冯·洪堡．论柏林高等学术机构的内部和外部组织［J］．高等教育论坛，1987（1）：93-96．

当然，除了大学以外，科学院和研究所也属于高等学术机构，三者是各自独立又有机结合的。洪堡着重阐述了大学和科学院的关系。他指出，由于科学院仅与科学发生联系，它必须是完全独立于国家的机构（而大学由于还承担着教育青年人等与国家需要有密切关系的实际性工作，必须在一定程度上受国家的监督），是科学最高和最终的避难所。它是专业人员建立的协作团体，其成员的选择靠自己，其内部运行也靠成员协作，每个人的工作都接受全体成员的评判。除了承担学术工作外，科学院还进行有组织的观察和实验。

大学则不同。它不仅可以教学和传播科学，而且可以发展科学——它在这方面的贡献超过了科学院，甚至可以取代科学院。因为，大学里充满了生机勃勃、精力充沛的青年学术人员，他们不断地探索科学，"科学在此显得能够得到更迅速、更蓬勃的发展"①。教学和讲授也可以刺激科学的真正发展。另外，大学的教学工作并非很辛苦，教师有时间进行研究工作。在大型的大学中，"也总是有一些很少或根本不搞教学的人，他们只独立地进行探索和研究，因此，只要安排得当，大学肯定能够独立肩负起发展科学的任务"②。因此，洪堡认为，就存在的必要性而言，科学院远不如大学。一方面，德国科学的崛起与科学院的关系不大；另一方面，只是在没有大学的地方以及不具备科研条件的大学区，科学院才有发展。

当然，洪堡并不认为需要取消科学院，而是强调科学院与大学分别进行各自的工作。但是，"其成员却不总是完全隶属于这个或那个机构"。这样，大学教师可以是科学院的成员，科学院的成员虽然没有任教资格但有权在大学开课，更多的人员则是身兼二职。

二、大学师生是学者共同体

在洪堡看来，大学里的师生关系与中学迥异，甚至可以说大学里没有教师和学生。教师不再是教师，学生也不再是普通的学习者，双方都

---

① 威廉·冯·洪堡．论柏林高等学术机构的内部和外部组织［J］．高等教育论坛，1987（1）：93-96．

② 威廉·冯·洪堡．论柏林高等学术机构的内部和外部组织［J］．高等教育论坛，1987（1）：93-96．

是探索科学的学者，大学则是一个学术共同体，一个学者的社团，这些学者一起不断地探索科学。

大学里的师生关系松散，却彼此需要。学生虽是学者，自己进行研究，有意识地为自己和科学在大学生活几年，但是大学生也需要听课（虽然只是次要的事），其研究需要教授引导。反过来，教师也需要学生，甚至比学生需要教师的程度还要大。可以说，正是由于学生的存在，才使得教师的科学探究更富有成效。这至少体现在两个方面：（1）大学教学要求教师做出持续和巨大的科学贡献。洪堡认为，德国大学教师在科学上的贡献甚至超过了科学院的研究者，而这跟教学密切相关，正是教学过程刺激了教师的科学研究。教师“如果对科学没有持续不断的、独立的认识，也根本不可能真正地把科学作为科学来讲授”，教师为了完成教学，必须不断地探究。（2）大学教学充满激发科学研究的氛围。洪堡认为，研究可以在多种不同的环境中开展，比如一些著作家喜欢幽静独处的环境，科学院则是自由的团体生活，而大学则是有大量听众激发科学探究的环境。他指出：“在其中不乏独立思考者的听众面前进行自由的口头演讲，这对习惯于这种方式的人来说，肯定……令人奋进。”①

三、大学课程的学术性

洪堡认为，假如我们在教育中关心纯粹的教育、心灵的培养、作为知识的知识以及科学，而不是关心生活的需要，那么我们的学校课程就必须是连贯的不可分割的整体，即小学课程、中学课程和大学课程。“小学课程应使儿童有能力获悉、记录、表述、理解别人的想法以及克服那些在主要的科目中出现的名称的困难。”② 小学课程主要是学习一些语言、算数及测量，获得基本的读、写、算的能力，其实“它还不是课程，也不是为课程作准备，只是使课程成为可能”③。当然，洪堡也认

---

① 威廉·冯·洪堡．论柏林高等学术机构的内部和外部组织［J］．高等教育论坛，1987（1）：93-96.

② 安德烈亚斯·弗利特纳．洪堡人类学和教育理论文集［M］．胡嘉荔，崔延强，译．重庆：重庆大学出版社，2013：73-74.

③ 安德烈亚斯·弗利特纳．洪堡人类学和教育理论文集［M］．胡嘉荔，崔延强，译．重庆：重庆大学出版社，2013：74.

为，小学可以引入一些地理、历史和自然等课程，这样就超越了纯粹意义上的小学课程，这不但可以训练学生的能力，也可为结束学业直接工作的人提供准备。中学课程比小学课程高级，主要进行知识的收集、比较、整理和检验等活动，继而获得知识并训练能力。换句话说，就是关涉学习本身和学会学习。

而大学则是学生在具备获得知识的能力及相关能力的基础上，在“教师和学习者聚集的地方只致力于学术的思考”，其课程主要关注一些没有被完全解决的难题、处于研究探索之中的科学。那么，这样一个理念如何落实到具体课程上呢？在这方面，洪堡强调纯粹的学问，“极其反对传统大学中神学、法学和医学教育的职业性和功利性，对于这类课程，洪堡斥之为低级的‘仅为养家糊口的学问’。不过，洪堡并不反对中世纪大学初期学者自治、学术自由的传统以及文学系的某些教育课程”①。基于此，洪堡把哲学视为大学的中心，希望它能统领一切学问，使得学生获得对于知识整体的认识及随之发展起来的“普遍的力量”和“完美的人性”。

四、大学教学的探究性

洪堡认为，大学与中小学不同。中小学学习的是一些封闭的、已经确定了的知识，它们可以由教师通过传统的授课传授给学生；而大学的任务常常是悬而未决的问题，是永远处于探索之中的科学。大学阶段是“从真正的教书这种教学形式摆脱出来的时候”②，其教学主要是由学生通过学习和研究获得对纯科学的认识来开展的，这是一种自由探究的过程。

为保障这种探究的顺利进行，洪堡提出了“教学自由”和“学习自由”的原则，亦即大学教师有不受干涉、自由探索和传授科学的自由，学生有选择学习内容的自由。

总之，正是由于大学是一种学术机构，其成员都是学者，并且其课程与教学等活动涉及的全部是科学，教学既是探究的过程和科研也是教

① 黄福涛．外国高等教育史：第二版［M］．上海：上海教育出版社，2008：123．

② 威廉·冯·洪堡．立陶宛学校计划［M］//李其龙，孙祖复．教育学文集：联邦德国教育改革．北京：人民教育出版社，1991：6．

学的开展这一愿景才能得以实现，也就是“教学与科研相统一”。在这个意义上说，“教学与科研相统一”是有其特定条件的，若这种条件消失，这一理念和原则必然会遭遇困境，而洪堡之后的高等教育实践也印证了这一点。

“教学与科研相统一”的“科研”是纯科学研究，是理论性的、哲理性的研究，其内容主要是“理论及语言学”；“教学与科研相统一”的“教学”所指向的是普通教育或者说自由教育——洪堡的理想，“不是作为高度专门化的科研辩解和指令，1810年柏林原理的丰富内容事实上是现在所谓自由教育的一个变种”①。但正是以这样的与传统大学不那么相悖的方式，才使得科研较为容易地被安置在德国大学之中。

在19世纪初期的德国大学，习明纳和实验室是安置科学研究的场所和操作性机构。最初，习明纳和实验室的任务是培养教师或药剂师等专业人员，并不期望学生成为研究工作者。可是，随着学术职业的发展和学术市场的形成，以及化学、物理和生物等自然科学的巨大发展，德国大学逐步形成了更加系统的知识体系和方法体系，以至于可以用这些理论和方法体系在培养药剂师和教师等专业人员的同时，激发有能力的学生开展研究并最终从事学术职业。而“这就改变了研究与教学的结合，以及研究和普通教育与专业培训间的关系。研究不再是私密开展的，开始进入师生的社群。……现在研究更靠近专业培训而不是普通教育”②。而一些专业领域，如机械，从一开始就没办法像药学那样积累起理论体系，也就不可能与教学很好地结合。其他一些自然科学则是在逐渐的分化中，出现了大量与专业实践无关的科研，“再不可能把研究工作者的训练和进行高级研究作为专业训练的副产品，或者把培训专业人员作为教学和做基础研究的副产品”③。可以说，德国大学最初通过普通教育或

① 伯顿·克拉克. 探究的场所：现代大学的科研和研究生教育［M］. 王承绪，译. 杭州：浙江教育出版社，2001：22-23.

② BEN-DAVID J. Centers of Learning：Britain，France，Germany and the United States［M］. New York：McGraw-Hill，1977：100.

③ BEN-DAVID J. Centers of Learning：Britain，France，Germany and the United States［M］. New York：McGraw-Hill，1977：107.

者说自由教育这一特洛伊木马，把科学研究植入了大学之中，但科研却逐渐脱离了教育而独立存在和发展。最终，柏林大学“对洪堡为它策划的道路并没有坚持很久”①。柏林大学创建后不久，“教学与科研相统一”便成为了令人向往的神话。

第三节　从“教学与科研相统一”到科教分立

“教学与科研相统一”是令人向往的，但这种理念的组织化仅是昙花一现。即使是柏林大学，也没有坚持多久。之后，虽然“教学与科研相统一”成为世界高等教育的经典理念，但也仅仅是理念甚至说是一个神话。高等教育实践与“教学与科研相统一”理念渐行渐远，科教分立逐渐成为高等教育的基本现实。

一、作为永久原则和持久神话的“教学与科研相统一”

（一）一个永久的原则

克拉克说，柏林大学的改革“把科研、教学和学习统一的思想建立成为一个永久的原则”②。自那时起，“教学与科研相统一”的理念和制度成为经典，被其他大学纷纷效仿，德国一度被誉为“教育的麦加”③。“来自全世界的学生受到德国科学方法的训练，回国后竭力仿效德国的榜样。法国历史上的大学研究班、美国大学中的研究院、日本的技术学校以及其他地方的类似办学趋势，全都烙上了‘德国制造’的印记。”④随着德国高等教育思想和模式在世界内的传播，这个“永久的原则”还成为世界高等教育的普遍理念。到19世纪末，科研是高等教育重要组成

---

① 伯顿·克拉克．探究的场所：现代大学的科研和研究生教育［M］．王承绪，译．杭州：浙江教育出版社，2001：23.

② 伯顿·克拉克．探究的场所：现代大学的科研和研究生教育［M］．王承绪，译．杭州：浙江教育出版社，2001：1.

③ 骆四铭．洪堡理念与德国高等教育发展［J］．高等工程教育研究，2010（5）：107-112.

④ 平森．德国近现代史［M］．北京：商务印书馆，1987：343.

部分的认识得到了普遍的认同，成为德国、美国和英国等国大学的根本原则。在北京大学等院校的引领下，中国大学也获取了这种理念。

这种理念的力量是强大的。德国学者雅斯贝尔斯（Karl Jaspers）就特别强调："科研和教学的结合是大学至高无上而不可替代的基本原则。"① 他还指出，只有那些亲身从事科学研究工作的人才能真正地传授知识，最好的科研人员应该首先是大学教师。而拉姆斯登和摩西（Ramsden P. and Moses I.）也认为，学术界很少有信念超越教学与科研彼此和谐互惠的信念，这是一种"宗教信仰"（religious conviction）②。福克斯（Mary Frank Fox）说这是一种意识形态（ideology）③。

（二）一个持久的神话

可是，这种观念也仅仅持续到了20世纪上半叶而非"永久"。20世纪五六十年代以来，随着大众化、市场化以及知识性质等方面的变化，"教育与科研相统一"受到了巨大的挑战。德国有学者评论道：从严格和传统意义上说，坚持教学与科研统一的原理不存在了……教学与科研紧密结合已失去了它不可侵犯的神圣性和不可怀疑性，它们之间的关系被削弱了④。一些学者认为"教学与科研相统一"已经成为"历史的遗迹"（relic from the past），是一个"过时的信仰"（shibboleth）⑤。罗曼维尔（Marc Romainville）甚至认为持久互补的信念在某种意义上是一种"受虐的倾向"（masochistic）⑥。还有不少学者认为这是一种"神话"（myth），一种臆想而非现实。

---

① 卡尔·雅斯贝尔斯. 大学之理念［M］. 邱立波，译. 上海：上海人民出版社，2007：73.

② RAMSDEN P，MOSES I. Associations between Research and Teaching in Australian Higher Education［J］. Higher education，1992，23（3）：273-295.

③ FOX M F. Research，Teaching，and Publication Productivity：Mutuality versus Competition in Academia［J］. Sociology of Education，1992，65（OCTOBER）：293-305.

④ 符明娟. 比较高等教育［M］. 北京：北京师范大学出版社，1987：364.

⑤ NEUMANN R. Researching the Teaching-research Nexus：A Critical Review［J］. Australian Journal of Education，1996，40（1）：5-18.

⑥ ROMAINVILLE M. Teaching and Research at University：A Difficult Pairing［J］. Higher Education Management，1996，8（2）：5-144.

休斯（Mark Hughes）分析了《高等教育》（*Higher Education*）、《高等教育季刊》（*Higher Education Quarterly*）、《高等教育评论》（*Higher Education Review*）和《高等教育研究》（*Studies in Higher Education*）等4份杂志1992到2002年间所发表的文章之后认为，这些文献中关于教学与科研关系的研究存在五个方面的神话①。他们分别是：

教学与科研二者彼此互惠的神话；

二者之间是普遍化的、静态的关系的神话；

学术是与教学、科研分离的神话；

研究型教师优越于教学型教师的神话；

不偏袒地、公正地研究二者关系的神话。

费尔韦瑟（James Fairweather）的研究也指出，许多大学的管理者和教师秉持关于教师工作和生产率的固有观念，认为教学和科研工作相互促进，教师可以同时做好教学和科研工作。费尔韦瑟认为这些固有的观念是克拉克所谓的“机构神话”，而这些“机构神话”是应该受到质疑的价值观和错误信念②。

哈蒂和马什（Hattie J. and Marsh H. W.）通过对58项实证研究进行元研究后得出结论，教学与科研的相互促进只是一个“持久的神话”（enduring myth）③。

二、“教学与科研相统一”的瓦解

“教学与科研相统一”在当代遭遇危机，仅成为“信仰”或“神话”，不仅科学与高等教育之间的关系不那么紧密了，大学内部的教学

---

① HUGHES M. The Mythology of Research and Teaching Relationships in Universities [M] //Barnett R. Reshaping the University: New Relationships between Research, Scholarship and Teaching. Maidenhead: McGraw-Hill/Open University Press, 2005: 14-36.

② 詹姆斯·费尔韦瑟. 论全球化背景下的大学知名度、学术研究及大学教学的相互关系 [J]. 北京大学教育评论，2009 (1): 2-15.

③ HATTIE J, MARSH H W. The Relationship between Research and Teaching: A Meta-analysis [J]. Review of Educational Research, 1996, 66 (4): 507-542.

和科学研究之间的联系也变得松散、复杂。于是，洪堡模式在当代大学中踪影难觅，而后洪堡模式则盛行；“教学漂移”和“科研漂移”现象严重。

（一）后洪堡模式的兴起

基于对欧洲大学系统的分析①，希曼克（Uwe Schimank）和韦恩斯（Markus Winnes）发现，在科学研究与高等教育这一基本关系上，至少存在三种不同的实践模式：前洪堡模式（pre-Humboldtian pattern）、洪堡模式（Humboldtian pattern）和后洪堡模式（post-Humboldtian pattern），而走向后洪堡模式则是各国高等教育的普遍趋势②。

1．前洪堡模式

法国、俄罗斯是这种模式的代表。之所以称为“前”洪堡模式，是因为这种模式出现于18世纪的欧洲国家。这种模式意味着大学和公共研究机构的组织和功能分化、分工。研究机构主要代表科研功能，大学则主要用来教育教学。

当前，这种模式正在消亡。科学研究成为大学的基本活动和职能，科学研究机构与200年前相比也有了巨大变化。很多研究机构都独立或与大学合作开展研究生教育，有些研究机构甚至走得更远一些，如中国科学院和中国社会科学研究院正逐步增加本科教学功能，已经成立了中国科学院大学和中国社会科学院大学。

即使是作为前洪堡模式代表的法国，某些方面也在走向洪堡模式，在另外一些方面，则在走向后洪堡模式。其他一些欧洲国家如西班牙、爱尔兰和匈牙利的大学改革，也有类似的趋势。

2．洪堡模式

“教学与科研相统一”的基本模式是，大学通过科学研究促进知识发

① 主要基于法国、德国、匈牙利、冰岛、爱尔兰、意大利、荷兰、挪威、西班牙、瑞典和英国等国家20世纪后几十年大学的发展情况。

② SCHIMANK U，WINNES M. Beyond Humboldt? The Relationship between Teaching and Research in European University Systems［J］. Science and Public Policy，2000，27（6）：397-408.

展和学生学习，培养独立思考与科学探究的能力变成新的教学原则。在这一模式中，教学与科研相统一是一个合乎逻辑的结果。虽然师生的知识和技能水平不同，但二者都是探究真理的平等主体。教师通过以科研为基础的教学培养学生解决问题的原则、方法和技能，学生则通过观察教师做科研和参与科研来完成学业。教学与科研两种活动的开展是在同一过程中实现的。

希曼克和韦恩斯认为，现实从来没有完全忠实于上述理念的经典模式。自然科学不断增强使得洪堡式的科研观消失殆尽，大众化也使得最多只有一些学生能与教授实际的科研工作有较强的联结。但是，“教学与科研相统一”仍是一些大学的指导理念，在这种理念指导下的大学的运行模式，可称为洪堡模式，德国大学是洪堡模式的代表。洪堡模式是洪堡关于教学和科研之间零分化（zero differentiation）的理念的温和现实版，即在大学之中，大多数教授必须从事教学和科研活动，而且需要花大致同样的时间做这两项活动，但并不限于在同一时间和同一场合，教学与科研存在情景化的分化（situational differentiation）。教学在沙龙和课堂上，而科研在实验室和写作台上。也就是说，教学与科研应该是大学多数教师的职责，相应地，两种任务需要在财政上结合。不过，科研性质和模式的变革、教学的多样化以及大学绩效评价等的影响，使得坚持此类模式的大学遭遇压力。意大利大学的一些改革与洪堡传统有关，而有些则已转向了后洪堡模式。

3. 后洪堡模式

瑞典是一个较早从洪堡模式转向后洪堡模式的例子，而英国则是“后洪堡模式”的代表。这种模式的特征在于，虽然学术人员都要承担教学和科研，但却存在“角色”、“组织”、“资源”等方面的区分。

以英国为例，在1960年代，一些新大学完善了基础设施得到经费支持以建立科研能力，刻意加强了教学与科研的结合。多科技术学院从一开始就允许提供全部的学术和研究学位项目，并可以开展研究。因此，多科技术学院当时并没有刻意从教学还是科研上区分高等教育机构。可是，1970年代末的财政削减，使得大学拨款委员会（University Grants Committee）必须在1985年引入资源分配的新模式，将教学拨款和科研拨款分离。其中，科研经费依靠绩效进行竞争性分配，而教学经费主要基于学生数量、学科类型等加以分配。这种模式明显倾向于科研，额外的资源主要通过良好的科研记录获取，而优异的教学没有或者只能获取有限的资源。因此，大学及其院系的科研表现在资助方面变得比教学要重要得多。这种方式的整体效应就是，在英国高等教育系统中出现了致力于科学研究、研究生教育与致力于教学的院校、系所和教师之间的分化。

虽然只是基于欧洲大学的研究，但希曼克和韦恩斯的研究结论是有普适性的。正如他们所言，教学与科研关系的洪堡模式和前洪堡模式正遭受越来越多的批评，后洪堡模式已经兴起。“相关质疑和批评已经使有些原来发展洪堡模式的国家，出现了后洪堡模式的迹象；原来实行洪堡模式的国家，要么走向了洪堡模式，要么是后洪堡模式。因此，大部分欧洲大学系统正转向后洪堡模式①。

（二）教学漂移与科研漂移

与希曼克和韦恩斯的研究发现相一致，克拉克用“教学漂移”和“科研漂移”描述了与后洪堡模式类似的大学改革趋势。

在《探究的场所》一书中，克拉克基于德、英、法、美、日等国的高等教育实践，深入研究了“科研、教学和学习统一”这一“永久的原则”在现代大学中的遭遇。他明确指出了“科研从教育的环境漂移，教学活动从科研场所拉开”的现象和问题。他还指出“这些漂移的模式，目前在有些国家比其他国家例证更多一些”，但是，“这些主要学术活动的系统的分离是到处能注意到的”②。

1．科研漂移

克拉克指出，科研和学术的专业化程度日渐加深，其专门化也越来

① SCHIMANK U，WINNES M. Beyond Humboldt? The Relationship between Teaching and Research in European University Systems [J]. Science and Public Policy，2000，27 (6)：397-408.

② 伯顿·克拉克．探究的场所：现代大学的科研和研究生教育［M］．王承绪，译．杭州：浙江教育出版社，2001：221.

越严重，也就越来越要求独立的场所和资助模式，摆脱各种束缚”①。科研以学科、专业和跨学科领域的形式，以不可阻挡的冲力在社会广阔的空间寻找问题、资源、设备和人员，这势必冲破大学的樊篱，进而形成吉本斯（Michael Gibbons）所谓的分散性知识生产模式。所谓分散性知识生产，是指“知识生产不再是自我封闭的活动，它既不是‘大学的科学’，也不是‘产业的技术’，更不再是某类机构的专属领地——其他部门只能从其‘溢出’或‘附带’的知识中获益。无论从理论和形式，还是从方法和技术的角度，知识生产已经从高校发展到了许多不同的机构”②。

科研漂移深刻影响着大学内外的科学状况。在大学内部，出现了大量的研究所、科研中心、实验室、科学园区。这类研究场所中有很多根本与教学无关，其工作是为了政府和工业界的利益进行理论研究和技术创新，甚至是产品革新。相应地，开展与教学没有直接关系的科研被看作大学可以发挥的正常作用，甚至是主要作用。

大学科研还扩散到大学外部，“成为民用政府机构、军事单位和非营利部门以及工业的一项共同的活动，在结构上都和大学分离”③。这种与大学分离的科研活动和组织，不仅是分散性知识生产和科学社会化的体现，也在很大程度上反映了科研的独立性。在《大学的科学活动》中，西蒙·施瓦茨曼（Simon Schwartzman）指出：“人们普遍认为，科学研究与高等教育必定是联系在一起的。许多国家都把科学研究与高等教育的联系，视为制定教育政策时必须考虑的基本关系。”④ 然而，事实并非如此。现实经验与这一信念之间存在巨大鸿沟。在历史上，只有德国大

① 伯顿·克拉克. 探究的场所：现代大学的科研和研究生教育 [M]. 王承绪，译. 杭州：浙江教育出版社，2001：226.

② 迈克尔·吉本斯. 从英联邦的角度看高等教育全球化 [M] //皮特·斯科特. 高等教育全球化理论与政策. 周倩，高耀丽，译. 北京：北京大学出版社，2009：115.

③ 伯顿·克拉克. 探究的场所：现代大学的科研和研究生教育 [M]. 王承绪，译. 杭州：浙江教育出版社，2001：222.

④ 伯顿·克拉克. 高等教育新论：多学科的研究 [M]. 王承绪，译. 杭州：浙江教育出版社，2001：208.

学尤其是19世纪的柏林大学和美国研究型大学才把科学研究和高等教育结合得很好。“高等教育系统需要科学，甚于科学需要高等教育。”① 科学有其自身发展的逻辑和动力，可以脱离大学单独存在。

随着科研漂移的加深，大学教学的研究成分在流失，而退化为传授固定知识的低级形式。对此，克拉克做了精彩的评述。他说：“永不静止的科研，朝着很多方向走出传统的大学环境，建立新的前哨基地，它们的成员以全部时间勘探知识前线的各等黄金。教学和学习落在后面，被固定在古老的驻地，在那里，探索的果实最终被巩固成适合于系统传递和全部消化的形式。”②

2. 教学漂移

随着大众化和普及化的推进，学生类型和学习需求多样，教学和学习也有意从科研背景中撤离。克拉克指出，教学漂移至少有3种主要形式：“一是在高校类型之间的分化，二是在大学和学院内部各专业层次的分化，最后是在大学学习本身最高层次内部的分化。”③

在院校层面，出现了以教学为主的院校与以科研为主的院校的分化。有些高校有意或被迫与以科研为中心的高校相区分，进而成为纯粹的教学型高校。它们“认为所有学生，高级前的和高级的都将或者为科研接受训练，或者在科研中接受训练，这种虚伪都被放弃”④，它们认为“教学与科研相统一”的原则仅仅适用于大学甚至研究型大学，而非其他非大学学院，特别是短期学院。

在大学内部也出现了教学与科研的分化。在学习层次上，教学主要发生在本科教育阶段，尤其是本科的通识教育阶段。本科生主要进行基

---

① 伯顿·克拉克. 高等教育新论：多学科的研究［M］. 王承绪，译. 杭州：浙江教育出版社，2001：217.

② 伯顿·克拉克. 探究的场所：现代大学的科研和研究生教育［M］. 王承绪，译. 杭州：浙江教育出版社，2001：223.

③ 伯顿·克拉克. 探究的场所：现代大学的科研和研究生教育［M］. 王承绪，译. 杭州：浙江教育出版社，2001：227.

④ 伯顿·克拉克. 探究的场所：现代大学的科研和研究生教育［M］. 王承绪，译. 杭州：浙江教育出版社，2001：227.

础知识的学习，学生所接受的知识大多是固定的，与科研没有多大关联。科研、教学和学习的联结则主要放在研究生阶段。

即使在研究生层次，目前也出现了学术型研究生和专业型研究生的分化。专业型研究生教育大致有两种，一种是为不从事科研的学生设计的文理科终结性的专业学位，另一种是以实践为方向的职业性专业学位。这两类研究生的培养计划主要强调知识学习和专业实践。

总之，“教学与科研相统一”虽仍被高等教育界奉为圭臬，但历史上很少得到真正实践，在当代更是遭遇严重危机。教学与科研彼此都有分立的冲动，以至于二者在场所、资助、角色等方面分裂，后洪堡模式盛行。在大学内部，呈现出科教分立的倾向：在理念上，教学和科研是不同的活动和事务；在组织和管理上，教学系统和科研系统分立；在教育活动中，教学和科研的联系在多数情况下十分松散。在此状况下，大学教师也发生了巨大改变，其职业角色正发生着变异。1963年，克拉克·克尔（Clark Kerr）在哈佛大学戈德金讲座上发表演讲，指出当时已经分化出三个类型的教师：专门从事科研的人员，专门从事教学的人员（他们大部分担任辅助的角色），以及从事教学和科研两项活动的人员。40年后，奥斯丁（Alexander Austin）刊文认为大学教师正在从“完全的学者”（complete scholar）走向“分化的学者”（differentiated academic），前者承担有教学、科研和社会服务三重责任，后者仅仅聚焦于一个传统的专业责任领域①。即使教师仍承担有教学和科研双重职责，但不同的教师有较大的选择差异。教授们“为了追求自己的兴趣，他们把这个国家的学生丢给那些没有经过什么培训的、学术差的兼职教师或者研究生手里。即使那些最好的和最聪明的教授屈驾到本科生课堂，他们也坚持提供适合他们自己研究议程的专门化的课程，而不是宽广的学术需求。”②

---

① AUSTIN A E. Creating a Bridge to the Future: Preparing New Faculty to Face Changing Expectations in a Shifting Context [J]. The Review of Higher Education, 2002, 26 (3): 119-144.

② RHODE D. In Pursuit of Knowledge: Scholars, Status, and Academic Culture [M]. Palo Alto, CA: Stanford University Press, 2006: 48.

第四节　大学科教融合的回归与变革

当代大学正处于十字路口，它需要重新厘定其教学和科研这两项基本活动间的关系。贝克（Paul J. Baker）认为可以用婚姻双方来指代当前大学的教学和科研，二者的婚姻状况有三种，分别是：第一，教学与科研是平行的事业，多数时候是彼此排外的——冷漠和无趣的婚姻，似乎没有可能继续；第二，教学与科研可能是必要但彼此排斥的双方——痛苦的婚姻，需要离婚但由于经济的需要而继续；第三，教学与科研是必要的和相互支持的婚姻双方——婚姻运行良好①。相应地，当代大学对于教学与科研关系的处理至少面临三种选择：第一，任凭二者在外界压力下继续分离；第二，平衡二者的地位；第三，主动建构二者积极的互动关系。前两种选择基于科教分立理念的实践，第三种选择则基于科教融合的理念。本书认为，第三种选择是最理想的，是“教学与科研相统一”在当代的回归，是其以新的形式“存活”并影响高等教育实践的体现。

一、建构大学教学与科研关系的两种思路

建构教学与科研关系有多种思路，其中有两种较为流行，一种是任由教学和科研继续分离、分裂，另一种则是在教学与科研分离的基础上，有意识平衡二者的关系。

（一）任由教学与科研分离

这种思路认为，“教学漂移”和“科研漂移”是时代使然，我们无须干预，甚至还要推进这种进程，让科研和教学彼此松绑。分离二者，反而会促进教学、科研效率的提高。费尔德曼（Feldman K. A.）的研究指出，教学与科研相互促进是一个持久的神话，二者至多是疏离的一对②。历史

---

① BAKER P J. The Helter-Skelter Relationship between Teaching and Research：A Cluster of Problems and Small Wins [J]. Teaching Sociology，1986，14 (1)：50-66.

② FELDMAN K A. Research Productivity and Scholarly Accomplishment of College Teachers as Related to Their Instructional Effectiveness：A Review and Exploration [J]. Research in Higher Education，1987，26 (3)：227-298.

学家汤因比则直接指出：“实行执教的教员和专门从事研究的人，将来最好分离。”①

这种思路在实行后洪堡模式的英国大学中最为流行。自 20 世纪 70 年代末起，英国开始大幅削减高校经费，并迫使大学拨款委员会于 1985 年引入教学和科研分离的经费支持方式。这最终导致教学与科研分离的观念普遍出现。英国著名高等教育专家罗兰德（Stephen Rowland）在 2000 年的一次会议上就总结说：“在英国，大学面临削减资助的同时又需要提高产出，这使得教师既是研究者又是教学人员的传统观点遭到质疑。人们呼吁二者离婚。”② 这种分离发展教学与科研的观念，其逻辑在于好的大学教师和好的研究人员并不必然是同一群人。因此，鼓励好的教师去教学、好的研究人员去从事科学研究，而不是要求所有人同时做两件事，效率会更高。这显然是 19 世纪纽曼经典主张的再现。在《大学的理念》一书中，纽曼曾说：“发现和教学是两种迥异的职能，也是迥异的才能，并且同一个人兼备这两种才能的情形并不多见。”③ 于是，一些大学尝试对教师做出分类管理，使他们分别主要从事科研或教学。

随着这种主张的普遍化，不仅教师角色出现分化，院校之间也开始分化。2003 年，英国发布《高等教育的未来》（*The Future of Higher Education*）白皮书，就提出要划分出“只教学”的大学和“只科研”的大学。当然，更多的院校在当下倾向于采取克拉克的建议，那就是使教学与科研在院校内部进行分化：本科生院主要进行教学，而研究生院则可以融合教学与科研；本科低年级集中进行通识教育，高年级进行专业教育，适度进行科研训练。

对于这种大学内部的分化，在克尔看来，肯定是再正常不过了。因为，这就是多元巨型大学（multiversity）的特征。早在 20 世纪 60 年代，

① 池田大作，阿·汤因比．展望 21 世纪［M］//面向 21 世纪的教育．北京：国际文化出版公司，1999：65．

② ROWLAND S．Teaching and Research：A Marriage on the Rocks?［N］．Times Higher Education Supplement，2000-10-27．

③ 约翰·亨利·纽曼．大学的理想［M］．徐辉，顾建新，何曙荣，译．杭州：浙江教育出版社，2001：4．

克尔就提出，大学已经不再是一个共同体、有机体，而成为界限模糊的机构，它具有多个群体，有多个灵魂，服务于多种利益。在教学和科研方面，“教授之用心着力所在多系研究，教学则越来越被忽视。教授的忠诚对象已不是大学，毋宁是支持他研究的福特基金会、西屋公司或华盛顿……它的成员已不限于教师、行政人员和学生，还包括许多‘非教师教学人员’（如研究教授），它的组织已不止限于学院（faculty）、书院（college），还包括无数的研究中心、出版社、交换计划中心”①。在这样的大学中，无论是学院还是教师，其活动、角色甚至精神被各种力量拉扯得支离破碎显然是正常的。曾经在院系、教师身上结合在一起的教学和科研，被分离分化是合乎逻辑的，无须大惊小怪，更不用“横加干涉”。

（二）平衡教学与科研

随着教学与科研在大学内部的分离分化，以及各国大学争创一流的冲动（在很大程度上，各种一流大学排行榜都把科研赋值最高），20 世纪 80 年代以来，大学普遍“重科研轻教学”，科研有压制教学的迹象和趋势。有学者直言：“世界范围内对于大学知名度的兴趣与追求使得许多国家强化了对大学教授科研及相关活动的重视和奖励，导致各国大学，特别是那些注重排名的学校，过度看重大学教授的科研生产力和影响力。”② 为回应社会批评和问责，很多大学都试图提升教学的地位平衡教学与科研的关系。

这种通过提升教学的地位以平衡教学与科研关系的策略，在国外大学尤其是美国大学中是普遍存在的。斯坦福大学就试图通过设立教学奖励和薪金补助，成立专门委员会研究本科生教育，修改晋升标准并制定多元化的教师评价体系等，促使大家“更多地谈论教学，并尊敬与奖励那些在这方面做得好的人，使它成为让人热爱的劳动，成为我们每个人的责任”③。威斯康星大学、密歇根州立大学、宾夕法尼亚州立大学等也

① 金耀基．大学之理念［M］．北京：生活·读书·新知三联书店，2008：7-8.

② FULTON O，TROW M. Research Activity in Higher Education［J］. Sociology of Education，1974，47（1）：29-73.

③ 唐纳德·肯尼迪．学术责任［M］．阎凤桥，译．北京：新华出版社，2002：115.

通过政策变革来提升教学的地位。在这些院校变革的同时，俄亥俄州、田纳西州、南科罗拉多州等州都把一些大学的公共资源投入到了教育和学习上。美国国家自然科学基金以及其他一些独立的基金会如布什基金会等，也都投入了大量资源支持本科教学的发展①。在过去的十多年中，英国也有一股很强的奖励大学“教学优异”的运动。在政府的推动下，英国多数大学通过诸如使命陈述、学习和教学策略、人力资源管理战略等文件引导和支持改善教学的地位。迪尔英报告之后，大学已开始明确表示自己在奖励“教学优异”方面所做的巨大努力，称具有教学奖励机制的大学数目从1998年的12%上升到了2000年的65%②。

我国大学也有类似的制度和实践。如有大学规定，教师每学年至少要为本科生讲授一门课程，否则不能晋升。有大学还增加了教学在教师的聘用、晋升、津贴决策中的权重，比如把教学类的成果与科研成果同等对待，有大学甚至还把教学成果奖、教改项目、教研论文等等同于高一级别的科研奖、科研项目和科研论文。

博耶甚至把这种平衡法提升到了理论层面。1990年，博耶发表《学术反思》(*Scholarship Reconsidered: Priorities of the Professoriate*)，提出扩大“学术”的概念，承认教师多样的工作。博耶指出，二战后美国高等教育的使命在扩大，可奖励系统却变窄了。大学从事教学、科研、社会服务等多种活动，教师从不认为自己仅仅是研究者，可是奖励系统(reward system)却只承认“研究和发表”。他认为需要扩展学术的概念并予以同等奖励。博耶提出了四种学术类型，即发现的学术(scholarship of discovery)、综合的学术(scholarship of integration)、应用的学术(scholarship of application)、教学的学术(scholarship of teaching)③。这样，

① FAIRWEATHER J S. Beyond the Rhetoric: Trends in the Relative Value of Teaching and Research in Faculty Salaries [J]. The Journal of Higher Education, 2005, 76 (4): 401-422.

② PARKER J. Comparing Research and Teaching in University Promotion Criteria [J]. Higher Education Quarterly, 2008, 62 (3): 237-251.

③ BOYER E L. Scholarship Reconsidered: Priorities of the Professoriate [R]. Princeton University NJ: Carnegie Foundation for the Advancement of Teaching, 1990: 16.

具有不同才能（talent）的教师都可以得到肯定，教师不同阶段的兴趣和工作重点的转换也得以合法化，这就可以全面地容纳而不是限制教师的才能，并全程激发教师的生产力和创造性。大学可以为教师提供创造性契约（creativity contract），鼓励不同教师走不同的职业路径，也容许教师在不同职业阶段选择不同类型的学术活动。博耶还指出，承认教师的多样学术，对于大学也很重要。若只承认研究和发表，那么美国大学必然会趋同。若奖励多样的学术，那么大学可界定自身独特的使命，并侧重不同类型的学术。最终，所有大学都可以获得尊重，只要其具备让人尊敬的特色（diversity with dignity）。

二、科教融合：第三条道路与“教学与科研相统一”的当代模式

博耶把教学提升为学术，用包容性的学术概念使大学教师多种形式的活动合法化、平等化，具有非常大的影响和价值。博耶的学术观，使得包括教学在内的其他活动，具有了与科研相抗衡的理论知识。在这一理论的启示下，20 世纪 90 年代以来，在世界范围内逐渐兴起了“教学学术”运动。不仅相关研究取得了巨大进展，教学学术在大学内也初步得以制度化。院校分类管理、教师分类管理、设置教学奖励、设立教学项目等成为众多高等教育系统的制度和实践，以此来提升教学地位，矫正“重科研轻教学”的状况。

可是，这种平衡教学与科研的思路，带有跷跷板游戏的特征，会进一步强化教学与科研的分离和对抗①。对此，一些学者有深刻的分析。巴尼特（Ronald Barnett）指出：“教学在科研的挤压下试图发出自己的声音。教学成为具有自己意义的项目：在国家和地方的层次要建立一些基础设施；需要有一些关注高等教育教学的杂志；并且还有给予那些期望通过教学而获得晋升的人以空间。”② 但是，教学试图通过成为一种独

① 吴洪富. 大学场域变迁中的教学与科研关系：一项关于教师行动的研究[M]. 北京：教育科学出版社，2014：179.

② BARNETT R. Beyond all Reason：Living with Ideology in the University [M]. Buckingham：Society for Research into Higher Education and Open University Press，2003：147.

立的活动而与科研相竞争的算盘并不会如意。巴尼特认为教学确认自身特殊地位的努力反而存在更加弱化其重要地位的危险。他指出："教学作为意识形态的一个动机是要成为一种合法的项目，这就等于提醒大学教学不是那么重要的活动。这是一个讽刺。"① 斯科特（Peter Scott）也警告说："我认为目前给予教学更大的重视和尊重的努力很可能带来意想不到的后果，那就等于默认教学与科研是独立的事业……如果尊重教学像科研那样，并鼓励一个不合时宜的、不自然的学术工作的分工，那么其结果是教学的衰竭，并强化了其相对于科研的弱势地位。"② 在大学内部，分裂的科研与教学，分别成为主导的意识形态和寄生的意识形态，"科研占主导地位，教学成为一种试图与科研相斗争的意识形态。教学试图作为一种对立的具有自我的项目。教学作为一种意识形态是寄生于科研作为一种意识形态的基础之上的"③。分离背景下，教学相较于科研的次要地位，很大程度上在于，科研和教学具有不同的性质。尤其是科研的影响是超组织的，而教学的影响大多限于校园内；科研是易于评价的，而教学则难以衡量。很显然，平衡二者地位的思路，面对复杂多变的教学与科研关系，是幼稚且无效的。

正是基于这样的状况，新的思路被提出，那就是采取一种融合式的教学与科研发展模式，即无论在学校工作层面，还是在教师个体实践方面，都强调二者的融合，而不是分立并行的发展。这是大学建构教学与科研关系的第三条道路，更是"教学与科研相统一"的当代模式，是洪堡理念在历经"教学漂移"和"科研漂移"后的浴火重生。这种重生，并不是简单地回到洪堡，毕竟，洪堡所谓的对世界进行整体性反思的科学，已经蜕变成专门化、碎片化的科学，"纯科学"也被功利性科学所

---

① BARNETT R. Beyond all Reason: Living with Ideology in the University [M]. Buckingham: Society for Research into Higher Education and Open University Press, 2003: 152.

② 这段话出自斯科特2004年提交的一份报告。

③ BARNETT R. Beyond all Reason: Living with Ideology in the University [M]. Buckingham: Society for Research into Higher Education and Open University Press, 2003: 147.

取代；洪堡着眼于“修养”的精英化小型大学也被当代的多元巨型大学所取代，学生的需求除了心智修养外，增添了更加多样化的需求。科教融合是教学和科研组织化、多样化和分立之后的融合，是当代环境下的一体化发展模式。大学科教融合是古典的“教学与科研相统一”在当代的再造模式。

总之，回顾历史，我们发现，大学科教融合经历了曲折的过程，其内涵也不尽相同。在中世纪大学之中，古典意义上的研究就和教学自然融合于教师个体身上；在16—18世纪，随着近代科学的发展，“科学研究”取代“研究”，并主要在大学之外发展，大学不存在教学与科学研究的融合；19世纪初期德国大学的改革，诞生了科教融合的古典模式——“教学与科研相统一”；随着科学性质的变化和体制化、高等教育大众化等进程的推进，大学科教融合遭遇危机，并于20世纪出现了科教分立的局面；近年来，科教融合再次成为世界高等教育的重要指导思想和共同理念，科教融合的理念成为大学运行和改革的基本原则。

第二章　大学科教融合的理论基础

科教融合是当代大学的基本理念。这一理念的出现，有重要的理论基础，如教育学基础、知识论基础和社会学基础。这些理论基础相互照应，与大学发展逻辑一起造就了大学科教融合的理念与实践。

第一节　大学科教融合的教育学基础

大学是教育机构，其理念、制度和实践须有教育学意蕴。历史上，有很多关于科教分立与科教融合的争论，其实也正反映了争论者不同的教育学立场。概括地说，强调以教师为中心、以教为中心的传统教育学更多看到科教分立的价值，而强调以学生为中心或师生共同体为中心、以学为中心的教育学则更多认识到科教融合的必然和益处。

一、传统教育学与大学科教分立

传统教育学以教师的教为中心，把师生看成是分离的、不平等的双方，把教学过程看作是单向的知识传授，在这种教育观的影响下，大学科教分立的观念自然就出现了。

（一）教师中心与科教分立

传统教育学强调以教师为中心。在这一价值观作用下，师生是分离且不平等的。教师是教育教学的主导者，学生是与之对立的服从者。学生学习与发展的好坏，主要取决于教师的好坏。这种教育理论认为，教师素质与水平至关重要，遴选出优秀的教师是大学教育成功的关键。

那么，什么样的人是优秀的大学教师呢？德国古典大学观强调，好的研究者就是好的教师。可是，这遭到了众多学者的反对。他们认为，教学是需要特殊才能、气质的人才能从事的工作，而这种才能和气质往往是擅长科研者所不具备的，换言之，好的教师与好的研究者鲜有机会是同一个人。纽曼是这类观点的“鼻祖”。他认为，需要在科学团体和大学之间、研究者和教师之间进行智力分工。这是因为：第一，所需才能不同。科研和教学需要不同的才能，而很少人能同时兼备这两种才能。第二，时间和精力冲突。大学是传授普遍知识的场所，教师整天忙于把现有知识传授给学生，相应地，就不可能有时间和精力去从事科研并获取新的知识。第三，所需环境的差异。科研需要离群索居，心无二用，而教学则需要积极与学生互动。正所谓：“教学允许与外界打交道，但实验和思辨的自然家园是隐居。”①

纽曼的观点，得到了一些后来者的支持。有观点认为，一个成功的教师需要更加开放，关心学生，有同情心，有责任感，而从事科研的人需要有专注力，更有追求的热情，有着为达目的不计成本的决心，有较强的忍耐力、自信、自我激励等品质特征。更有甚者，有观点把这两类气质分别对应女性和男性，把教学视为更符合女性气质，而科研更符合男性特质，进而形成了大学场域中“男女有别”的分工和惯习②。罗兰德对英国谢菲尔德大学 12 位系主任的访谈就发现，他们常常把科研描述为专心、热情等类似男性的特征，而教学则是关注学生、开放等类似女性的特征③。

总之，以教师为中心的传统教育理论认为，教师是大学教育教学的关键，而好的教师又不太可能同时是一个好的研究者，这样，大学科教融合就缺乏了实践主体基础。

（二）以知识传授为中心与科教分立

当然，就实践而言，大学教师一般都是学者，学者和教师常常是同

① 约翰·亨利·纽曼. 大学的理想［M］. 徐辉，顾建新，何曙荣，译. 杭州：浙江教育出版社，2001：5.

② 吴洪富. 大学场域变迁中的教学与科研关系：一项关于教师行动的研究［M］. 北京：教育科学出版社，2014：132.

③ ROWLAND S. Relationships between Teaching and Research［J］. Teaching in Higher Education，1996，1（1）：7-20.

一主体。即使如此，依据传统教育学，大学教师的这二重角色常常是分离的：他们有时以研究者的身份进行知识生产，在另外的时候以教师的身份从事知识传授。或者正如巴尼特所言，教师在从事教学、科研时，分别处于波普尔（Karl Popper）所谓的不同的世界之中①。巴尼特指出，科研的主要目的是产出客观的知识，当教师从事科研工作时，他就居于世界 3 之中；当他从事教学时，他主要关注的是学生个体的心灵和他们看问题的方式，也就是主观化的过程，此时教师处于世界 2 之中②。

这种角色和活动甚至所处世界的分离论，与传统教育学以知识传授为中心的观点相一致。传统教育学强调以教为中心，且教的主要任务是把知识传授给学生。学生是不成熟的社会个体，其所要做的，就是要努力吸纳经过教师组织的、已经确定了的知识。而科研作为一种探索知识前沿、处理不确定知识的活动，显然与教学是完全不同的过程。

基于传统教育学这样的观点，布儒（Angela Brew）曾用图 2-1 表述了大学教学与科研分立的传统模式。如图所示，在传统模式中，科研是发生于学科研究文化之中的知识生产活动，在这种文化中，教师而不包括学生开展着知识创造的工作；教学主要发生在院系学习氛围之中，是

① 波普尔提出了三个世界的理论。波普尔从词义上考察，把“存在”一词的含义分为三种，即外部事物的存在、思想意识的存在和关系的存在。相应地，可以把存在分成三个领域，即三个世界，其中，世界 1 是物理世界，如物质、能量、一切生物的机体等；世界 2 是人的心理现象，包括意识、感觉等心理状态和过程，也就是哲学中的主观世界；世界 3 是思想的内容，可以是被物质化的人类的产品，如语言、艺术品、图书、房屋、机械设备等，也可以是用语言表达出来的人的意识的对象如问题、理论、猜想、证据、理论等。这三个世界都有自己固有的、其他世界没有的特性和规律，但又是相互作用的。波普尔三个世界的理论，主要是关于世界 3 的理论。在他之前，哲学家们普遍认为世界有主观和客观之分。波普尔提出，独立于两个世界之外，还有世界 3。他认为，世界 2 指的是心理和思想的状况与过程，是主观的，而世界 3 是思想的内容，是客观知识。世界 2 是流动的、不定性的、隐蔽的，而世界 3 则是相对稳定、固定和可以接近的。世界 3 具有自主性，比如即使没有读者，一本书仍是一本书。参见：赵敦华．赵敦华讲波普尔［M］．北京：北京大学出版社，2006：113-121.

② BARNETT R. Linking Teaching and Research：A Critical Inquiry［J］. Journal of Higher Education，1992，63（6）：619-636.

知识传播的过程①。教师和学生是分离的，科研和教学是不同的、分立的活动。而且，教学与科研分别朝着相反的方向拉拽，呈现出“教学漂移”与“科研漂移”。

结合传统教育学以教师为中心的立场，我们可稍微改动图 2-1，用图 2-2 更好地呈现大学教师的学者和教师二重身份之间，以及科研和教学两项活动之间分立的状况。大学教师科研时，是以学者身份出现的，此时他处于学科世界之中；大学教师教学时，以教师角色出现，处于院系之中。当然，这种模式下，科研与教学也是有联系的，但这主要是科研向教学的单向输送，由教师向学生的单向传递，而学生及教学活动对于教师的科研没有多大的促进价值。而且，科研对于教学的促进基本上是以一种设计好的方式开展的，而没有考虑学生到底在多大程度上接受了教师科研的影响。反过来，传统教育观使得学生对于教师不可能产生什么积极的影响。教学与科研之间主要是知识的单向、简单的传递，而没有产生实质的效应，更谈不上互动。

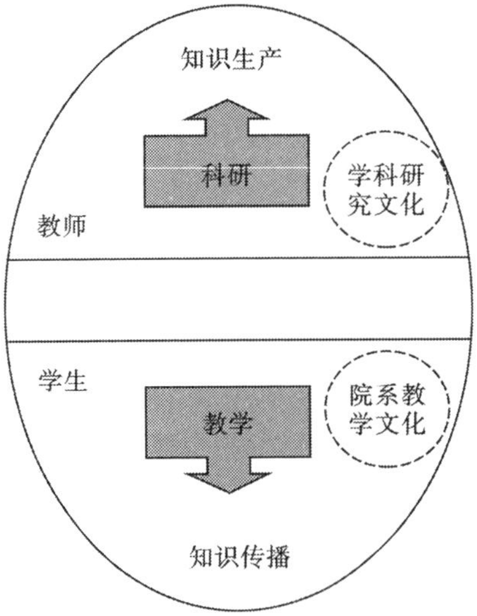

图 2-1　教学与科研关系的传统模式 I

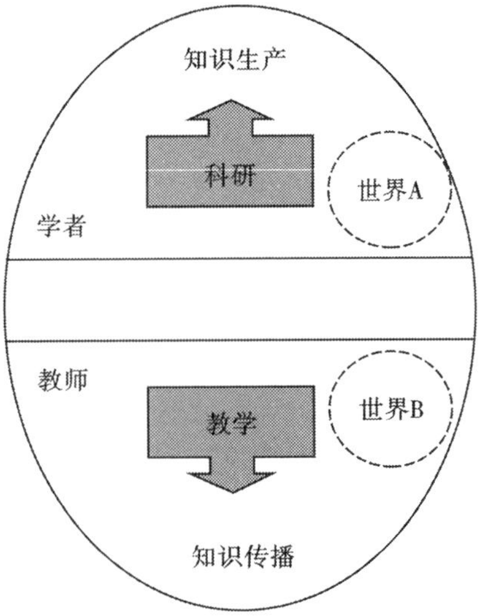

图 2-2　教学与科研关系的传统模式 Ⅱ

① BREW A. Research and Teaching: Beyond the Divide [M]. London: Palgrave Macmillan, 2006: 17-18.

二、当代教育学与科教融合

与传统教育学不同，当代教育学不再以教师为中心，而更多强调师生是一个共同体，相互促进，共同发展；当代教育学不再是以知识传授为主的教为中心，而是以学习为中心。当代教育学视野下，大学教学和科研是融合而不是分立的。

（一）师生共同体与科教融合

当代教育学强调，学校尤其是大学是师生共同体。在这一共同体中，师生都是平等的主体，双方有共同的目标，一起学习和探究高深知识，并在学习过程中相互促进，最终实现共同发展。

大学师生共同体的观念早有雏形。一般认为，共同体的概念最早由德国社会学家滕尼斯（Ferdinand Tönnies）在1887年出版的《社区与社会》一书中提出，意指人与人之间基于高度的认同感和归属感而形成的亲密关系。依此概念，其实洪堡眼中的大学，就是一个“学者共同体”，是为了科学而共生的年长学者和年轻学者的亲密组织。洪堡的这种观念，得到了雅斯贝尔斯的高度认同。雅斯贝尔斯指出：“大学是一个由学者和学生组成的、致力于寻求真理之事业的共同体。”① 雅斯贝尔斯还指出，大学师生共同体的理念，“要求有交流存在，不仅要有不同学科层次上的交流，而且要有不同个人层次上的交流。这样，大学就应该给学者们提供条件，使得他们能够和同行的学者和学生一起开展直接的讨论和交流”②。

把大学视为共同体意味着：师生不是分离的主体，而是必须依赖的群体，彼此脱离便不再是大学教师或大学生；师生有共同的目标和活动，那就是通过探索和交流高深知识，推进知识和师生发展。在这样一个共同体中，师生并非是对立或分离的，科研和教学也不是分立的，甚至可以说，并不存在独立意义上的“科研”或“教学”。教师和学生都致力于高深知识探索（科学）的学习：教师进行研究，探索高深知识，是以研究者的角

① 卡尔·雅斯贝尔斯．大学之理念［M］．邱立波，译．上海：上海人民出版社，2007：19．

② 卡尔·雅斯贝尔斯．大学之理念［M］．邱立波，译．上海：上海人民出版社，2007：97．

色出现的，但研究者必须把自己的研究过程和成果分享给他人并从他人处学习，学生便是重要的“他人”，这一分享与学习的过程，便是教学；大学生要学习“处于已知与未知之间的高深知识”，这种学习并非仅仅是接受、吸收，而是富于批判和探究的学习，其本质也是一种研究过程。可以说，“探究、参与别人的探究并从他人处学习是好的教师、研究者和学生的特征”①。可见，大学共同体，意味着科研和教学的融合、一体化，而这种科教融合，统一于师生共同的探究学习过程之中。

（二）以探究学习为中心与科教融合

当代教育学认为，教育的最终目的是促进学习，大学同样如此。著名学者盖格（Roger L. Geiger）就指出，大学是具有多重目标的复杂组织，但在最根本的层面上，大学一直追求学习的最大化——他们教师的学习、学生的学习，以及与外部行动者分享学习，尤其是使用一些方式促进内部学习②。而大学科教融合的联结点正是学习，大学教学和科研以“学习”为中介。学习是研究者和学习者都进行的活动。研究者通过他们的研究进行学习，然后促进学生的学习，并从学生中学习。布儒和邦德（David Boud）也认为，学习是科研和教学间的重要联结，是二者共同享有的重要成分。只有强调“学习”这一中介，关于教学与科研的关系的争论（increasingly sterile debate）才会有结果从而被关注③。克拉克显然认同这一点。在《探究的场所》一书中，克拉克指出，洪堡的改革“把科研、教学和学习统一的思想建立成为一个永久的原则”④，正所

① ROWLAND S. Teaching and Research: A Marriage on the Rocks? [N]. Times Higher Education Supplement, 2000-10-27.

② GEIGER R L. Optimizing Research and Teaching: The Bifurcation of Faculty Roles at Research Universities [M] //Hermanowicz J C. The American Academic Profession: Transformation in Contemporary Higher Education. Baltimore M D: Johns Hopkins University Press, 2011: 22.

③ BREW A, BOUD D. Teaching and Research: Establishing the Vital Link With Learning [J]. Higher Education, 1995, 29 (3): 261-273.

④ 伯顿·克拉克. 探究的场所：现代大学的科研和研究生教育 [M]. 王承绪，译. 杭州：浙江教育出版社，2001: 1.

谓“科研—教学—学习联结体”。

作为科研和大学教学联结点的学习，并非一般意义上的学习，而是积极的、高级的探究学习（inquiry-based learning）。如图 2-3 所示，探究的过程包含提出问题、搜集资料、评价数据、整合分析、交流、形成观点并发展新知。这样一个过程，对于大学教师而言，就是科研的过程；对于学生而言，是真正的学习而非简单吸收知识的过程。探究学习可以使学生体验知识生产的过程，其主要内涵是学习被一个问题激发，学生通过积极参与探索知识和新的理解的过程进行学习。它包括一系列旨在帮助学生参与研究过程的方法。显然，探究是科研和教学的共同基础，探究可以融合科研和教学：学习者的探究提供了发现的基础和学习的动机；研究者的探究提供了发现新知的基础和学术传播的动机①。

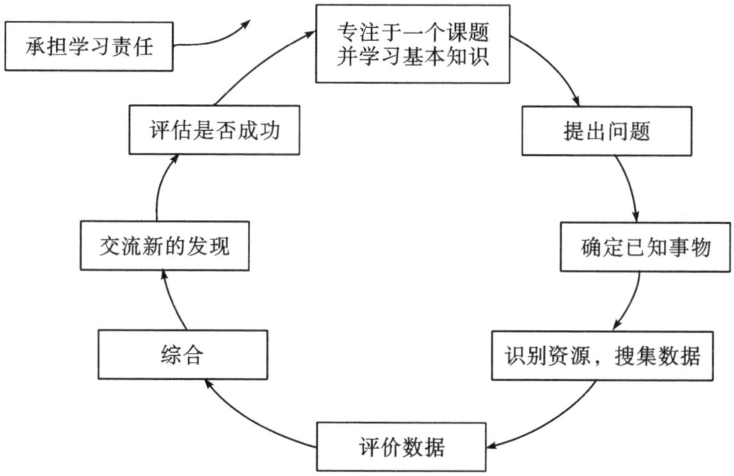

图 2-3　探究过程模型

资料来源：SPROKEN-SMITH R，KINGHAM S. Strengthening Teaching and Research Links：The Case of a Pollution Exposure Inquiry Project [J]. Journal of Geography in Higher Education，2009，33（2）：241-253.

---

① ROWLAND S. Intellectual Love and the Link between Teaching and Research [M] //Barnett R. Reshaping the University：New Relationships between Research，Scholarship and Teaching. Maidenhead：McGraw-Hill/Open University Press，2005：92-102.

探究学习本身是一个包容性的概念，其内部也存在不同的类型。谢菲尔德大学人文社会科学探究学习中心提出了一个探究学习的概念框架（图 2-4），这个框架区分了学生是自己提出问题还是由教师提出，以及学生是探究现有知识还是去发现新知，最终形成了四类探究学习的类型，具体如下：

创作（authoring），学生与学科知识互动，探寻他们自己的开放性问题和探究线索，关注的是“我如何回答我的问题”。

追求（pursuing），学生通过寻求他们自己提出的封闭性问题的答案来获取已有知识，关注的是“我的问题的现有答案是什么”。

确证（identifying），学生为回答教师提出的封闭性问题或探究线索而探索学科知识，关注“这一问题的现有答案是什么”。

生产（producing），学生与学科知识互动，探求教师提出的开放性问题或探究线索，关注“我如何回答这一问题”。

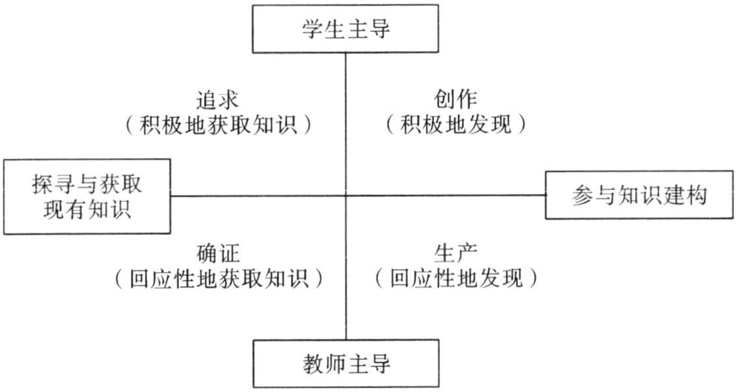

图 2-4　探究学习的概念框架

资料来源：HEALEY M，JENKINS A. Developing Undergraduate Research and Inquiry［R］. York：The Higher Education Academy，2009：26.

另一研究提出的探究学习模式与科教融合程度的关系模型对于探究学习模式的区分，与上述分类有相通之处。从学生独立程度的角度进行分类和学习焦点的两个维度进行分类，这一研究区分了探究学习的不同类型（图 2-5）。通过案例研究，作者发现，探究学习确实可以促进科教融合。不过，不同类型或情形的探究学习，对于科教融合的促进程度不同。图 2-5 这一脚手架图例，可以很好地阐释这种差别。在脚手架底部，教师提供的支持多，学生的独立程度较低；随着向上移动，教师的支持减少，学生的独立性相对提升。随着学生独立性的增强，对于学习内容（课题）和学习方式的选择增强，做研究的能力也在增强，因此形成师生实践社群的能力增强，也就相应地强化了科教融合。图中的另一维度是学习的焦点，左侧划线部分代表主要学习研究技能、研究成果，右侧代表更多关注研究过程，随着学习的焦点从学科知识、研究技巧转向研究过程（结构化的探究，学习的焦点主要是获取现有知识并解决问题，而开放性的探究则主要是发现式的），也就更可能强化科教融合①。这一研究还指出，虽然并不是一种线性的过程，但整体而言，结构化的探究学习项目应安排在开放性的探究学习项目之前。低年级学生应更多开展脚手架底部类型的探究学习，只有当年级升高和班级规模变小，才能更多开展脚手架上层类型的探究学习。

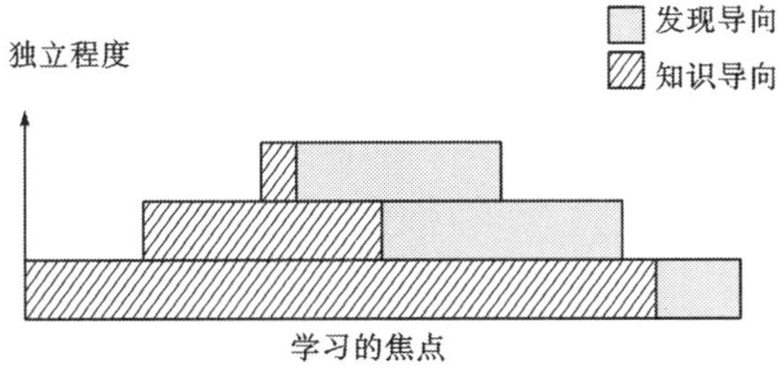

图 2-5　探究学习类型与科教融合程度关系的概念模型

总之，在当代教育学看来，大学是一个师生开展探究学习的共同体。在这样一个共同体中，科教是融合的。师生基于学科知识和学科文化一起开展探究，这一过程既是师生共同体之间交流（教学）的过程，也是共同探索新知（科研）的过程。师生开展着共同的探究，通过民主的对话交流，联系着共同体内外的意义，联系着过去的知识和未来的世界。教学与科研成为相互交融、相互促进的过程，而不是彼此分立的事物。

① SPROKEN-SMITH R, WALKER R. Can Inquiry-based Learning Strengthen the Links Between Teaching and Disciplinary Research [J]. Studies in Higher Education, 2010, 35 (6): 723-740.

当然，随着大学类型和模式的多样化，上述师生共同探究模式存在一定的适用限制，那么，至少在研究型大学尤其是一流研究型大学中，这一模式是适当的。这也是《博耶报告》所期望的研究型大学教育模式。《博耶报告》指出，美国研究型大学的本科教育依然是学院时代的模式，是与研究活动隔离的，大学整体上并没有把本科生纳入它们最重视的研究使命中去。而“高级研究和本科教学处于两个相当不同的层面，前者是愉快、认可和奖励的源泉，后者是为了保持组织的生存能力或多或少不愿意去承担的负担”①。这就很难改变本科教育受忽视的局面。因此，“现在需要的是一个研究型大学全新的本科教育模式，以使得本科生经验成为整体的不可分割的一部分。大学需要好好利用本科生无穷的资源，并用研究项目来强化本科教育质量，而不是努力去复制文理学院独特的环境。……研究型大学与小学院显然不同，它们需要提供一些与学院经验不同的经验”②。这种全新的本科教育模式，就是把每一个人都视为发现者和学习者，并用共享的使命把师生结合在同一个社群而不是隔离的群岛上，这便是科教融合的师生共同发展的图景。

第二节　大学科教融合的知识论基础

任何教育都必须基于知识。高深知识是大学的基础性材料，大学是控制高深知识和方法的社会机构。大学的制度和实践都与知识及其变革有关，大学科教融合正是知识论演变的结果。

一、知识与大学

知识是所有教育的基础，无论讨论哪一个层次的教育，都离不开知识这一核心概念。只有在知识的传授、交流和创生中，教育活动才得以

① Boyer Commission on Educating Undergraduates in the Research University. Reinventing Undergraduate Education: A Blueprint for America's Research Universities [R]. Stony Brook: State University of New York at Stony Brook, 1998: 6-7.

② Boyer Commission on Educating Undergraduates in the Research University. Reinventing Undergraduate Education: A Blueprint for America's Research Universities [R]. Stony Brook: State University of New York at Stony Brook, 1998: 7-8.

开展。这种教育中的知识，就其形态而言，我们称之为课程。课程专家所面对的，至少有两个最基本的知识问题：一是需要基于效益最大化原则，选择出最有价值的知识，将其纳入课程之中，这是课程内容问题；二是基于学生认知基础和发展需求，合理安排这些最有价值的知识，这则是课程进阶问题。中小学安排的应是有价值的初级知识，而大学所处理的是那些最有价值的高深知识。

（一）知识与高深知识

自柏拉图以来，知识便被认为存在等级上的差异。这种等级差异到了亚里士多德那里发展为不可对话的阶梯层级。亚里士多德从感觉、记忆、经验、技术到智慧的“五部曲”，把知识分为不同的等级，其中智慧即哲学是最高级的知识，而感觉则是人生而有之的低级知识。在他看来，这些低级的知识是日常知识，而哲学则是处于最高点的真理知识。英国历史学家彼得·柏克（Peter Burke）把知识分为通俗或日常生活知识和学术性知识。我国学者葛兆光在《中国思想史·导论》中则把知识分为一般知识和精英知识。

大学处于教育层次的顶端，其所传播的知识，自然也是高级的知识。大学中的知识就是这些智慧、学术性知识或精英知识，亦即高等教育专家所谓的“高深知识”。布鲁贝克（John Seiler Brubacher）指出，在某种意义上，“高深”只是代表一种高级程度。但是，在另一种意义上，这种程度又是如此突出，使得高深知识与其他知识成了性质完全不同的事物。高深知识是深奥的学问，“这些学问或者还处于已知与未知之间的交界处，或者虽然已知，但由于它们过于深奥神秘，常人的才智难以把握”①。

克拉克指出，高深知识“在很大程度上构成了各民族中比较深奥的那部分文化的高深思想和有关技能”。他认为，高深知识日益专门，数量越来越多，自主性程度越来越高，具有密集性和广博性。在发展方面，高深知识的探索永无止境，并需要世代累积②。大学正是以具有这

---

① 约翰·S. 布鲁贝克. 高等教育哲学［M］. 王承绪，译. 杭州：浙江教育出版社，2001：2.

② 伯顿·克拉克. 高等教育系统：学术组织的跨国研究［M］. 王承绪，徐辉，殷企平，等译. 杭州：杭州大学出版社，1994：13-16.

些显著特征的知识为工作材料和基础的，而这又反过来决定了大学的样态。

（二）高深知识是大学的基础

高深知识被视为高等教育尤其是大学的基础和核心。在《高等教育哲学》一书中，布鲁贝克指出，在面对诸多高等教育问题尤其是高等教育合法性危机问题时，我们需要对高等教育“作一次痛苦的重新评估”，也就是对高等教育进行一次哲学的分析——但不能以普通教育哲学检视高等教育，其原因就在于“高深知识”。他指出：“大多数普通教育哲学都主要集中研究初等和中等教育，它们并未发现第三阶段教育和高等教育有着低层次学校中碰不到的特殊问题。高等教育与中等、初等教育的主要差别在于教材的不同：高等教育研究高深学问。”① 也正因为高深知识，布鲁贝克认为，不仅不能以普通教育哲学分析高等教育问题，在建立参照框架综合分析高等教育哲学流派时，也应围绕高深知识为共同基点。克拉克显然持有同样的认识。他说：“知识材料，尤其是高深的知识材料，处于任何高等教育系统的目的和实质的核心。”②

高深知识是大学的核心和基础，这体现在多个方面。第一，高深知识是大学产生和发展的逻辑起点。正是由于对真理和高深知识的共同兴趣和热烈追求，中世纪才出现了大批求知者聚集在一起交流而形成大学。第二，高深知识是大学活动的共同要素。教学和研究是制作和操作这种材料的基本活动。其中，科研主要是创造或发现高深知识，而教学则是整理和传播高深知识。大学还利用自身所拥有的或创造的高深知识去解决社会问题，这是知识运用的过程。第三，大学的兴衰与高深知识密切关联。大学的合法性建立在高深知识之上，正是由于控制甚至垄断了高深知识，才有了大学的产生和壮大。随着高深知识生产的社会化，越来越多的机构掌握了高深知识，大学便会遭遇合法性危机的挑战。大

① 约翰·S. 布鲁贝克. 高等教育哲学［M］. 王承绪，译. 杭州：浙江教育出版社，2002：2.

② 伯顿·克拉克. 高等教育系统：学术组织的跨国研究［M］. 王承绪，徐辉，殷企平，等译. 杭州：杭州大学出版社，1994：12.

学兴衰正是基于高深知识的这种双重性之上①。

二、知识社会化与大学科教融合

高深知识是大学教学和科研的材料，相应地，知识影响着大学教学与科研的关系。罗兰德通过实证研究发现，大学教学与科研的关系依赖于知识如何被感受②。而整个社会的知识论，呈现出走向社会建构的趋势。在知识变迁的作用下，大学教学与科研也正从分立逐步回到融合。

（一）从传统知识论到社会知识论

“知识”是一个重要的哲学范畴，思考知识的本质、范围及条件是众多哲学家的重要追求，进而形成了不同的知识论。在这些知识论的系谱中，大致可以看出一些从传统到当下的演变轨迹，如从本质主义走向建构主义，从个体转向社会，从决定论走向互动论，等等。

1. 从本质主义走向建构主义

在关于知识是什么方面，存在着本质主义和建构主义的分野。传统知识论持有的是本质主义知识观，认为存在确定的、客观的真知或者说真理，人们所要做的就是去发现、挖掘这些真知。具体说来，本质主义知识观至少有这样一些基本的立场：第一，任何事物都存在一个深藏着的唯一本质；第二，人类求知的过程就是通过现象找寻本质，而这是知识分子的崇高使命；第三，反映事物本质的知识是真知，即主观认识与客观事物相符合，否则就是谬论、伪知识。本质主义知识论者都相信，虽然世界缤纷复杂，可是，整个世界及其中的万物都有最真实最简单的存在形式，这就是所谓的“本体”。柏拉图的“理念”、莱布尼茨的“单子”、康德的“物自体”等，都是具有“决定性”、“先验性”、“自足性”和“基础性”的本体。本体是变动中的永恒，是多样性中的同一③。

---

① 吴洪富．高深知识的双重性：读布鲁贝克《高等教育哲学》[J]．高教探索，2009（6）：28-32．

② ROWLAND S. Relationships between Teaching and Research [J]. Teaching in Higher Education，1996，1（1）：7-20.

③ 石中英．本质主义、反本质主义与中国教育学研究［J］．教育研究，2004（1）：11-20．

随着元知识理论的发展，20 世纪 60 年代以后，建构主义兴起。建构主义极为重视人类内在心理和精神的建构作用，认为在主体之外，并不存在实体的知识，知识不能以实体形式存在于个体之外，不同的个体会依据自身内在的经验、认知图式对事物进行不同的建构。此外，建构主义非常重视情景，认为知识依赖于情景，而并不存在脱离情景、现象的本质。

2．从个体转向社会

传统知识论主要是基于个体角度来研究知识的，笛卡尔的“我思”、维特根斯坦的“我的语言”、海德格尔的“我的存在”和库恩的“我的世界”等，都具有“方法论的个人主义”色彩①。个体主义的知识观，非常强调精英知识分子、智者、哲学王依靠强大的理性力量获取真知。他们相信，有一批才智卓越之人，可以基于意志自由、个人良心来自由地探索知识。这种探索是一种独立的探索，是“为知识而知识”的过程，超越于任何价值和利益之上，超脱任何社会规则和世俗的限制，自由地追求知识而不论其引向何方，呈现为个体式的“闲逸的好奇”。

近年来，个体主义的知识论受到质疑，知识社会论成为主流。知识社会论的基本立场至少体现在三个方面：一是强调知识的社会性，认为任何知识都不是个人理性的结果而是集体智慧的产物，不是个别专家从事的工作而是整个社会的事业；二是知识并非是客观的、无涉价值的、纯粹的本真，而是社会共识，其所表达的是对社会的反映或映射着社会的因素；三是知识并非静态的，而是因社会变迁而不断更迭的。在这样的知识观下，协商与协同成为知识的基本特征和主要生产方式，知识从精英垄断转向所有公众间的对话和“视界融合”。

3．从决定转向互动

随着知识社会化观念的壮大，科学知识社会学于 20 世纪 70 年代兴起。以爱丁堡学派为代表的学者提出了“强纲领”，认为所有人类知识，无论是自然知识还是人文社科知识，都是社会建构的结果，是处于不同

---

① 安维复．社会建构主义：后现代知识论的“终结”[J]．哲学研究，2005（9）：60-67.

社会历史中的群体，基于不同的“社会意象”形成的观念体系。以科林斯（Harry Collins）为代表的巴斯学派则修正了“强纲领”，强化了行动者的主动意识，认为科学的本质是“争论”，科学知识只不过是行动者之间相互“协商”或者谈判的结果。爱丁堡学派和巴斯学派都认为知识是社会的，前者强调社会结构对于知识的决定性，后者则更具相对主义，突出行动者的社会交往对知识的巨大影响。从这个意义上说，科学知识社会学内部出现了一个从决定论到互动论的转换。

从知识社会学所遭遇的挑战，也可窥见知识的社会化。科学社会学在20世纪90年代，也就是兴盛了20年之后，逐渐走向衰落。其主要的原因在于，它面临相对主义的批判。我们知道，传统的科学哲学始终相信科学的客观性，认为科学规律、真理是客观存在的，而无论是“强纲领”的科学社会学，还是巴斯学派的科学社会学，它们都在放大知识的社会因素中，消弭了知识的客观性，否定了真理标准的客观存在，这是传统学者所无法接受的。在这种情况下，一些学者提出了新的知识互动理论，即知识是主体（群体而非个体）与客体之间的互动，这是一种新的协调模式——协调科学哲学和知识社会学，协调真理标准和社会建构。

（二）社会知识论与大学科教融合

知识论的变迁，使得以高深知识为基础和核心的大学随之变革。在中世纪，大学所处理的知识是上帝真理统领下的普遍知识，亦即本体性知识。到了19世纪，纽曼依然认为，对于真理的探寻，是伟大思想家离群索居才能完成的。真正的研究者大多“或多或少对课堂及公共学校退避三舍”，因为“实验和思辨的自然家园是隐居”①。这显然都是传统知识论的影响所致，这种影响甚至一直延续到了现代，学院人始终把自己的使命定为追求真知、探索真理。可是，20世纪后半期以来，社会知识论兴起。学科交叉和融合、跨学科组织的发展，以及大学和其他社会组织间协同创新的推进，都反映了大学深受社会知识论的影响。大学更加强调各学科、各社群之间的交流，因此，学科之间的界限，大学与外部

① 约翰·亨利·纽曼．大学的理想［M］．徐辉，顾建新，何曙荣，译．杭州：浙江教育出版社，2001：4-5.

组织之间的界限不断模糊。在此背景下，大学教学和科研及二者间的关系，都发生了深刻的变革，科教融合成为必然。

以高深知识为基础的大学活动尤其是教学和科研必然都受知识论的影响。在《教学与科研：变革背景中的关系演变》一文中，布儒就明确地指出，高等教育中教学与科研关系的演变，与高等教育大众化、可用于教学和科研的时间的变化、科研本质和教学本质的变化等有关，而这些转变的核心是关于知识本质的理念变革。因为，知识观决定了教学开展的方式和科研被理解的方式①。罗伯森（Robertson J.）使用经验场分析的方法（experiential field analysis）②，对 24 位男女教师进行了访谈，考察了他们对教学、科研、知识、学科、学习及教学与科研关系的认识，并着重分析他们所使用的隐喻。他发现，学术人员的认识论不仅被他的知识观（知识被想象和建构的方式）所强烈影响，而且这种认识论还对他们的科研、教学、学习以及处理教学与科研的关系产生根本性的作用③。

布儒区分了两种知识观：一种是知识被看作与发展它的人相分离的客观事物，另一种把知识看作主观的事物，是解释和协商的结果。布儒的区分其实也正是传统知识论和现代知识论的分野。

普罗瑟（Michael Prosser）等人发现，教师处理教学与科研的关系是以教师对于学科相关知识的理解为中介的。那些认为学科知识是自动化

① BREW A. Research and Teaching: Changing Relationships in a Changing Context [J]. Studies in Higher Education, 1999, 24 (3): 291-301.

② 经验场分析的方法源自经验场的内涵。经验场可以被概念化为在空间或者成分之间（between/among）的建筑性的关系，而这种关系则构成了整体的设计。每一个部分都对整体的意义有所贡献，并且每部分的意义也源自整体。每个部分都因构成了整体的世界而赋予了其他部分以意义。同样地，一个教师科研、教学、学习和知识的经验，取决于它们自身，但也从它们的彼此关系中获取更大的意义。教师科研、教学、学习和知识都是构成整体世界观念的一部分，因此而赋予彼此意义，正是这种世界观念决定了科研与教学关系被感知的方式。

③ ROBERTSON J. Beyond the "Research/Teaching Nexus": Exploring the Complexity of Academic Experience [J]. Studies in Higher Education, 2007, 32 (5): 541-556.

的、孤立的事物的教师，他们的教学更倾向于信息传递和以教师为中心的方式；而那些从结合的、历史的角度感受学科经验的教师，他们的教学则可能以学生为中心①。把知识视为客观的事物的教师，其教学与科研倾向于分离；而把知识理解为社会建构产物的教师，倾向于把教学与科研结合起来。

总之，不少学者发现，在传统知识论（即认为知识是客观的、与主体分离的）的影响下，大学教学倾向于简单的知识传递，科研只是发现一些原子式的知识或知识体，相应地，教学与科研呈分离状态；而在社会知识论的影响下，科研、教学两者被看作个体和群体协商意义的过程，师生在社会背景中建构知识，相应地，教学与科研融为一体。

第三节　大学科教融合的社会学基础

大学身处社会之中，社会发展无疑对大学的组织样态和发展模式有巨大的影响。关于当代是一个怎样的社会，社会学家给出了很多标签，如“后工业社会”（post-industrial society）、“后现代社会”（post-modern society）、“后资本主义社会”（post-capitalist society）、“知识社会”（knowledge society）、“风险社会”（risk society）、“消费社会”（consumer society）、“个体化社会”（individualized society）、“不连续的时代”（age of discontinuity）等。这些对于当代社会形态的不同概括，显示出当代社会的多样性，呈现出很多不同的面向。但是，这些概括又有一些共同的内涵，上述这些不同的“社会”一定程度上存在“异形同质”的共同特征，如社会知识化和数字化、个体化以及不确定性的增加等。而当代社会这样的特征，都要求大学的科学研究和教育教学融合。

一、知识经济社会的就业能力培养与大学科教融合

随着知识在经济社会发展中的地位越来越突出，“知识社会”被学界

① PROSSER M, MARTIN E, TRIGWELL K, et al. Academics' Experiences of Understanding of Their Subject Matter and the Relationship of This to Their Experiences of Teaching and Learning [J]. Instructional Science, 2005, 33 (2): 137-157.

普遍认为是对当代社会的一个恰当称谓。在1973年出版的《后工业社会的来临》一书中，贝尔（Daniel Bell）提出了“后工业社会”的概念，与工业社会相对应。他指出：“如果资本与劳动是工业社会的主要结构特征，那么信息和知识则是后工业社会的主要结构特征。”① 在20年后出版的《后资本主义社会》一书中，德鲁克（Peter F. Drucher）指出：“我们现在正经历这样一场变革。这场变革创造了一个后资本主义社会——知识社会。”② 知识社会的提出，不仅得到了学界的认同，还指导了社会实践。例如，经济合作与发展组织（Organization for Economic Co-operation and Development，OECD）1996年发布了《以知识为基础的经济》；知识欧洲（The Europe of Knowledge）的创建，则是里斯本欧盟委员会2000年3月以来的主要目标。

在知识社会中，知识的生产和拥有分散化，大学不再是知识的垄断者，但大学的地位却不会降低。贝尔认为，大学将是知识社会的轴心机构，因为“大学是社会上最能把工业需求、技术和市场力量与公民需求相联系的机构”③。欧盟委员会（European Commission）关于“大学在知识欧洲中的角色”（The role of the universities in the Europe of knowledge）指出：“考虑到大学处于科研、教育培训和创新的交叉地带，大学在很多方面是知识社会和经济的关键。大学处于知识欧洲的中心。”④

德鲁克指出，知识社会的主体是拥有专门知识的知识工作者。对于处于知识社会轴心的大学来说，培养知识工作者无疑是其关键任务。而相关理论和政策文本认为，培养知识工作者，需要大学采取科教融合的组织方案。例如，欧盟委员会的相关报告就指出，大学要完成它们在知识

---

① 丹尼尔·贝尔．后工业社会的来临［M］．高铦，译．北京：新华出版社，1997：9．

② 彼得·德鲁克．功能社会［M］．曾琳，译．北京：机械工业出版社，2009：124．

③ 杰勒德·德兰迪．知识社会中的大学［M］．黄建如，译．北京：北京大学出版社，2010：138．

④ Commission of the European Communities. The Role of the Universities in the Europe of Knowledge［R］. Brussels：European Commission，2003：4-5.

社会中的教育角色——培养具有职业能力的知识工作者，就必须植根于科研，通过科研开展教育教学，亦即“科研作为就业能力导向的高等教育的基础”（research as a ground for employability-oriented higher education）①。因为，知识社会要求的能力与研究能力密切相关。欧盟报告指出：“很明显，古老的洪堡主义者所强调的科研与教学之间相互促进的优势与今日的环境惊人地相关。引人注目的是，‘就业能力’在很大程度上与现代科研活动的能力重叠。因此，高等教育把科研植根于课程，很可能有助于很多专业领域、专业研究领域内重要能力的发展。换句话说，通过科研进行教学，可能在很大程度与科研以外的其他专业密切相关，且对其人员的培养教育非常有用。”②

可见，在欧盟委员会看来，科研技能与就业能力（employability）类似，因此通过科研培养专业人员是理想的大学教育方式。这是有道理的，因为知识社会的工作者在很大程度上具有研究人员的一些特征。德鲁克指出，知识工作者与体力劳动者不同，体力劳动者的任务时常是清楚的，而知识工作的第一个要求就是要找出“任务是什么”的答案。知识工作者需要自己来界定他们的任务是什么或者应该是什么。任务界定好之后，知识工作者还要自主地负责地开展工作，并在工作中持续学习和不断创新。此外，他们还要去从事其他类型的研究活动，如常常要从工作中抽身，去撰写或重写报告，或者受邀参加会议等③。在实践领域，关于什么是就业能力，不同国家或地区虽并无统一界定，但它们都有与科研技能相似的成分。如以美国教育部界定的就业能力框架（见图 2-6），把就业能力分为工作场所能力（workplace skills）、良好的关系（effective

① Commission of the European Communities. Developing Foresight for the Development of Higher Education/ Research Relations in the Perspective of the European Research Area (ERA) [R]. Brussels: European Commission, 2002: 40.

② Commission of the European Communities. Developing Foresight for the Development of Higher Education/ Research Relations in the Perspective of the European Research Area (ERA) [R]. Brussels: European Commission, 2002: 40.

③ 彼得·德鲁克. 功能社会 [M]. 曾琳，译. 北京：机械工业出版社，2009：136-137.

relationships）和应用性知识（applied knowledge）。工作场所能力又包括资源管理（resource management）、信息使用（information use）、交流技能（communication skills）、系统思维（systems thinking）和技术使用（technology use）；有效关系包括个人品质（personal qualities）和人际交往能力（interpersonal skills）；应用性知识包括应用性学术能力（applied academic skills）和批判性思维能力（critical thinking skills）。而这些维度又可进一步分为第三级能力，如批判性思维技能包括创造性思维、批判性思维、做出合理决定、解决问题、推理和规划等①。从这个就业能力框架看，其就业能力与科研能力确有很多重叠之处。

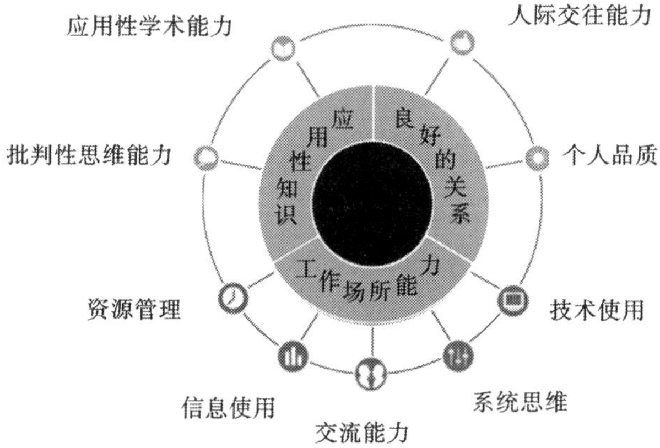

图 2-6 就业能力框架图

上述这种通过科研进行教育、培养学生职业能力的实践，在欧盟委员会看来虽然出发点与洪堡的理念不同，但是仍有很大的一致性，是一种“幸运的巧合”（lucky coincidence），是洪堡科教融合理念的重现。其实，二者是有很大差异的。有学者指出了三点差异②：第一，洪堡眼中的大学，是指引社会的组织，而欧盟视野中的大学是被社会及其需要指

① U. S. Department of Education. The Framework of Employability Skills [EB/OL]. [2018-05-14]. https://cte.ed.gov/initiatives/employability-skills-framework.

② SIMONS M. Education Through Research at European Universities: Notes on the Orientation of Academic Research [J]. Journal of Philosophy of Education, 2006, 40 (1): 31-50.

引发展的；第二，洪堡基于启蒙思想，强调通过科研进而达至修养，而欧盟关注的是通过科研进行教育进而满足社会需求；第三，洪堡认为大学是追求真理的机构，而欧盟则强调对研究进行教育性的操作——欧盟报告指出要关注大学的"教育问题"，要"基于所期望掌握的领域需要的职业能力的界定来设计课程，而不是学科中最重要的知识体系……用能力而不是内容来设计和建构课程，与长期的传统（洪堡传统）有很多不同的地方"①。

二、生活世界重建与大学科教融合

随着现代化的推进和理性主义的膨胀，晚期现代社会面临诸多危机。相应地，当代社会是一个需要重建"生活世界"并使之合理化的社会，而以科教融合方式运行的大学，对于这样一个宏大的社会理想，具有关键作用。

"生活世界"最初是作为一个与现代科学相对照的哲学命题提出的。在《欧洲的科学危机与超验现象学》中，胡塞尔（Edmund Husserl）提出，现代欧洲的文化危机源于科学危机，是"科学世界"对"生活世界"的侵蚀。胡塞尔认为，在现代社会，由于人们对理性盲目追求，总是用"科学世界"的思维对待整个世界。这样就造成了"生活世界"的丧失，绝对理念的消失，甚至人本身的消失。在后续学者的理论中，"科学世界"被"工具理性"、"系统"等取代，他们在胡塞尔的基础上对现代性进行了更全面和深刻的批判。"生活世界"的殖民化被描述为从日常生活到绝对理念的全面异化，如生活格式化、生态危机、消费异化、意义匮乏、价值危机等。正如哈贝马斯（Jürgen Habermas）在其著名的演讲"大学的理念"中所指出的那样，为了克服这些弊端，让"生活世界"回归合理，大学有不可推卸的职责②。

---

① Commission of the European Communities. Developing foresight for the development of higher education/ research relations in the perspective of the European Research Area（ERA）[R]. Brussels：European Commission，2002：38.

② 童世骏. 大学的理念和高校的社会责任 [C] //中共上海市委宣传部. 2004 理论创新咨询专家文集. 上海：上海人民出版社，2006.

大学何以让“生活世界”回归？本书认为关键在于，要让大学成为一个始终保持批判性的探究的对话空间。在这样一个空间中，大学师生开展各种探究（研究），又进行着对话交流（教学），亦即一个科教融合的场所。

在当代社会，大学承担着越来越重要的科学研究角色，是社会的关键知识机构。但是，随着工具理性的膨胀和生活世界的异化，雅斯贝尔斯、哈贝马斯等不少学者认为，大学的科学研究在专门化的过程中也被程序化、技术化、数量化了，其内在的沟通理念、修养价值和教育意义也随之丧失。正如上文所述，欧盟“通过科研进行教育”（education through research）的方案，更多地关注了通过科学研究培养学生的职业技能。巴尼特指出：沟通、理解与理性生活正处于被劳动与技能取代的过程中①。德国哲学家米特尔斯特拉斯（Jurgen Mittelstrass）也认为，研究不应只满足于探究原因或解决问题，而且还应该提供一种思想的导向——关注目标并试图回答“我们应该做什么”的问题。前者是一种积极知识（positive knowledge），后者则是一种规范知识（regulative knowledge）。在米特尔斯特拉斯看来，这种导向性的、规范性的知识在我们这个技术化的、科学的世界中正在消失②。

如何让大学及其科研回归“生活世界”？巴尼特提出要“重建自由高等教育”，把高等教育转化成批判性的事业（a critical business）——“不仅是学生批判性地审视所学知识，而且要发展多方面的批判性自我反思和自我行动能力”③，“解放”学生，让他们成为“反思的实践者”。帕尔菲曼（David Palfreyman）强调，大学要培养学生“‘深层理解、自我反思和自我评价’的能力，以及对‘为什么’而不仅仅对‘是什么’，对

① 罗纳德·巴尼特．高等教育理念［M］．蓝劲松，主译．北京：北京大学出版社，2012：250.

② SIMONS M. Education Through Research at European Universities: Notes on the Orientation of Academic Research［M］. Journal of Philosophy of Education，2006，40（1）：31-50.

③ 罗纳德·巴尼特．高等教育理念［J］．蓝劲松，主译．北京：北京大学出版社，2012：译者序 11.

学术‘对话’而不是职业‘技能’，对‘反思’而不仅仅是‘行动’的关注”①。当然，这种批判性的大学活动，不能仅仅局限于各自的科学研究或探究活动中，还应该在师生的交流对话（即教学过程）中实现。巴尼特提出以“批判性交叉学科”实现整个师生学术社群对话的思路，进而实现真正的“高等学习”；米特尔斯特拉斯则更愿意用跨学科（transdisciplinary）社群来研究社会问题②，并在研究中实现普遍的、全面的、有关“共同生活”的教育。哈贝马斯则认为，大学必须强化交往理性的重要角色，通过交往实践，探究真理并根植于生活世界。总之，面对“生活世界”的殖民化，大学必须发挥作用。而这样的大学，必须是一种批判性的探究的场所。在这其中，师生通过交往实践共同探讨社会问题，实现“生活世界”的合理化，且同时在科研探究中实现真正的高等教育。

三、不确定性时代的风险应对与大学科教融合

当代社会是一个不确定性凸显的时代。其主要特征有二：一是社会的危机和风险不断增加；二是社会的流动性增加，社会向心力式微，个体之间展开竞争并单独应对外在危机，内在的安全感缺乏。基于这样的背景，构建命运共同体成为社会发展的重要趋势，而命运共同体的构建，需要科教融合式的大学发挥关键性的贡献。下文仅以风险社会理论和超复杂世界（supercomplex world）理论为例，剖析大学科教融合与命运共同体构建之间的逻辑关系。

（一）风险社会的要求

20世纪90年代以来，以贝克（Ulrich Beck）和吉登斯（Anthony Giddens）为代表的学者提出，当代社会是一个处于文明火山口上的社会，是充满风险的社会。风险社会理论源于对现代性的批评。现代性是一把双刃剑，它在对人类命运的种种不确定性进行技术控制的同时，又

① 大卫·帕尔菲曼．高等教育何以为“高”：牛津导师制教学反思［M］．冯青来，译．北京：北京大学出版社，2011：24.

② 他认为，交叉学科依然保留了各自的出发点。跨学科研究的主要特质是它们依据社会所表现出的问题域作为研究的出发点（而不是在分离的学科的有限视域内）。

制造了新的不确定性。这种新的不确定性亦即风险，至少有这样几个特点：(1) 人为制造。现代社会在抵御自然风险的能力提升的同时，产生了很多新的制度风险和技术风险，这些人为风险是风险社会的主要内容。(2) 无处不在，无时不在。风险是全球性的，任何人都无法避免，且可能延续到后代。(3) 双重影响。风险具有消极影响，其无法预知性会让个体产生不安、恐惧等“存在性焦虑”使人与人之间产生“信任危机”。但是，风险又是一种积极的力量，是人类社会发展和创新的动力源泉，促进人类探索和创新。

可见，风险社会的风险，主要源于知识本身的不确定性，“是我们不断发展出来的知识对这个世界的影响所产生的风险”①。其实，知识是处于不断发展演变之中的，在这个意义上说，知识始终是不确定的。在传统社会，由于知识主要表现为道德知识，对于社会的影响主要在于精神和制度层面，因此造成的影响不大。而现代社会的知识主要以科学技术的方式呈现，它在给社会能带来巨大帮助的同时，也隐含着不确定的风险。相应地，改变知识的状况，自然就成为社会应对风险的切入点。

如何改变知识的状况呢？学界给出了科学与公众协同创新的思路，即推进知识的民主化。知识的民主化内在地决定了科学不再以生产可靠的知识为目的，而以“更稳健知识的生产”为旨归②。科学不再完全处于科学家同行的掌控之内，而应该社会化，走入“广场”。若非如此，一些掌控科学的群体，如公司、政策制定者和专家，可能会制造了风险，却又找各种理由搪塞，呈现“有组织的不负责任”。而通过知识民主化，一方面可以通过公众监督提升科学发展本身的风险评估和责任意识，另一方面可以实现公众对于科学的理解和参与，使他们清楚科学本身可能蕴含的不确定性及可能带来的社会风险，形成批判性接受科学的能力，继而提升风险意识。

在风险社会，大学依然是知识生产的关键机构，也是一个知识民主

① 安东尼·吉登斯. 失控的世界 [M]. 周红云，译. 南昌：江西人民出版社，2001：22.

② 诺沃特尼，斯科特，吉布斯. 反思科学：不确定性时代的知识与公众 [M]. 冷民，徐秋慧，译. 上海：上海交通大学出版社，2011：276.

化和风险意识培养的理想机构。科教融合对于大学实现其应有价值有至关重要的作用。科学研究是大学生产知识的方式，由于科学所面对的常常是未知事物，因此，从事科学研究的大学教师，对于知识的不确定性的认知和意识较深刻，甚至习以为常。但是，外界社会对于科学的风险却较少感知。为此，大学一方面要促进与外部社会机构的科学合作，建立协同创新机制；另一方面，也是最重要的方面，就是吸纳学生进入科学共同体，一起去探索未知世界，共同促进科学进步，并在这一过程中，培养学生对于科学不确定性的认知并增强风险意识。反过来，学生参与大学科学研究，可以促进对于科学的反思，因为在师生共同探索中，可以形成一个“各抒己见的共同体”。各抒己见不一定能达成共识，但可以促使大学这个学术社群的成员“从他者的视角去批判性地反思自己的立场”①，可以促进反思性科学的发展。这样一个过程，显然就是通过科学进行教育教学的过程——虽然这种过程并不是发展可靠的知识，也不是让学生获取知识，而是一种让学生在参与不确定性知识探索过程中，更多了解科学的风险并批判性地对待科学的机制。

（二）超复杂世界的意蕴

超复杂世界理论认为，未来的社会是超复杂的世界。这一理论的提出者巴尼特强调，超复杂和复杂不同。复杂是指个人所具有的资源难以应对目前的局势，但是如果资源足够的话，它从根本上来说还是可以管理的。而超复杂则与之相反，是多重基本架构的结果，难以管理。超复杂社会具有四个特征，即竞争性（contestability）、挑战性（challengeability）、不确定性（uncertainty）和不可预知性（unpredictability）。除了这四个关键特征，变革、混乱和风险也是超复杂社会的特点。这样的社会是充满不安的脆弱的世界。与巴尼特所描述的超复杂社会相似，鲍曼（Zygmunt Bauman）用“流动的现代性”（liquid modernity）描述当代社会的状况。他认为我们已身处一个变动不居的时代，在这样的时代，所有稳定的规则、规范都在迅速失控，相应地，人

① ROBERTSON J. Research and Teaching in a Community of Inquiry [D]. Canterbury：The University of Canterbury，2003：244.

们的生活方式也在不断地“流动”，很难有固化的习惯和常规。吉登斯称这为“失控的世界”（runaway world），人们很难再以习惯、常识和确定的知识来应对充满未知的社会。

在这样的社会中，传统的知识、经验的有效性式微，相应地，要求学生持续学习确定、有序的知识的传统教学也失去了合理性，传统高等教育和学习也遭遇了严重的挑战。巴尼特认为，超复杂世界剥夺了大学需求真理和知识之锚，再也没有清晰的确定性的知识，大学也不再能单独确定知识的标准和合法性。不过，巴尼特是个乐观主义者，他认为若具有创新性的解决方案，在这样一个时代，大学的地位并不会削弱。大学可以丢弃内在的关于什么是真理和知识的感受，并试图抓住开启超复杂的认识论——不确定性的认识论。在超复杂社会，大学教育的一个目的是让学生应对复杂和不确定的世界，为学生解决一系列不确定性问题做好准备，帮助学生准备以专业人员的身份应对复杂和充满挑战的世界。大学有责任不提供包装好的知识、商品化的材料，而是把学生置于冲突的观点、实践和不确定的情境中去，并和学生一起创造、获取新的知识和新的思维。总之，大学负有开启创新性方案的主要责任，而这种方案的关键是秉持不确定性的认识论。在这种认识论指导下，大学要具备四种能力：革命性重组基本架构的能力，培养批判性思维的能力，使个体在不确定世界中感觉安适的能力，发展批判性行动的能力①。

在超复杂世界，学生所要做的，就是掌握新的思维方式和批判性分析的能力，能够批判性地评价知识，在把握证据的基础上做出理性判断。当今的社会需要创造性，需要能够处理复杂和不确定的能力。而大学科教融合无疑是一种应对不确定性世界的良策。关于大学，“我们需要新的教学，新的空间，新的关于知识的观点，新的接触学生的方式。我相信科教融合能提供这些新的东西，这是令人兴奋的”②。在科教融合

① BARNETT R. University Knowledge in an Age of Supercomplexity [J]. Higher Education，2000，40 (4)：409-422.

② BREW A. Imperatives and Challenges in Integrating Teaching and Research [J]. Higher Education Research and Development，2010，29 (2)：139-150.

范式下，处于科学研究中的教师及其学术社群是揭示社会和事物的复杂性和不确定性的力量，而教学则让学生认识到社会和事物的不确定性并帮助学生去管理这种不确定性。这样，教学与科研之间就形成了一种“神圣同盟”（holy alliance）的关系[①]。

当代社会发生了深刻的变化，大学科教融合实践所处的外部环境与启蒙时代相比，也更为复杂。当代社会是一个知识社会、风险社会和超复杂世界，在这样一个时代，知识无比重要，但因知识的不确定性，风险无处不在。为了更好地栖居于这样的社会，应对无时无处不在的风险，科教融合式的大学负有更加重要的作用。大学创建协商式的生产知识的机制，可以让公众深入了解科学的过程及其风险，这就是大学的科学价值和教育责任协同发挥的过程；大学通过科学研究进行教育教学，可以形成师生学术共同体，两者在共同体中彼此交流探讨，各抒己见，在促进科学发展的同时，尝试发现和认识科学研究过程中产生的意料之外的结果[②]。这些措施利于提升科学的反身性，同时也是培养具有风险意识、应对风险能力的公民的过程。

① BARNETT R. Realizing the University in an Age of Supercomplexity [M]. Buckingham: Society for Research into Higher Education and Open University Press, 2000.

② 诺沃特尼，斯科特，吉布斯. 反思科学：不确定性时代的知识与公众 [M]. 冷民，徐秋慧，译. 上海：上海交通大学出版社，2011：284-285.

第三章　哈佛大学科教融合的制度与实践

创办于1636年9月的哈佛大学（Harvard University），是美国历史上最悠久的高等学府，亦是常春藤盟校成员之一。哈佛大学始称“剑桥学院”（Cambridge College），后为纪念约翰·哈佛（John Harvard）捐赠的义举更名为“哈佛学院”，1780年马萨诸塞州议会批准哈佛学院成为“大学”，正式定名为“哈佛大学”。哈佛大学之于美国有特殊意义，不仅因为“先有哈佛，后有美利坚”，更源于它重大的社会价值——美国顶尖人才的培养机构和美国政府的智库（think tanks）。哈佛大学的学术、声誉、财富和影响力在世界上也享有很高的地位，在多项世界大学排行榜上都处于最前列。在科教融合方面，哈佛大学也很有特色。

第一节　哈佛大学科教融合的历史发展

从建校到19世纪中叶以前，哈佛大学总体上是一个沿袭欧洲古典高等教育特别是英国剑桥大学办学传统的、以培养贵族精英人才为主的小型学院①。后随着历任校长励精图治的改革，哈佛大学逐渐成为世界顶尖的一流研究型大学，在科教融合方面也颇有建树。

一、学院时代的教学主导模式

自哈佛学院建立到19世纪60年代的200多年间，美国高等教育处于学院时代。这种学院教育模式，源于英国。由于美国曾经为英国的殖

① 白强．危机·转机·生机：哈佛大学改革轨迹探究［M］．重庆：重庆大学出版社，2016：29.

民地，因此在教育形式上复制、模仿英国。哈佛学院最初全面模仿剑桥大学，哈佛学院的章程、课程设置以及学位要求等都尽可能忠实地模仿那个时代的剑桥大学。

在学院时代，美国高等教育的主要任务是培养教会和社区需要的人才，教学是最重要甚至是唯一的活动[①]。而哈佛大学作为美国高等教育的代表，在那一时期，开展和注重的也是教学。哈佛学院最初以传播知识，培养牧师、地方官员等精英人才为主要目标，这在《1650 年特许状》（1650 *Charter*）中得以体现，该特许状认为，建立哈佛学院的主要目的是促进知识，其次是使殖民地的牧师免于无知或被称为文盲[②]。学生主要学习一些古典课程，例如，每天学习阅读和翻译《圣经》，学习希腊语等基本知识。哈佛学院招收的学生大多是贵族精英子弟，因而学生的数量比较少，所需学费也较为高昂，大多学生毕业后主要从事宗教工作。

随着高等教育世俗化的推进，进入 18 世纪，宗教对于学院的影响日渐衰落，哈佛学院从主要培养神职人员转向培养公职人员和商业及其他专业人员。其课程体系也增加了许多现代课程，如自然科学、外语和历史等课程。虽然其培养目标和课程有变化，但在 19 世纪中期之前，哈佛学院及其他美国学院与它们的英国近亲兄弟一样，主要是教学的场所。它们聚焦于学生性格、精神的塑造，主要关心的是为社区培养特定的精英——无论是神职的还是公共管理或服务的。相应地，哈佛学院教师的主要职责也是教学而不是研究，教师的首要事务就是培养学生——社会对于教师的期望、学院对于教师的考核及相应的教师的活动都基于此。

二、科教融合理念的出现

“南北战争”结束后，资本主义打破了自中世纪以来大学与社会隔离的状态。在这样一个历史性转变的时刻，埃利奥特（Charles William Eliot）成为引领哈佛大学变革的舵手，他重视大学的学术研究，倡导大

① 吴洪富. 美国研究型大学建构教学与科研关系的行动逻辑研究［M］. 北京：科学出版社，2016：31.

② 林玉体. 哈佛大学史［M］. 台北：高等教育文化事业有限公司，2002：14.

学在教学的基础上承担起科学研究的职能，实行选修课，发展研究生教育，初步奠定了哈佛大学的研究型大学地位①。他的继任者洛厄尔（Abbott Lawrence Lowell）在继承其改革成果的基础上，完善哈佛大学的基础设施，进一步改进了埃利奥特提出的课程自由选修制——采用集中分配制度。在两位校长的合力下，哈佛大学在科学发展的时代进入了教学与科研并重的教学研究型大学时期②。在这一时期，虽然两位校长对科研关注很多，但均认为科研是为教学服务的，并且他们的理念也并未得到彻底贯彻，因此，这一时期仅是哈佛大学科教融合理念的萌芽阶段。

埃利奥特曾考察过德国教育，对德国大学崇尚学术自由、致力于知识的发展钦佩之至，因此决心改造美国大学只重教学的状况。埃利奥特提出："大学有三个主要的直接功能，首先是教学，其次是以书籍等形式大量汇集已获得的系统知识，再次是研究，或者说是把目前的知识疆界再向前推进一步，年复一年，日复一日地掌握一些新的真理。大学是教师的集合体，是知识的仓库，是真理的寻求者。"③ 由此可见，埃利奥特坚持了洪堡"教学与科研相结合"的办学理念，这种理念也成为埃利奥特在哈佛大学推行改革的重要思想基础。虽然他强调大学有教学、研究和保存知识这三种职能并且投入大量精力进行本科学院的建设，但他似乎更重视研究职能，认为科研对提升哈佛大学办学质量具有重要价值。另外，埃利奥特还建立了研究生院，开展研究生教育，虽然这遭到了强烈反对，但埃利奥特坚定地认为研究生教育只会加强哈佛大学。他认为如果教师既要教本科生又要教研究生，那么教师便会不断地钻研、学习，不断地探究，这也是一流教学的基本要求。埃利奥特借鉴英国大学的性格和德国重视研究的大学模式，使哈佛大学从一所英格兰式学院转变为一所现代教学研究型大学。

洛厄尔也认为大学具有教学和科研两种职能，并且认为两者具有同

① 刘宝存. 大学理念的传统与变革［M］. 北京：教育科学出版社，2004：143.

② 白强. 危机·转机·生机：哈佛大学改革轨迹探究［M］. 重庆：重庆大学出版社，2016：30.

③ 王英杰. 大学校长与大学的改革和发展：哈佛大学的经验［J］. 比较教育研究，1993（5）：1-10.

等重要的意义①，但是，他更重视教学功能，并把主要的精力放在了本科生阶段，认为本科生教育是大学的基础。相较于埃利奥特，洛厄尔更强调自由教育。他对埃利奥特校长实施的自由选修制表示不满。他认为，哈佛大学当时的本科生课程"教得太多而学得太少"（too much teaching and too little studying）②，强调学生不能仅仅接受知识，而且应该更具探究精神。因此，洛厄尔校长对自由选修制做了矫正，实行集中分配制课程的改革方案。这样，哈佛大学的教学与科研虽然没有得到巨大发展，但科教融合理念在教学改革过程中得以确立。

美国大学拥有长久的学院式教育传统，如果大学增加研究功能，势必引起理论上和实践领域的广泛争议③。哈佛大学的教学与科研相融合的理念也在这一时期的争论中兴起，虽然仍宣称教学是第一位的，但科研已经开始在哈佛大学的工作中占据重要位置。这得益于埃利奥特与洛厄尔两位校长的改革，而教学与科研相融合也是两位校长改革哈佛大学的共同内容，埃利奥特校长是使哈佛大学从教学型小学院转变为教学研究型大学的奠基人，那么洛厄尔校长则是这一过程的最终完成者④。

三、科教融合的冰河期

20世纪初期至70年代，世界形势发生了巨大变化，美国成为世界上最强大的国家之一，其教育和科学也处于世界之巅。哈佛大学为适应美国的发展，其主要任务也从教学与科研并重转变为更加注重科研，以促进知识的发展和创新为主要任务，而这使得哈佛大学刚刚兴起的科教融合理念和实践跌入冰河期。在这一时期，哈佛大学两位校长科南特（James Bryant Conant）和普西（Nathan Marsh Pusey）发起了改革，哈佛

① 刘宝存. 大学理念的传统与变革［M］. 北京：教育科学出版社，2004：146.

② MORISON S E. Three Centuries of Harvard（1636-1936）［M］. Cambridge：Harvard University Press，1937：490.

③ 吴洪富. 美国研究型大学建构教学与科研关系的行动逻辑研究［M］. 北京：科学出版社，2016：40.

④ 白强. 危机·转机·生机：哈佛大学改革轨迹探究［M］. 重庆：重庆大学出版社，2016：80.

大学发生了从教学与科研并重的教学研究型大学转变为以科研为重的高水平研究型大学的历史性转变。

科南特持有科教融合（至少在教师层面上）的观念，他认为教师如果要更好地教育学生，必须在各个方向上拓展自己的知识，他希望“永远不要把我们的教师分为专门从事教学和专门从事创造性研究的两组人，不要将教学与科研割裂”①。不过，科南特办学思想的核心是把哈佛大学建设成为一流研究型大学，在其改革中把科研作为大学的核心，而忽略了教学的作用。

科南特把科研和研究生教育放在了大学的中心位置。他强调大学要通过科学研究来增加知识和发展学问，通过增加知识和发展学问来提高哈佛大学的地位②。而随着第二次世界大战的爆发，美国要求大学科研为战争服务。科南特曾任曼哈顿计划（原子弹研发计划）顾问，从事科研并参与科研政策的制定，在他的领导下，哈佛大学参与了雷达、声纳和以原生质代替血浆等的研究，极大地强化了哈佛大学的科研职能。

科南特认为，校长应该做的是吸引世界上优秀的人才成为大学教师，并且给他们提供充足的支持来发展科研。他认为如果一所大学的教授是世界著名的，那么这所大学必然是世界上最著名的③，即“一流教授”就等于“一流大学”。同时，科南特制定了以学术水平为唯一标准的严格的教师聘任和晋升制度，实施“非升即走”的原则④。该原则要求，如果一名教师在 8 年时间内还不能在自己研究的领域达到前沿水平，那么教师就会被解聘。评价教授一个重要的标准就是出版物是否有分量⑤。科南特认为，教授必须通过科研做出自己的贡献。这一措施导致教师

① 王英杰．大学校长与大学的改革和发展：哈佛大学的经验［J］．比较教育研究，1993（5）：1-10．

② 白强．危机·转机·生机：哈佛大学改革轨迹探究［M］．重庆：重庆大学出版社，2016：99．

③ 沙敏．哈佛大学校训［M］．北京：中国工人出版社，2006：62．

④ 吴洪富．美国研究型大学建构教学与科研关系的行动逻辑研究［M］．北京：科学出版社，2016：78．

⑤ 徐来群．哈佛大学史［M］．上海：上海交通大学出版社，2012：20．

中的多数人不愿给本科生上课，从而大量使用研究生助教进行教学辅导。

普西任校长期间（1953—1971），正是美国研究型大学的黄金时代，他继续重视研究和研究生教育的发展，提升哈佛大学的科研水准，研究生院的地位进一步提升①。普西认为研究生院是一所大学中发挥作用的重要机构，大学的声誉、成就都取决于研究生教育。普西这一思想，促使哈佛大学强化了研究生教育，研究生数量激增，但不可避免地造成了本科生教育的相对没落。这种过分重视科研、轻视教学的举措很大程度上损害了哈佛大学长远的发展。

总之，在科南特和普西两位校长的接力改革下，哈佛大学成为一所一流研究型大学。由于现实需要，哈佛大学在这一时期过于注重科研，科研在大学体系中的地位越来越重要，教学的地位受到了削弱。哈佛大学的科教融合遭到了很大破坏，有望继续发展的融合趋势被迅速“冰冻”起来。

四、再造科教融合

20 世纪 70 年代末，包括哈佛大学在内的美国研究型大学群体崛起并日渐“重科研，轻教学”，这引起了社会各界对研究型大学的教育教学尤其是本科教育的忧虑。在这些批判中，出现了重构研究型大学本科教育以改善教学与科研关系的呼声，而任哈佛校长长达 20 年之久的博克（Derek Bok）就是其中重要的代表，也因此，哈佛大学的科教融合得以重建。

博克于 1971 年掌舵哈佛大学后，意识到本科教育质量在严重下降，面临着很大的危机。上任伊始，博克就着手进行本科教育改革。在他的领导下，哈佛大学完成了本科核心课程改革、教师评价改革等。基于相关实践和思考，博克还出版了《回归大学之道：对美国大学本科教育的反思与展望》（*Our Underachieving Colleges: A Candid Look at How Much Students Learn and Why They Should Be Learning More*）一书，批评与怀

① 吴洪富. 美国研究型大学建构教学与科研关系的行动逻辑研究［M］. 北京：科学出版社，2016：79.

念不复曾经辉煌的本科教育，试图恢复其传统并达到应有的高度。此外，博克还创立了博克教学和学习中心（Derek Bok Center for Teaching and Learning），旨在提高哈佛大学的本科教学水平。但他并非只关注本科教学，博克主张利用“富布赖特项目（Fulbright Programme）”提供的资金资助哈佛大学本科生到国外进行科研学习①，使哈佛大学的学生不仅可以学习基本的教学知识，也可以参与科研，这一举措极大地促进了哈佛大学科教融合的发展。当然，不仅博克校长开始重视本科教学，重建哈佛大学的科教融合，之后的校长及核心管理人员也非常关注本科教育教学改革，倡导在吸取历史经验的基础上强化科教融合。

第二节 哈佛大学科教融合的外部环境

20 世纪 80 年代以来，在美国国家科学基金会（National Science Foundation，NSF）以及卡内基教学促进基金会（The Carnegie Foundation for the Advancement of Teaching，CFAT）等的推动下，美国研究型大学开启了重建本科教育、推动科教融合的大范围改革，并且取得了很大进展。但是，分化大学科教融合的力量也普遍存在。

一、大学科教融合的推力

美国具有强有力的推进大学科教融合的力量，而美国国家科学基金会、卡内基教学促进基金会等组织则处于这种推力的核心。他们不仅为大学的科教融合提供资金支持，为本科生参与科研提供大量机会，更从理念上引发了美国研究型大学的教育变革。

（一）美国国家科学基金会的推动

NSF 是由美国国会 1950 年设立的一个独立的联邦机构，在促进科学进步，国家健康、繁荣和福祉，确保国防等方面发挥着至关重要的作用②。

① KELLER M，KELLER P. Making Harvard Modern：The Rise of America's University［M］. Oxford：Oxford University Press，2001：346.

② National Science Foundation. NSF at a Glance［EB/OL］.［2018-01-03］. https://www.nsf.gov/about/.

它被称为“发现开启的地方”（where discoveries begin），不仅促进知识的发展和科研基础设施的投入和管理，还支持各教育阶段的科学和工程教育，对美国科学、教育尤其是高等教育的发展有巨大的促进作用。

在成立之后，NSF 为美国大学提供了巨大的科研资助，促使美国大学成为基础研究的主力，与那时兴起的高等教育大众化一起，开启了美国高等教育尤其是研究型大学的“黄金时代”。可是，这些资金多直接指向科研设施和科研项目，其教育教学价值很弱。随着科技、人才和经济方面国际竞争的加剧，美国社会逐渐意识到科学教育的紧迫性。《尼尔报告》（*Neal Report*，1986）率先呼吁加强科学教育，该报告记录了 NSF 提供给教育项目的微不足道的资金①。为解决这个问题，NSF 先后制订了多种方案，推动科学教育，促进大学科教融合。

1987 年，NSF 开启了直到如今仍在继续实施的“本科生科研经验项目”（The Research Experience for Undergraduates Program，REU），为本科生提供了触手可及的研究经验。在这一项目中，NSF 设立了很多不同学科的本科生科研基地（NSF REU Site），相关学生不需要向 NSF 申请，而是直接向基地提出申请或者向获得本科生科研补助金（REU Supplements）的主持人申请，申请成功便可加入相关团队开展研究。例如，NSF 组织实施的将生物学从分子整合到生态系统计划（Integrating Biology from Molecules to Ecosystems），旨在使本科生参与加利福尼亚大学伯克利分校（The University of California at Berkeley）的综合生物学，分子与细胞生物学和植物与微生物生物学系多至 30 个教师的个人研究项目之中②。此外，NSF 还出资建立了“国家本科生研究信息交换所”（The National Undergraduate Research Clearinghouse）网站，发布、传播本科生研究项目的成果。主办全国本科生研究年会（National Conferences on Undergraduate Research，

① National Science Foundation. Shaping the Future：New Expectations for Undergraduate Education in Science，Mathematics，Engineering，and Technology [R]. Washington，D. C.：National Science Foundation，1996：1.

② National Science Foundation. NSF Summer Research Experience for Undergraduates (REU)：Integrating Biology from Molecules to Ecosystems [EB/OL]. [2018-03-20]. http://mcb.berkeley.edu/nsfreu/.

NCUR)，每年资助近 2000 名学生与教师参加学术会议。

1988 年，NSF 启动用来满足为本科生授课的教师的教学发展需求的“本科生教师提升计划”（The Undergraduate Faculty Enhancement Program，UFEP)，给学院和大学中的项目主任、专业学会、工业及其他有资格的组织提供支持，为科学、数学和机械科学的教师开展地区或全国性的研讨会、短期课程以及工作坊、会议或类似的活动，帮助他们熟悉学科进展，并分享如何融入教育教学过程①。

为了激励大学设立提高学生科学素养基础的广泛的课程，NSF 于 1997 年设立了“科教融合认可奖”（Recognition Awards for the Integration of Research and Education，RAIRE)，奖励在科教融合方面成就突出的 10 所研究型大学，包括亚利桑那大学（The University of Arizona)、加州大学洛杉矶分校（The University of California-Los Angeles)、卡内基梅隆大学（Carnegie Mellon University)、特拉华大学（The University of Delaware)、杜克大学（Duke University)、堪萨斯州立大学（Kansas State University)、密歇根大学（The University of Michigan)、密苏里大学（The University of Missouri)、纽约州立大学石溪分校（The State University of New York at Stony Brook）和俄勒冈大学（The University of Oregon)。

为应对 20 世纪下半叶美国大学“科研漂移”现象，NSF 在 1995 年发布的战略规划中，确立了三个主要目标：使美国在科学、数学和工程的各个方面保持世界领先地位；促进服务于社会的新型知识的发现、整合、传播和使用；美国各级科学、数学、工程和技术教育方面取得优异成绩②。为了实现这三个目标，NSF 投资了“万花筒项目”（Project Kaleidoscope）等。同时，NSF 宣称在任何情况下都确保科研与教育的结合③，科教融

① 吴洪富. 美国研究型大学建构教学与科研关系的行动逻辑研究［M]. 北京：科学出版社，2016：117.

② KINKEAD J. Learning through Inquiry：An Overview of Undergraduate Research［J]. New Directions for Teaching and Learning，2003（93)：5-17.

③ National Science Foundation. About NSF［EB/OL]. ［2018-01-03]. https://www. NSF. gov/about/what. jsp.

合是其基本策略之一。在其《课题申请指南》（*Grant Proposal Guide*）中，NSF 指出申请项目首先要满足的是科研的教育价值，即申请研究的项目在多大程度上可以推动教学和培训、促进发现和理解。这些项目为个人将研究融入教育中提供了大量的机会，也使得个人可以同时承担研究人员、教育工作者等的责任①。除了这些，NSF 还倡导和成立了专门从事未来教师职业培训的组织——“科研、教学和学习整合中心”（The center for Integration of Research，Teaching and Learning，CIRTL），该中心以“像研究一样教学”、“学习共同体”、“通过多样化学习”等为理念，在研究型大学的博士生教育项目中加入教学培训，为美国培养大量具有教学经验的研究型未来教师②。

在《投资美国未来：战略规划 2006—2011》（*Investing in America's Future*：*Strategic Plan FY* 2006-2011）中，NSF 指出“科研和教育的结合”包括了“加强‘学习和探究的链接’”，并把这纳入未来投资的考虑范围。NSF 2014—2018 年的战略规划《为了国家的未来投资科学、机械和教育》（*Investing in Science*，*Engineering and Education for the Nation's Future*）指出：“为了释放国家创新潜能，一个受到很好培训的知识劳动力——深植于扩展知识基础和由基础研究活动产出的高级技术——是很重要的。NSF 通过把未来科学家、工程师和教育者与所支持的研究无缝对接来实现这一点，不仅产出了具有重要影响的科学发现，还培养了未来的劳动力。”③

（二）卡内基教学促进基金会的推动

1905 年，美国钢铁大王卡内基（Andrew Carnegie）成立卡内基基金会（Carnegie Foundation）。1906 年，卡内基基金会更名为卡内基教学促

① National Science Foundation. Grant Proposal Guide [EB/OL]. [2018-01-03]. https://www.nsf.gov/pubs/policydocs/ appguide/nsf10_1/gpg_3.jsp# fn35.

② 原霞. 提高大学教学质量的新尝试：美国“科研、教学与学习整合中心”的发展与经验 [J]. 福建师范大学学报（哲学社会科学版），2015（6）：161-168.

③ 吴洪富. 美国研究型大学建构教学与科研关系的行动逻辑研究 [M]. 北京：科学出版社，2016：118.

进基金会（The Carnegie Foundation for the Advancement of Teaching，CFAT）①。CFAT成立的初衷是为达到一定条件的大学教师提供免费养老金，后逐渐转为关注高等教育的教学质量，促进高校的科研与教学走向统一。

20世纪80年代以来，为解决美国大学本科教育、教学与研究的关系以及大学教师学术绩效评价等问题，CFAT相继发表《学院：美国本科生的就读经验》（*College: The Undergraduate Experience in America*）、《重建本科生教育：美国研究型大学的发展蓝图》（*Reinventing Undergraduate Education: A Blueprint for American's Research University*，简称《博耶报告》）和《博耶报告三年回顾》（*Reinventing Undergraduate Education: Three Years after the Boyer Report*）等报告②。

其中，《学院：美国本科生的就读经验》指出了美国大学本科教育存在的主要问题，并从5个层面提出了改革建议，把重构本科教育推向了高潮，也为20世纪80年代美国本科教育改革提供了蓝图。1995年，CFAT成立研究型大学本科教育委员会（The National Commission on Educating Undergraduates in the Research University）。1995年12月，该委员会易名为博耶研究型大学本科教育委员会（The Boyer Commission on Educating Undergraduates in the Research University，简称博耶委员会）。1998年，在对美国研究型大学本科教育作出全面调查与思考的基础上，博耶委员会发表《博耶报告》，呼吁研究型大学给予本科教育更多重视，并提出了本科教学改革十条建议③。这一报告直接触及研究型

---

① 王保星．教育智库的基本特质分析：基于20世纪“卡内基教学促进基金会”的案例分析［J］．高校教育管理，2014（6）：50-55．

② 李政云，徐辉．卡内基教学促进基金会对美国高等教育的影响及其机制分析［J］．高等教育研究，2007（6）：98-104．

③ 《博耶报告》提出的改变本科教育的十条建议：（1）使基于研究的学习成为标准；（2）建立研究性学习的大一经历；（3）在大一经验上的发展；（4）打破学科界限；（5）将交流与沟通技能融入课程之中；（6）创造性地运用信息技术；（7）塑造“顶峰体验”；（8）把研究生培养成为实习教师；（9）改革教师奖励机制；（10）培育共同体归属感。

大学的教学（尤其是本科生层面）与科研关系问题①。为了解《博耶报告》中所提的建议是否被研究型大学所采纳，2001 年，博耶委员会大学重建中心组织了一次跟踪调查，发表《博耶报告三年回顾》。报告指出，让本科生参与研究、将科研与教学融合的建议，是十条建议中最受欢迎的方法②。所有的大学都给本科生提供了有指导的研究或创造性活动；超过 80％的大学为一年级学生提供具有学术取向的研讨课程；约 1/3（35％）的大学强调本科教学是教师晋升和终身职的主要考虑因素③。

总之，20 世纪 90 年代以来，在美国科学基金会、卡内基教学促进基金会等的推动下，美国形成了一股重建本科教育、发展研究性教学的浪潮，这极大地促进了美国研究型大学科教融合的发展。

二、科教融合的阻力

在推进科教融合方面，美国大学已经做了许多努力并取得了很大成效，但与此同时，科教融合的阻力也十分强劲。美国政府或者大学过分抬高科研的地位，弱化教学职能，使得美国大学陷入科教分离的困境中。

（一）强化科研的阻碍：过分抬高科研地位

面对复杂的国际局势以及高等教育竞争带来的发展危机，美国力图把大学建成国际化大学以应对挑战。2006 年，布什政府提出为期 10 年的美国竞争计划（American Competitiveness Initiative，ACI），期望通过资助科研，特别是大学科研来维持与巩固美国竞争力④。同时，联邦政府也通过立法形式对大学科研予以资助。依照《美国经济复苏与再投资法案》（*American Recovery and Reinvestment Act of* 2009，*ARRA*），联邦政府专门拨付了近 160 亿美元的财政资金用于大学基础研究。美国政府

---

① 吴洪富. 美国研究型大学建构教学与科研关系的行动逻辑研究［M］. 北京：科学出版社，2016：62.

② KINKEAD J. Learning through Inquiry：An Overview of Undergraduate Research［J］. New Directions for Teaching and Learning，2003（93）：5-17.

③ 吴洪富. 美国研究型大学建构教学与科研关系的行动逻辑研究［M］. 北京：科学出版社，2016：130.

④ 杨九斌. 二战后美国联邦政府对研究型大学科研资助政策研究［D］. 上海：华东师范大学，2014：212.

通过给予大学科研大量的资金支持，使得美国大学越来越倾向于“重科研，轻教学”，各大高校为获得政府资助，竞相加强科研的地位而忽视了教学，教学在大学过分抬高科研地位的挤压下黯然失色。

除了美国政府通过资金支持来强化大学科研的地位之外，美国大学自身为了跻身于世界一流大学，也开始越发地注重科研。有学者对全球四个主要学术评价机构即《美国新闻与世界报道》（*U. S. News&World Report*）、《泰晤士高等教育》（*Times Higher Education*）、国际高等教育咨询机构（Quacquarelli Symonds，简称 QS）、上海交通大学世界一流大学研究中心（Center for World-Class Universities，CWCU）大学排行榜进行了分析，指出科研始终是评价大学最主要的指标，科研的产出决定了大学整体的发展水平和层次①。在这样的背景下，各大学为了跻身于世界一流大学行列过于拔高科研的重要性，教授们也为了追逐科研而将教学交给非终身制教师甚至是一些研究生助教②，这些均妨碍了教学的正常运行，也使得教学与科研朝着背离的方向越走越远。

（二）教学管理的局限：虚化的教学奖励

迫于科研卓越的压力，美国为了使教学与科研处于同等重要的地位，设置了一些教师管理的正式制度，试图改善本科教学，但结果却事与愿违，甚至是弱化了之前大学为科教融合所做出的努力。

为了使教学可以在科研的夹缝中有一席之地，美国各研究型大学开始纷纷通过设立教学奖项，激励教师投身于教学。例如，芝加哥大学设

---

① 周光礼，武建鑫. 什么是学术评价的全球标准：基于四个全球大学排行榜的实证分析［J］. 中国高教研究，2016（4）：51-56.

② 美国教师联合会（American Federation of Teachers，AFT）的报告也使用了美国国家教育统计中心的数据，比较了从美国中等后教育数据整体系统（Integrated Postsecondary Education Data System，IPED）调查中收集的 1997 年和 2007 年的数据，发现在十年间，临时的教师（faculty）和教学人员（instructors）——兼职（part-time）或者全职（full-time）的非终身制教师以及研究生助教在急剧增长，而终身职和终身制教师的比例却在下降。而大量的研究还发现，非终身制教师和研究生助教从事教学，对学生学习和发展的价值不如终身制教师。吴洪富. 美国研究型大学建构教学与科研关系的行动逻辑研究［M］. 北京：科学出版社，2016：145-149.

立了昆特尔本科教学奖（The Llewellyn John and Harriet Manchester Quantrell Awards for Excellence in Undergraduate Teaching）以及研究生教学优秀奖（The Faculty Awards for Excellence in Graduate Teaching），均是用来奖励教师在教学方面做出的贡献①。其他的基金组织、社会团体以及校友在芝加哥大学的影响下，开始捐资设立教学奖；一些研究型大学也在校、院、系三级设立了教学奖。例如，哈佛大学于 1975 年设立了文理学院德里克·博克优秀教学奖，1993 年设立了法学院萨克斯·弗雷德优秀教学奖。

虽然这些教学奖项肯定了教学工作的价值，激发了优秀教师的热情，为协调科研与教学关系做出了努力，但是，相关的实证研究却发现，获得奖励对于获奖者而言，并非完全是好事②。为了与科研相抗衡而专门确立的教学身份，会继续分化教学与科研，甚至出现“因科研不好才进行教学”这样的言辞。即使教师通过教学获得了教学奖励，在评价一些稀缺的终身职位时，突出的科研成果仍然占据着巨大的权重，而那些单凭拥有卓越教学成就的教师根本无法获得终身职位，甚至连参评的资格都没有。在这样的情况下，大学里即使设置了教学奖励，也只是一种虚化的形式，教学在美国研究型大学中的地位并没有发生根本性的改变。并且，为了与科研“分一杯羹”而给予教学更多的重视，实际上在某种程度上承认教学和科研本身便是两个独立的方面，两者不可能得到协同或融合发展。

近年来，虽然美国研究型大学教学与科研的关系从偏重科研的状况朝着科教融合的方向发展，但是，弱化甚至解构教学与科研良性关系的一些阻力也紧随其后，美国大学的科教融合仍面临一些问题。

第三节　哈佛大学科教融合的制度保障

在外部政策环境的推动之下，哈佛大学不断推进科教融合。从本科

① 吴洪富. 美国研究型大学建构教学与科研关系的行动逻辑研究［M］. 北京：科学出版社，2016：131.

② 吴洪富. 美国研究型大学建构教学与科研关系的行动逻辑研究［M］. 北京：科学出版社，2016：152.

生导师制到建构科学的师资管理制度，哈佛大学做了很多努力，也由此取得了一些成效。

一、本科生导师制

现代意义上的导师制产生于14世纪的牛津大学。20世纪初，以哈佛大学为代表的美国高校借鉴了牛津大学的导师制。哈佛大学的导师制是以寄宿制为基础形成的，导师主要负责学生的日常生活。后来随着时代的发展和学生人数的增加，哈佛大学开始雇佣导师协助工作，导师的工作逐渐转向对学生学术上的支持，进而具有了科教融合式的教学模式特征。

与耶鲁大学一至四年级本科生享有同样的住宿和导师安排不同，哈佛大学一年级的本科生和二至四年级的本科生并不住在一起，并且导师安排也有所不同。哈佛大学认为大学一年级是高中学习向大学生活过渡的一个阶段，学生进入校园的那一刻起，学校便为其设置了一个顾问团队。顾问团队由一名新生顾问（freshman adviser）、一名新生常驻主任（resident dean of freshmen）、一名学监（proctor）和一名同伴顾问（peer advising fellow）组成①。这些顾问会为本科生提供很多帮助：选择课程、提示学位要求、专业选择咨询、提供特殊的学术机会（如研究或出国留学）、规划暑期、管理时间等。除此之外，哈佛大学还设立了新生导师委员会（Board of Freshman Adviser），该委员会由300名教师、行政管理者、文理学院的研究生和专业学院的学生组成，主要为学生的专业学习提供指导。

本科生在二年级确定自己的专业方向后，将有新的顾问团体为其提供学习建议②。根据住校与否，导师可分为住校导师（resident adviser）和非住校导师（non-resident adviser），根据指导范围是否在学生专业领

① Office of Undergraduate Research and Fellowships, Harvard College. Freshman Advising [EB/OL]. [2017-12-18]. https://college.harvard.edu/academics/advising-counseling/freshman-advising.

② Office of Undergraduate Research and Fellowships, Harvard College. Upperclassman Advising [EB/OL]. [2017-12-18]. https://college.harvard.edu/academics/advising-counseling/upperclassman-advising.

域之内，导师分为专业主任导师（head tutors）和奥尔斯通·布尔（Allston Burr）高级导师。哈佛大学的住校导师在一定程度上并不是真正意义上的导师，而是类似于我国大学的辅导员，非住校导师为新生提供尽可能符合学生自身学术兴趣的辅导，包括选课方法与科目等方面。各类导师都是由于在特定的学术或专业领域有突出表现而被聘请的。

按照导师制的要求，导师一般每周会见学生两至三次，学生向导师报告学习进展，导师与学生进行讨论并给予具体的指导，引导学生向更深层次去思考，同时向学生提出建议并布置阅读的书目。此外，导师还会利用各自专业领域的学术专长为高年级学生提供参与科研的机会，训练学生的科研思维能力。

二、科学的师资管理制度

办好一所大学的关键是建设一支高水平的教师队伍，中外大学概莫能外。哈佛大学是世界一流研究型大学，之所以能保持着学科的领先优势，关键原因在于拥有高质量的教师。高质量的师资必然是大学教学与科研发展的基石。多年来哈佛大学在师资管理方面已形成了一套严格的制度，这也为其科教融合提供了制度保障。

（一）严格的教师聘任制度

教师聘任作为大学人力资源管理制度的重要组成部分，在大学的师资队伍建设中具有举足轻重的地位。长期以来，哈佛大学为了甄选优秀的人才，对教师的应聘资格有严格的要求，在学历、教学水平、学术科研等方面都制订了相关规定。首先，应聘者一般需要具有相应学科的博士学位（除一些艺术专业外），在一些特殊情况下，对学历没有硬性要求，但必须具有公认的学术水平和丰富的教学经验①。其次，在教学水平方面，哈佛大学从课前准备、课堂教学到课余辅导工作都有相应的指导意见和考核标准。最后，教师在学术科研方面的成就也是教师应聘的重要参考指标。例如，哈佛大学医学院采用整合基础研究、教学、临床

① Harvard University. Appointment Parameters [EB/OL]. [2018-01-05]. http://academic-appointments. fas. harvard. edu/appointment-parameters.

三者的教师聘任制度。哈佛大学医学院于2008年对旧的教师聘任制度进行改革，以更加开放的思想接纳一流人才，为哈佛大学医学院未来的发展指明了方向——进一步重视学科与学术研究的整合，重视科研、教学与医疗的连贯统一。

（二）全方位多层次的教师评价制度

为了培养高层次人才，哈佛大学对教师采用了目的“在于改进，而不在于证明（not to prove but to improve）”的绩效评估方法①。哈佛大学教师考核的目的是鼓励教师在履行自身职责中发现自己的不足并加以改正，同时也为教师指明未来的业绩期望。

1. 教学Q评价

对教师的教学进行评价是保证教师教学质量最为关键和直接的环节之一。1975年哈佛大学本科生教育委员会（Committee on Undergraduate Education，简称“CUE”）设立了第一个教学评价办法，被称为Q评价②。目前该委员会由哈佛大学文理学院注册办公室和它的研究与分析办公室运行，该委员会每学期评价课程及教师的教学情况。在每学期结束的时候，学生都会收到电子邮件让他们评价自己所学的课程，他们评价的结果会以表格的形式供教师查看。Q评价为教师提供了非常重要的信息反馈，有利于教师及时了解学生对课堂的满意度，从而有利于教师及时调整课程内容和教学方法③。基于Q评价，德里克·博克教学与学习中心会向教学表现卓越的教师颁发荣誉教学证书、哈佛大学卓越教学证书以及德里克·博克奖等。

2. 教师绩效评价

哈佛大学特别重视教师的绩效考核，由此建立了一套严格的、全方位多层次的评价制度。全方位的教师绩效考核指的是从教学、科研和服

① 罗云，黄值. 哈佛大学高层次人才队伍建设的基本经验及启示［J］. 华北电力大学学报（社会科学版），2009（4）：117-122.

② 本科教育委员会简称“CUE”，发音同“Q”，故名“Q评价”。

③ 汪霞. 世界一流大学研究生培养模式和课程体系研究［M］. 南京：南京大学出版社，2015：53.

务三个方面评价教师的工作，虽然科研占的比重较大，但并不只是重视科研，教学成效也被纳入考核之中。多层次的教师考核是指评价要综合教师自评、学生评价、校内外专家评审。教师的自评是教师对自我工作的全面回顾与总结，并且要附带上教学、科研、社会服务等方面的材料。同时，哈佛大学认为学生评教对促进教师提高教学质量具有重要作用。每学期课程结束时，学校派专门人员让学生填写关于课程评估调查表，主要测试教师的教学效果如何。学生的评教结果要等到学生成绩送到教务处之后再通知教授，告知学生对他的评语、相应的水平和改进的意见，以防止变相的作弊①。哈佛大学设立的课程评估委员会、晋升及任期委员会每个学期会对教师的教学与科研表现进行全面的评价，其评价结果作为教师是否续聘或晋升的重要依据。除此之外，哈佛大学还邀请校外著名专家对教师的教学与科研进行匿名评审，以及咨询国内外学术专家的意见。最后，学校综合教师各方面的资料，对其做出一个客观公正的评价。

3．教师评价材料

在教师绩效评价的过程中，教师需要向系评审委员会提交以下材料：(1) 简历，包括一个完整的目录。(2) 教师的所有出版物（包括即将出版的）或其他学术资料以及对一些著作评论的复印件。在艺术领域，可酌情复制所有创作作品和所有重要的评论。(3) 教学方面材料，包括教师所指导的论文清单；主要指导的研究生情况；具有代表性的课程大纲和教学效果的证据，如教学奖等。(4) 一份教学陈述，讨论教师的教学方法和理念，教师发现的有效的、先进的教学方式，以及对未来的教学设想。(5) 一份研究报告，简要概述教师已经完成的科研工作以及如何为所在领域做出贡献的，并列出自己的研究目标②。除此之外，教师至少需要三封校外专家的评价信（需写明专家的选择方法，并指出哪位是候选人）。

---

① 向洪．哈佛人才［M］．青岛：青岛出版社，2005：99.

② Harvard University. Tenure-track Handbook [EB/OL]. [2018-01-07]. https://facultyresources.fas.harvard.edu/files/facultyresources/files/final_2017-2018_tenuretrackhbk_for_website.pdf:15.

哈佛大学采用这样的绩效评价制度，不仅关注教师的教学水平，而且对教师的科研能力以及社会服务方面也给予了评价，有利于促进教师的全面发展。

（三）教师晋升制度

为了保证教师的教学、科研水平与质量，哈佛大学有一套比较严谨的职务晋升制度，主要包括两个方面：一是职称上的提升，即由讲师、助理教授、副教授、教授这四个等级逐级晋升；二是从非终身制教师（non-tenure-track）晋升为终身制教师（tenure-track）①。

申请晋升的教师需要递交一份反映聘期内教学、科研和社会服务方面的成绩报告。报告的内容要包括教师个人的学历、教学成绩、科研成果、所获得的教学奖励及科研基金等情况。哈佛大学《教师手册》中也提出："终身教授席位保留给那些在教学和科研上表现卓越的，对学校做出巨大贡献的声名显赫的学者。"② 由此可见，在这样严格的教师晋升制度下，教师为了晋升需要在科研、教学方面严格要求自己。

哈佛大学这套公正、公开、合理、透明的师资管理制度，像一架不断运动的筛子，优中选精，保持教师队伍始终处于学术界的前沿。同时，这一制度不仅保障了教师队伍的质量，也有利于大学教师的教学与科研都得到很好的发展，使教师不再只是偏向于教学或者科研，从而出现不平衡的现象。

第四节 哈佛大学科教融合的具体实践

在研究性教学制度以及科学的师资管理制度的保障下，哈佛大学展开了一系列实践活动以促进科教融合。其中，最具特色的便是本科生科

① Harvard University. FAS Appointment and Promotion Handbook [EB/OL]. [2018-01-09]. https://academic-appointments. fas. harvard. edu/5-assistant-professors-associate-professors-and-convertible-instructors.

② Harvard University. Handbook for Faculty of Harvard University [EB/OL]. [2018-1-8]. http://www. Fas. Harvard. edu/home/academic_ affairs/faculty handbook. pdf: 39.

研，这一活动为本科生参与科研提供了一个很好的实践平台；研究性教学是哈佛大学科教融合的基本方式；联动校内外资源的产学研一体化也极大地带动了哈佛大学科研与教学的活力与动力。

一、本科生科研

哈佛大学为本科生参与科研提供了大量尖端的研究机会（Cutting-Edge Research Opportunities）①。在各种资金来源的支持下，本科生可以与知名教授、研究人员合作（这些知名人士有的在顶尖期刊上发表过研究成果，有的被授予著名奖项，更有甚者，有的还是正在改变世界的著名人士）。本科生无论是协助导师完成项目，还是独立进行自己的项目，都将获得指导与支持。

（一）本科生科研的管理机构

哈佛大学本科研究资助的中心是本科生研究与奖学金办公室（The Office of Undergraduate Research and Fellowships，URAF）。URAF 管理着十个自己的研究项目，还有一个非常全面的机会数据库（database of opportunities）；同时也负责训练寻找资金、获得研究机会的技巧，负责编写应用程序以及编制预算等活动②。URAF 可以帮助本科生获得（navigate）哈佛大学校内、剑桥地区以及世界各地的众多研究机会；URAF 也可以帮助本科生寻找项目，并与学术研究领域的利益相关者建立联系。

1．本科生科研的前提：普及基础科研知识

URAF 在本科生进行科研之前会对本科生讲解科研是什么，科研对于本科生学习的益处，以及通过询问来确定本科生是否适合科研③。例

---

① Office of Undergraduate Research and Fellowships，Harvard College. Cutting-Edge Research Opportunities [EB/OL]. [2017-12-10]. https://college.harvard.edu/academics/research-initiatives.

② Office of Undergraduate Research and Fellowships，Harvard College. Research and Learning [EB/OL]. [2017-12-17]. https://college.harvard.edu/financial-aid/forms-resources/resources/research-and-learning.

③ Office of Undergraduate Research and Fellowships，Harvard College. Getting Started：Information and Advice [EB/OL]. [2017-12-16]. https://uraf.harvard.edu/introduction-to-research.

如，URAF 会询问本科生对什么样的话题或一般的领域/学科感兴趣；擅长什么类型的活动（这是一个重要的考虑因素，因为在实验室进行实验与坐在图书馆查资料是有很大区别的——这两方面都不同于在现场采访人员）；想在哪里做研究（在哈佛大学、美国其他地区或国外）；想在什么时候进行研究（学期或暑期）。这些问题让想从事科研的本科生对自身有一个清晰的认识，学校会以此为基础对学生给予正确的指导。

2. 本科生科研的基础：给予项目写作指导

经过 URAF 对本科生讲解关于科研的具体知识后，本科生对科研有了一定的认识，但是，URAF 所做的远不止这些。在本科生参与或者进行独立项目申请时，本科生仍会出现一系列的问题，此时，URAF 会为本科生科研的预算和项目提案写作给予指导①。

URAF 会给本科生撰写研究计划提出建议（tips for writing a research proposal）。URAF 列出了如下要求：清晰（clarity）、可行性（feasibility）、真诚与真实（sincerity and authenticity）以及有读者意识（know the audience）等。同时也要求本科生在写项目提案时要描述提出的问题，并通过提供研究背景来阐明中心问题、研究的意义以及学术目标和个人抱负的联系。不仅如此，URAF 在指导本科生写作时与哈佛大学写作中心（Harvard College Writing Center）② 进行合作，力求全面提高本科生项目提案写作的技巧。

URAF 还会给本科生提供关于研究预算的建议（tips for a research budget）。本科生在 URAF 以及导师的指导下参与或获得科研项目时，URAF 将针对本科生如何使用项目经费给出建议。URAF 认为制定预算

① Office of Undergraduate Research and Fellowships，Harvard College. Budget and Proposal Writing Tips [EB/OL]. [2017-12-14]. https://uraf.harvard.edu/budget-and-proposal-writing-tips.

② 哈佛大学写作中心，作为哈佛大学写作计划（Harvard College Writing Program）的一部分，是对哈佛大学本科生关于写作的任何方面提供帮助的地方，包括从具体作业到一般写作技巧等。写作中心的工作人员是受过专业培训的本科生导师，他们为从事任何写作任务的学生提供建议和指导。本科生不必有完成的论文，只要有一些想法、笔记或草稿即可参加培训。

（Developing a Budget）至关重要，要注意这样几个方面：第一，要确保项目的预算与科研经费相匹配；第二，要保守估计科研经费，尽可能节约；第三，要使用一些常识和研究技巧来达到特定项目的要求等。

3．本科生科研的根本：培养科研道德与诚信

基本的科研道德是研究的基础——无论是构思问题还是收集分析数据，分享结果都至关重要。哈佛大学本科生进行科学研究，必须熟悉学科的道德标准，并以最高的诚信和承诺开展他们的研究活动①。URAF较早地对本科生进行安全和道德培训，并密切关注指导教师和其他研究人员对本科生的指导。

无论是从事独立项目还是较大型研究项目的一部分，学生和教师都应该确定项目是否需要审核。当研究涉及人类受试者时，必须提前获得哈佛大学 FAS 人体使用委员会（Harvard's FAS Committee on the Use of Human Subjects）的批准。如果一些研究涉及人体科目，本科生可以通过访问本科生研究培训门户网站（The Undergraduate Research Training Portal，URTP）以获取这方面的更多相关信息。

同时，URAF 全年组织名为“负责任的行为研究”（Responsible Conduct of Research，RCR）研讨会。研讨会的目标是为本科生提供有关研究道德的基本常识。研讨会还要完成 NSF 承担的科研道德培训（NSF 提案中规定了参与研究的本科生、研究生和博士后将接受研究诚信培训）。URAF 还记录了所有参加研讨会的本科生（无论他们是否是哈佛大学的学生）。根据要求，URAF 可以发出一封电子邮件证明学生的出勤率，并随后履行研究诚信培训的相关要求。

（二）本科生科研的保障体系

哈佛大学本科生参与科研不仅有专门的管理机构，更有大量的研究资金和研究机会做保障，这为哈佛大学本科生科研的顺利进行打下了坚实的基础。

---

① Office of Undergraduate Research and Fellowships，Harvard College. Getting Started：Information and Advice［EB/OL］.［2017-12-23］. https://uraf.harvard.edu/introduction-to-research.

1. 本科生科研的资金支持

科研资助的对象往往是某种特定的研究。例如，哈佛大学的科研资助大多数（但不是全部）是在哈佛大学教师或研究人员（Harvard-affiliated faculty or researcher）的指导下进行的①。哈佛大学本科生也可以申请一些奖项来获得资金，但只是部分资金。因此，哈佛大学鼓励本科生不要仅局限于学校列举的支持计划，还要想办法寻找其他的支持来源。这些资金支持计划具体如下：

（1）研究助理和资助研究计划（research assistantships and funded research programs）。哈佛大学许多教职员工需要学生在暑期（有时在学期内）帮助他们完成科研，一般通过他们的部门/研究中心的服务部门或通过学生就业办公室（The Student Employment Office）来宣传有偿的研究助理职位。寻找资助研究项目另一个极好的方法是搜索哈佛大学校内的相关计划（如 PRIZE、BLISS、PRIMO、SHARP 等），以及哈佛大学以外的一些结构化研究计划（如本科生暑期研究经验）。

（2）研究中心和学术部门（research centers and academic departments）。哈佛大学校园内拥有大量的研究中心，许多研究中心会为相关项目提供资金。此外，许多学术部门也会为本领域的研究人员提供资金支持。因此，本科生可联系自己的专业顾问，了解与自己研究相关的研究状况，并进行申请。

（3）与教师和其他导师交谈（speak with faculty and other mentors）。如果本科生的科研对某个教员的大型项目有帮助，教员可能会从自己的资金中抽出一小部分资助本科生完成相关研究。

2. 本科生科研的机会

哈佛大学的本科生不管有无经验，都有很多参与学科研究的机会。本科生能否获取研究机会取决于自身的期望，以及与教师建立联系和使用资源的能力②。虽然个人目标和兴趣至关重要，但在研究机会并不完

---

① Office of Undergraduate Research and Fellowships，Harvard College. Finding Research Funding [EB/OL]. [2017-12-16]. https://uraf.harvard.edu/funding-considerations.

② Office of Undergraduate Research and Fellowships，Harvard College. Finding Research Opportunities [EB/OL]. [2017-12-18]. https://uraf.harvard.edu/finding-opportunities.

全符合期望的情况下，本科生保持灵活和开放的态度同样重要。哈佛大学不仅为本科生提供校内的科研机会，也积极地为其争取参加美国以及国外研究的机会。

（1）本科生在哈佛大学的科研机会

在哈佛大学，本科生有很多途径参与科研。下面列出比较常见的一些机会，以及本科生如何更好地把握这些机会以提高自己的科研能力。

课程。哈佛大学及其邻近机构的许多现有课程（可以交叉注册）有很明显的研究成分，本科生可以通过学习这些课程来提高自己的研究水平。此外，本科生也可以设计一个独立的学习课程。本科生还可访问咨询计划办公室（The Advising Programs Office），联系本科生专业顾问来更好地选择具有研究性的课程。

论文研究（thesis research）。每个专业对于论文研究都有特定的要求，包括允许的主题、先决条件、时间安排以及谁监督本科生的工作等。如果本科生对论文研究感兴趣，可以联系指导本科生的专业顾问，也可以登录具体的网址查看如何跟相关教师取得联系。

科研助理（research assistantships）。哈佛大学和邻近机构会为现有的研究项目招收学生助理。对于没有研究经验的本科生来说，担任科研助理是一个很好的锻炼机会。本科生在寻找研究助理的机会时，可以向校园研究中心、附近的医院、研究小组求助。如果本科生从未接触过研究调查人员，哈佛大学会为本科生提供关于如何有效接触研究人员的相关指导。

科研项目（research programs）。哈佛大学有许多课程为各个领域的本科生提供结构化的研究机会。它们通常每年提供一次，预先设定开始和结束的时间，并且有严格的申请时间限制。结构化的研究计划（structured research programs）以多种形式（如津贴、住宿等）支持本科生获取社区建设和智力发展的机会。本科生还可以咨询教师、专家和学术顾问，寻求参与符合自己兴趣和需求的计划。例如，工程和应用科学院（The School of Engineering and Applied Science，SEAS）为本科生提供的研究经验：

> 本科生可以在哈佛大学度过暑期，在世界一流的实验室进行尖端的研究。学院专注于更深层次的科研项目，同时探索多学科的研究课题，并训练本科生的科学沟通技巧。参与者通过与导师和教师之间的互动，

可以成为一个大型、多样化的研究社群的一分子。SEAS为一些科学和工程分支领域的本科生提供指导和培训，主要包括生物材料、材料科学、纳米技术、机器人、计算机科学、能源和环境等。同时，SEAS正在寻找化学、物理、生物、计算机科学、数学（应用和纯数学）等专业的本科生来参与他们的科研。鼓励先前没有研究经验的本科生积极参与，特别是一年级和二年级的学生参与其中。①

（2）本科生在美国的研究机会

美国大学的本科生在国内也拥有大量的研究机会。美国的学术机构、隶属于联邦机构的非营利组织、专业组织和私营部门都为本科生提供研究机会②。作为美国顶尖的研究型大学，哈佛大学有更多此类的机会，具体包括以下几个方面：

本科生可以参与美国的大学研究（university research）。美国的全日制本科生研究通常在暑期进行，在此期间，学生可以全身心投入到项目中。美国的本科生可以参与许多资助计划，例如，安进学者计划（Amgen Scholars Program），在美国境内的十家主要机构中举办③。每年，安进学者计划为数百名精选的本科生提供在世界著名的教育机构中进行科研的机会。

除此之外，一些学生也可以申请在政府机构、社会团体、专业学会或私营部门等组织内参与研究。例如，美国化学学会（American Chemical Society，ACS）为本科生科研提供了研究机会④。该研究是在导师或顾问

① Harvard John A. Paulson School of Engineering and Applied Science. Research Experiences for Undergraduates [EB/OL]. [2017-12-20]. https://www.seas.harvard.edu/k-12-community-programs/reu.

② Office of Undergraduate Research and Fellowships, Harvard College. Finding Research Opportunities [EB/OL]. [2017-12-21]. https://uraf.harvard.edu/finding-opportunities.

③ 十家主要机构具体包括加州理工学院、哥伦比亚大学/巴纳德学院、哈佛大学、麻省理工学院、国立卫生研究院、斯坦福大学、加州大学伯克利分校、加利福尼亚大学洛杉矶分校、加州大学旧金山分校、华盛顿大学圣路易斯分校。

④ American Chemical Society. Undergraduate Research. Undergraduate Research in Chemistry Guide [EB/OL]. [2017-12-25]. https://www.acs.org/content/acs/en/education/students/college/research/guide.html.

的指导和监督下自主地进行实验，学生参与正在进行的研究项目，并调查他们感兴趣的现象。本科生研究小组有的是跨学科的，横跨物理学、生物学、材料科学、工程学和医学等其他学科的边界，因此本科生在研究小组中可以接受更全面的科研训练。

美国政府也为本科生提供许多研究机会。例如，暑期科学技术实习（summer internships in science and technology，SIST）为大学本科二年级和三年级的物理、工程（机械、电气和计算机）、材料科学、数学和计算机科学专业的学生，提供与费米实验室（Fermilab）的科学家和工程师一起进行学习的机会①。该计划是为期 12 周的带薪实习，期间参与一些工作任务、学术系列讲座等，最终要向费米实验室提交一份总结报告，并以书面形式提交给实验室。

（3）本科生的国外研究机会

根据本科生是否参加过海外留学项目、哈佛大学的项目（包括独立研究）或非哈佛大学的项目，他们在国外寻找研究机会的过程可能会有所不同。国外研究机会主要可分为以下三个方面：

作为国外留学的一部分（as part of study-abroad）。哈佛大学为所有学生提供在学期内和暑期出国留学的机会。一些留学项目可能涉及课程或其他研究活动。同时，国际教育办公室（The Office of International Education，OIE）作为指导学生出国留学的重要机构，会指导学生完成国际课程和学术研究②。OIE 也与学生一起研究和规划他们在国外的学习时间，为他们提供学习支持，并确保他们的重返过程顺利进行。

作为哈佛大学项目的一部分（as part of a Harvard-affiliated project）。学生可以通过参与哈佛大学在国外进行的附属项目进行学习交流③。例

① Office of Undergraduate Research and Fellowships，Harvard College. Research Funding [EB/OL]. [2017-12-21]. http://diversity. Fnal. gov/sist/.

② Harvard Office of International Education. Welcome to the Office of International Education [EB/OL]. [2017-12-21]. https://oie. fas. harvard. edu/.

③ Office of Undergraduate Research and Fellowships，Harvard College. Finding Research Opportunities [EB/OL]. [2017-12-19]. https://uraf. harvard. edu/finding-opportunities.

如，哈佛大学的教师可能正在国外与国际合作者进行研究，并需要学生担任研究助理；学生也可以在国外设计自己的独立研究项目（最常见的是，这种独立的研究是建立在一门课程的经验之上，或者是为将来的课程作业或论文工作而设计的）。在这些情况下，本科生无论是参与哈佛大学附属国际项目，与哈佛大学项目的国际合作者联系，还是独立进行研究，都应该在哈佛大学寻找此类研究的指导教师。

作为非哈佛大学海外研究员的研究助理（research assistantship with non-Harvard researchers abroad）。本科生也可以在国外找到非哈佛大学项目的研究机会。这些机构可以是学术机构、研究中心、政府机构以及私营部门等。（当项目涉及政府机构、联合国等多边组织或私营部门时，研究助理也可能被称为“实习生”。）寻找国际研究机会需要本科生具有创造性和积极性。例如，本科生与指导老师谈论著名的国际研究项目；利用数据库（如 PIVOT 或欧盟第六框架计划）在感兴趣的领域确定研究范围；尝试使用不同参数进行 Google 搜索，找到其感兴趣的领域或课题中的潜在项目①。

（三）本科生科研的研究类型

哈佛大学本科生科研具有多种类型，按机会的类型（type of opportunity）可以分为校内研究计划（residential research programs）、校外研究计划（non-residential research programs）；按学科领域可分为科学、社会科学、商业、人文与艺术等类型；按照是否在学期进行可分为学期研究（term-time research）以及暑期研究（summer research）等②。由于分类标准的不同，一种科研类型可能被分到多个研究类型当中，为

① 关于国际研究经费的说明：虽然一些国际研究机会可能提供资助或津贴，但很多是不提供的。幸运的是，哈佛大学有很多专门为海外研究提供资助的平台。例如，整个校园中的许多中心和研究所都专注于特定的国际地区，并且有兴趣支持与中心使命相关的国际学生参与科研体验。此外，其他资金来源可能专门用于支持学生获得一般国际经验。

② Office of Undergraduate Research and Fellowships, Harvard College. URAF Research Programs [EB/OL]. [2017-12-21]. https://uraf.harvard.edu/uraf-administered-programs.

避免赘述，本书按照是否在学期进行来阐述本科生科研的类型。

1. 学期研究

本科生在学年内可以为了获得学分或者研究经费而参与科研[①]。本科生各个部门的学习负责人（directors of undergraduate study）可以确定有关学期研究的学分和过程要求。本科生学期研究项目如表 3-1 所示。

哈佛学院研究项目（The Harvard College Research Program，HCRP）。该计划为学生与导师合作研究或者独立研究提供学期研究项目和暑期资助研究项目（summer grants），分别在春季和秋季进行。

教师助理项目（The Faculty Aide Program，FAP）。各学术部门的教职人员可以直接聘请学生担任研究助理。对于没有多少研究经验的学生来说，担任研究助理是一个很好的接触研究领域的机会。研究助理分为有偿和无偿的；如果没有报酬，学生可以通过 HCRP 等项目申请学分或申请哈佛大学资助。

梅隆·梅斯本科生奖学金项目（The Mellon Mays Undergraduate Fellowship Program，MMUF）。该项目要求学生在大二的春季学期提出申请，最终遴选出约 20 名申请者。这些学生在大三和大四时参加梅隆·梅斯本科生奖学金项目支持的相关活动，并获得一个学期的津贴（term-time stipend）以及暑期研究基金的支持。

表 3-1　本科生科研学期研究项目

项目名称	参与的学科领域	项目简介
HCRP Spring	所有领域	哈佛大学研究项目（HCRP Spring）为春季在哈佛大学相关学院工作的学生提供资助。申请人必须安排自己的研究项目。
HCRP Fall	所有领域	哈佛大学研究项目（HCRP Fall）为秋季与哈佛大学教师一起工作的学生提供资助。申请人必须安排自己的研究项目。

① Office of Undergraduate Research and Fellowships, Harvard College. Undergraduate Research [EB/OL]. [2017-12-21]. https://college. harvard. edu/academics/research-initiatives.

续表

项目名称	参与的学科领域	项目简介
FAP	所有领域	教师助理项目（FAP）为教职员提供资金。教师必须有足够的资金资助本科生研究助理。
MMUF	所有领域	梅隆·梅斯本科生奖学金项目（MMUF）为有潜力的高年级学生提供财务支持，同时致力于研究和教师指导。

资料来源：Office of Undergraduate Research and Fellowships，Harvard College. URAF Research Programs [EB/OL]. [2017-12-25]. https://uraf. harvard. edu/uraf-administered-programs.

除了以上提到的三种学期研究方式，哈佛大学和附近学校（可以交叉注册）的许多课程都有很强的研究成分（research component）①。本科生可通过咨询哈佛大学教师来设计自己的研究性课程，并获得相关专业的批准。

2. 暑期研究

在暑期，本科生有很多研究机会进行选择。哈佛大学为暑期留在校园的学生提供多个校内研究项目。不仅如此，学校还提供资助，支持学生参与本地、国内和国外的教师的研究。例如学校设立多个科学资助计划，支持本科生在剑桥及其周边的实验室工作，此外，学校的20多个区域研究中心和研究机构也支持本科生在全球进行研究②。哈佛大学还提供了几个独特的暑期住校生研究项目（The Summer Residential Research Programs），旨在促进本科生积极参与科研，并获得卓有成效的研究经验。以下计划由本科生研究与奖学金办公室管理，其他的计划由大学附近的办公室进行管理。具体的研究项目如表2所示。

① Office of Undergraduate Research and Fellowships，Harvard College. Undergraduate Research [EB/OL]. [2017-12-19]. https://uraf. harvard. edu/introduction- to-research.

② Office of Undergraduate Research and Fellowships，Harvard College. Undergraduate Research [EB/OL]. [2017-12-20]. https://college. harvard. edu/academics/research-initiatives.

表 3-2　本科生科研暑期研究项目

项目名称	参与的学科领域	项目简介
BLISS	社会科学	社会科学行为实验室（BLISS）研究员组成了一个充满活力的研究人员社区，并且可获得暑期住宿和部分津贴。申请人可以从预先设计的项目列表中选择。
Herchel Smith	科学	Herchel Smith 为暑期参与科研的优秀学生提供资助。项目可能在世界任何地方进行。申请人必须安排自己的研究项目。
PEM	艺术/人文	皮博迪埃塞克斯博物馆研究员（PEM）组成了一个充满活力的研究人员社区，并且可获得暑期住宿和部分津贴。申请人可以从预先设计的项目列表中选择。
PCRE	所有领域	哈佛大学明迪赫社区研究计划（PCER）组成了一个充满活力的研究人员社区，并且可获得暑期住宿和部分津贴。申请人可以从预先设计的项目列表中选择。
PRIMO	商业/社会科学	市场和组织研究计划（PRIMO）研究员组成了一个充满活力的研究人员社区，并且可获得暑期住宿和部分津贴。申请人可以从预先设计的项目列表中选择。
PRISE	科学	科学与工程研究计划（PRISE）研究员组成了一个充满活力的研究人员社区，并且可获得暑期住宿和部分津贴。申请人必须安排自己的研究项目。
RCE	所有领域	哈佛大学明迪研究和共同体参与（RCE）奖金为学生开展独立暑期项目提供资助，将社区服务与学生发起的学术研究相结合。

续表

项目名称	参与的学科领域	项目简介
SHARP	艺术/人文	夏季人文和艺术研究计划（SHARP）研究员组成了一个充满活力的研究人员社区，并且可获得暑期住宿和部分津贴。申请人可以从预先设计的项目列表中选择。
SURGH	全球健康	夏季本科生全球健康研究（SURGH）研究员组成了一个充满活力的研究人员社区，并且可获得暑期住宿和部分津贴。申请人可以从预先设计的项目列表中选择。
Amgen	生物技术	哈佛-安进学者组成了一个充满活力的研究人员社区，并且可获得暑期住宿和部分津贴。申请人将根据各自的兴趣被分配至不同的实验室。

资料来源：Office of Undergraduate Research and Fellowships，Harvard College. URAF Research Programs [EB/OL]. [2017-12-27]. https://uraf.harvard.edu/uraf-administered-programs.

社会科学行为实验室（The Behavioral Laboratory in the Social Sciences，BLISS）是关于本科生和教师在社会科学指定研究项目上进行合作的计划。BLISS旨在为学生提供实际的、有效的社会科学研究经验，以提高协作能力、创造力以及学术水平。

市场与组织研究计划（The Program for Research in Markets and Organizations，PRIMO）是为期10周的暑期研究计划，该计划旨在让本科生与哈佛商学院教师紧密合作，计划所支持的研究涵盖商业战略、社交媒体、创新管理、私募股权等多个方向。

暑期人文与艺术研究计划（The Summer Humanities and Arts Research Program，SHARP）是为期10周的暑期浸入式体验（summer immersion experience），是由哈佛大学教师和图书馆管理部门所设计的。该计划为本科生提供了许多不同的机会参与人文和艺术研究。

暑期本科生全球健康研究计划（The Summer Undergraduate Research

in Global Health Program，SURGH）是一项为期 10 周的暑期研究计划，在该计划中，本科生在哈佛大学教师或附属导师（affiliate mentor）的指导下，研究有关全球健康的关键性问题。参与者生活在一个多元化的研究人员社区，每周参加全球卫生领域专业人士组织的多学科研讨会，并与传统健康领域的学者建立联系①。哈佛大学除大四以外的本科生都有资格申请参加 SURGH 计划。

除此之外，本科生可以到政府机构、多边机构、智囊团、倡导团体（advocacy groups）、工业部门或私营组织进行研究实习（research internships）。哈佛大学从管理机构、保障机制到科研项目的类型等多个方面为本科生科研提供了全面的机会与资金。由此可见，哈佛大学对本科生参与科研，培养其科研创新精神给予了高度的重视。另外，哈佛大学还开展了诸如研讨会等形式的活动，激发学生参与研究的积极性，帮助他们养成科学探索的创新精神。

二、研究性教学

教学和科研的深度融合既可以表现为寓教于研，也可以表现为寓研于教。研究性教学并没有统一的模式，其内涵和外延也是见智见仁，而究其根本和共性，都是强调以学生为中心、以科研为支撑、以探究为特征②。其主要形式包括研讨会（seminar）、基于问题的学习（PBL）、案例教学（case study）等。哈佛大学的课堂教学主要有两种类型：一是演讲课（lecture），二是研讨会（讨论课）。后者居多。讨论课的学生一般在 10 人之内，学生需要在课前查阅大量的文献资料、做大量的准备工作，这不仅锻炼了学生搜集资料、自主学习的能力，还培养了学生独立研究的能力。

哈佛大学教师上课运用最多的教学方式是研讨会，教师要求学生根

---

① Harvard University. Summer Undergraduate Research in Global Health (SURGH) [EB/OL]. [2017-12-27]. https://ghhp.fas.harvard.edu/summer-undergraduate-research-global-health-surgh-0.

② 施林淼，刘贵松. 我国研究型大学教学科研融合的方式、问题及对策：以清华大学等 6 所高校发布的本科教学质量报告为例 [J]. 中国高教研究，2015 (3)：31-35.

据讨论的主题或者教师所给的命题，查阅相关资料并发表自己的观点和见解，教师再对学生的想法加以点评，引导学生自主思考学习。为此哈佛大学专门设立了新生研讨会计划（The Freshman Seminar Program），旨在为学生提供一个与专业导师、志趣相投的同学分享学习和知识的平台①。在课堂上，教师采取研讨式教学法，鼓励学生参与社会实践和科研活动，提倡学生直接参与教师的科研活动，与导师一起撰写科研论文，让学生熟悉科研的基本方法（本科生参与科研的实践在下一节详细说明）。

在教学过程中，哈佛大学的教师很好地践行了寓研于教，教师以自己的科研带动教学。其中，塞缪尔·亨廷顿（Samuel Huntington）是践行寓研于教的最具代表的教师②。亨廷顿是政治系著名的终身教授，据说他在国际政治方面的研究影响力全球排名第四。亨廷顿的课堂别具特色，他主要讲授自己的研究心得，将自己的科研成果转化为教学知识讲授给学生；除此之外，亨廷顿教授的课堂非常活跃，他最多讲20分钟，剩下的时间学生可以自由提问，这种研讨式教学深受学生们的喜爱。大学教师的教学以科研作为底蕴，不仅有利于教师自身的发展，同时也激发了学生的科研兴趣。

三、产学研一体化

哈佛大学为了获得足够的经费开展研究，在坚持科教融合的前提下，将科学研究应用于工业实践，并不断加强与工业企业界的合作。哈佛大学充分利用与整合了高校、企业与科研院所三种不同的优质教育资源，也推进了课堂教学与科学技术研究相结合，为大学的科学研究与教学带来了巨大的动力和活力③。产学研相结合被视为哈佛大学科教融合成功

① Office of Undergraduate Research and Fellowships，Harvard College. About the Program [EB/OL]. [2018-01-12]. https://freshmanseminars.college.harvard.edu/about-program.

② 李其荣. 美国哈佛大学的魅力与特色：我所了解的哈佛大学 [J]. 中南民族大学学报（人文社会科学版），2009，29（6）：176-180.

③ 成洪波. 论科教融合与应用型创新人才培养 [J]. 高等工程教育研究，2017（4）：141-145.

的关键因素之一。

在产学研三者互动的过程中，大学和工业界的研究人员可以通过讨论优先决定自己所研究的领域，大学的研究人员还可以通过在企业研究中心工作，锻炼自己的实践能力。例如，除在学术领域做领导外，有很多教师还在企业和组织中担任职务，积累了丰富的产业实践经验。

学生可以去合作的企业进行实习，参与科学研究项目。除此之外，大学也会邀请成功的企业家、工商业管理者为学生开设讲座、讲授课程，与学生共同研讨目前工业界以及社会面临的一些实际问题。

美国大学与工业界的联合，产生了一种互补关系，从而使产学研合作具有了强有力的科研功能、教育功能以及服务功能①。早在 2015 年，哈佛大学商学院就开设了 HBX LIVE 计划，这是一种高科技的在线虚拟授课模式，旨在利用技术培养能够改变世界领导者的潜力。HBX LIVE 计划通过学习工具，使企业的领导者更具有能力，在线课程包括：使自己成为领导者（developing yourself as a leader）、成为更好的经理人（becoming a better manager）、可持续经营战略（sustainable business strategy）以及企业家精神（entrepreneurship essentials）等②。规模化技术风险（scaling technology ventures）这一课程项目，由高斯特卡·高希（Shikhar Ghosh）教授以及高级讲师杰弗里·瑞波特（Jeffrey F. Rayport）负责③，他们利用自身的研究和专业知识指导企业领导者进行动态案例探讨，最终使企业的领导者获得了领导初创企业所需的洞察力和技能。

另外，据悉韩国三星公司的总裁曾到哈佛大学商学院的研修班学习四周，就是为了专门研讨公司的发展战略。这种研修班又称为案例教

---

① 刘力．美国产学研合作模式及成功经验［J］．教育发展研究，2006（7）：16-22.

② Harvard Business School. Online Learning Reimagined by Harvard Business School［EB/OL］．［2018-07-22］．https://hbx.hbs.edu/.

③ 高希教授是一位成功的企业家，在过去的 20 年里，他是八家以技术为基础的创业公司的创始人兼首席执行官。瑞波特是数字媒体和营销方面的专家，他创办了几家成功的企业，担任近二十家公共和私营技术公司的董事。

学，哈佛大学赢得了与世界各大公司密切合作的机会，也因此获得了各大公司提供的大量科学研究基金和捐赠。例如，比尔及梅琳达·盖茨基金会（The Bill & Melinda Gates Foundation）为推动普及流感疫苗，避免未来的流行病，向哈佛大学公共卫生学院（Harvard T H Chan School of Public Health）捐赠 1200 万美元用于预防疾病的研究①。哈佛大学商学院的学生也可以到一些企业实习，将自己的学术研究转化为应用或技术创新。

哈佛大学利用自己的实验室以及科研产品与企业合作，极大地促进了企业的发展。2018 年，创新实验室（The Innovation Labs）宣布为校友主导的企业推出 Lab X 加速器，以支持哈佛大学的学生及校友建立的企业。此次该实验室推出加速器旨在帮助哈佛校友发展自己的企业，无论是刚起步的公司，还是已经具有现实影响力的公司，都能从该实验室获得量身定制的指导和支持②。

大学与企业的合作带来了巨大的成效，不仅使得学者和研究人员的科研成果增多，而且还促进了企业的长远发展。这样的合作交流模式，把人才培养、科学研究和企业发展统合起来，弥补了课堂教学的不足，为人才培养提供了更广泛的机会和无限的空间。

总之，不断寻求真理的文化传统、美国政府及社会各界的财力支持，促使哈佛大学坚定地把知识创新作为主导功能，并由此探索出一条以基础研究为立足点推动教学科研融合发展的成功道路，这对于创新人才的培育、基础研究实力的增长、周边相关产业的发展都发挥了巨大的促进作用。

---

① The Harvard Gazette. Gates Pushes for Universal Flu Vaccine, and to Avoid Future Pandemics [EB/OL]. [2018-07-22]. https://news. harvard. edu/gazette/story/newsplus/bill-gates-pushes-for-universal-flu-vaccine-stepped-up-efforts-to-address-future-pandemics/.

② The Harvard Gazette. Innovation Labs Announce Launch Lab X Accelerator for Alumni-led Ventures [EB/OL]. [2018-07-23]. https://news. harvard. edu/gazette/story/newsplus/harvard-innovation-labs-announces-launch-lab-x-accelerator-for-alumni-led-ventures/.

如今，世界上著名的高等学府，都已成为“两个中心”——既是教学中心，又是科研中心，哈佛大学俨然是其中的佼佼者。哈佛大学的教师不仅注重教学，而且都有科研任务；哈佛大学的学生在学习的同时，也参与一定的科研工作。哈佛大学图书馆、博物馆既是为教学与科研服务的机构，也是教学和科研的单位。哈佛大学做到了教学、科研相互促进，融合发展。

第四章　牛津大学科教融合的制度与实践

牛津大学（University of Oxford）位于英国牛津市，正式成立于1167年，是世界上现存第二古老的高等教育机构。牛津大学是英国罗素大学集团（The Russell Group）、欧洲科英布拉集团（The Coimbra Group）以及欧洲研究型大学联盟（League of European Research Universities）的核心成员，处于世界顶尖研究型大学前列。在2018年《泰晤士报》（高等教育专刊）公布的大学排名中，牛津大学位居榜首。在《美国新闻和世界报道》最新发布的全球最好大学排名中，牛津大学位居前五。牛津大学在英国及世界高等教育系统中的重要地位不言而喻，研究牛津大学科教融合的制度与实践对我国一流大学科教融合的发展与实践具有重要的借鉴意义。

第一节　牛津大学科教融合前传

一、19世纪中期以前：宗教与王权笼罩下的教学机构

牛津大学的产生既得益于11世纪末期在牛津开始的学术活动，更得益于12世纪中期大批学者从巴黎大学返回英国①。11世纪时，基督教在英格兰的传播使牛津城的教堂与修道院日益增多，于是，牛津城开始创办一些教会学校培养神职人员。随着牛津城中诉讼活动的增多，牛津城逐渐成为教会中心与学术中心，这为日后的牛津大学创造了良好的学术氛围。1167年，因当时的英王亨利二世与法兰西国王发生争执，英王禁

① 刘宝存. 牛津大学办学理念探析［J］. 比较教育研究，2004（2）：16-22.

止英国学者就读巴黎大学，这批学者返回英国，聚集于牛津并从事经院哲学的教学与研究。在此影响下，牛津大学迅速发展起来。

12 世纪左右，络绎不绝的学者涌向牛津求学、讲学，为牛津学者行会的形成以及教学活动的开展提供了条件。13 世纪时，牛津的学者已形成文科、罗马法、教会法、神学和医学等学科群体，当时的著名学者埃德蒙（Edmund of Abingdon）还开设了一系列有关波伊提乌（Boethius）的《算术原理》（*Arithmetic*）和亚里士多德的《辩谬篇》（*Sophistici elenchi*）的讲座。英国历史学家卡托指出："这些课程不仅丰富了牛津的学科和研究领域，而且勾勒出牛津大学在 13 世纪前一二十年的课程框架。"①

虽然中世纪时期牛津大学的学术活动已很活跃，但其发展仍受到教会的影响和控制，如负责管理牛津大学的学长由教皇任命，教学内容的设置也在很大程度上为宗教服务。同时，在一定程度上，教会对牛津大学的整体发展也起着积极的推动作用，如教会干预市民与牛津大学师生的冲突，由主教任命牛津大学校长，这既赋予了牛津大学更多特权，又加强了牛津大学的权威，最终为牛津大学的发展提供了保障。然而随着牛津大学自身力量的增强，为争取更多的利益，牛津大学与教会之间的冲突时有发生。

在教会加强与牛津大学关系的同时，为巩固自身的统治，王权统治者也逐渐加强与牛津大学之间的联系。都铎王朝（House of Tudor，1485—1603）的建立、宗教改革的兴起以及文艺复兴的发展使牛津大学逐渐褪去中世纪的色彩。都铎王朝时期，王室非常重视大学的发展，其目的之一就是让大学与王室在宗教立场上保持一致，以巩固王权的统治②。为加强王权对牛津大学的影响，伊丽莎白一世于 1565 年颁布《伊丽莎白法令》（*Elizabeth New Statues*），对牛津大学的阅读书目、课程内容和学位授予条件等方面做出了详细规定，并于 1571 年颁布《伊丽莎白章程》（*The Act of the Incorporation of Oxford and Cambridge Universities*），正

① 周常明．牛津大学史［M］．上海：上海交通大学出版社，2012：3-4.

② 周常明．牛津大学史［M］．上海：上海交通大学出版社，2012：15.

式确立了牛津大学的法人地位。相应地，牛津大学的宗教性逐渐减弱，如牛津大学的培养目标已不再仅仅是培养神职人员，其课程设置与教学内容也不局限于宗教内容。

牛津大学无论是受宗教的控制，还是受王权的影响，19世纪中期之前都主要是一个教学机构，是一个训练和培养专业人员的场所，主要为社会培养大量的神职人员、律师、医生及公职人员。因此，克拉克说："在精神和组织上，牛津和剑桥的大学模式乃是突出科研并将其作为很多教学和学习的基础的新涌现的德国模式的反面。"①

二、19世纪中期以后：科学研究的兴起与发展

19世纪初期，古典学科和神学在牛津大学中仍占据主导地位。但是随着时代的发展和社会需求的变革，牛津大学（当然也包括剑桥大学）的发展开始受到冲击，在这种影响下，牛津大学的科学研究逐渐兴起并发展。大致说来，这种冲击和挑战来自三个方面。第一，工业革命的要求。兴起于英国的工业革命，对欧洲尤其是英国社会的各个方面都带来了巨大影响，教育亦不例外。工业革命催生了专业教育的兴起，要求大学培养实用性人才，而这刚好与牛津大学主张自由教育、培养通才的教育理念截然相反，牛津大学的古典人文主义教育传统受到冲击。第二，英国新大学运动的挑战。19世纪之前，英国只有牛津大学和剑桥大学两所古典大学，19世纪的新大学运动，打破了这一局面。建于1826年的伦敦大学是一所崭新的大学，其招生不分教派，神学被排除在课程之外，主要针对社会经济发展的需要设置课程，并传授现代学术和自然科学。在伦敦大学的示范下，英国出现了大量城市学院，如曼彻斯特学院（1851年）、南安普顿学院（1862年），这些学院或由富商投资，或由公众捐办，绝大多数都偏重工业和科学领域。所培养的不再是牧师和政界官员，而是企业经理、工业技术开发人员和设计师等。这些新大学，与英国古典大学的理念和模式迥异，更加重视社会经济的发展，受到社会欢迎，对以牛津大学为代表的古典大学提出了挑战。第三，德国大学理

① 伯顿·克拉克．探究的场所：现代大学的科研和研究生教育［M］．王承绪，译．杭州：浙江教育出版社，2001：65.

念的冲击。19世纪初德国大学尤其是柏林大学的改革，也对英国古典大学模式产生了巨大冲击。“教学与科研相统一”的理念，与牛津大学、剑桥大学当时所奉行的专注于普遍知识传授的理念相悖，德国大学科研观念的传入在牛津大学更是引起了关于研究和教学关系的激烈争论①。

在多重危机下，牛津大学开启了艰难的改革历程，其科学研究逐渐发展起来。为缓解古典大学的发展压力，自19世纪50年代中期到70年代中期，英国议会通过了一系列有关大学改革的法令，对牛津大学、剑桥大学进行重大改革②。如1850年，英国皇室专门成立皇家调查委员会对牛津大学进行调查，调查委员会的报告指出：“正如人们所普遍承认的，牛津大学和国家双方都因缺乏一批献身于科学研究和学术教育的学者而蒙受重大损失。牛津大学精深研究成果是如此之少，这一事实既有损于牛津大学的学府声誉，又影响了它在国家心中的地位。”③ 基于调查，英国议会于1856年颁布了《牛津大学法》，要求牛津大学的结构从以古典学科为中心的体系转向以专业为中心、与职业对口的体系，使专业的教学和科研与实际结合起来④。此外，这些改革还要求取消宗教甄选制度，加入实用学科并开展科学教育，设立现代科学实验室，加强科学研究，等等。

在政府的推动下，牛津大学逐渐开始进行科学研究。在基础设施建设方面，牛津大学相继建立了一批科学研究实验室，如1872年牛津大学建成了英国第一个物理实验室——克莱伦顿实验室，这为科学研究的发展提供实验基地。在内部管理方面，为了缓和捐赠研究派与导师教学之间的矛盾，牛津大学成立了1877年委员会，其条例经过多次修改，不仅使牛津大学的学术得以发展，还使科学研究在牛津大学各学院逐渐

① 杜智萍. 19世纪以来牛津大学导师制发展研究［M］. 呼和浩特：内蒙古大学出版社，2011：109.

② 邓云清. 新大学运动与英国高等教育的近代化［J］. 高等教育研究，2008(1)：85-91.

③ 徐辉，郑继伟. 英国教育史［M］. 长春：吉林人民出版社，1993：239.

④ 刘宝存. 大学理念的传统与变革［M］. 北京：教育科学出版社，2004：132.

传播。在学科设置方面，为使牛津大学的发展紧跟时代步伐，促使更多有真才实学的人进行科学研究，牛津大学增设了部分新学科，使牛津大学从单一文科转向文理学科并重。正如 1850 年的皇家调查委员会报告中建议的，大学课程应该为学生未来的专业发展做更多的准备，开设自然科学可以为医学奠定基础，开设法学有助于律师行业培训的发展等①。牛津大学于 1882 年设立了神学、法学、人文科学和自然科学四个学部（之后牛津大学又将人文学科部分为人文科学、东方语言和现代历史 3 个学科分部，自然学科部分为医学和自然科学 2 个学科分部）②。在师资力量方面，牛津大学逐渐鼓励教师开展科学研究，教学趋于专业化。如根据《1877 年大学改革法》，牛津大学在很多学科都设立了新的教授职位和高级讲师职位，这些学科包括法律、自然科学、逻辑、历史、文学、语言、语文学、考古学以及《圣经》解读等③。除此之外，牛津大学开始设置一些专业教授职位，如化学教授职位、矿物学高级讲师职位、解剖学高级讲师职位、医学教授职位和植物学教授职位等。

20 世纪以来，牛津大学更加重视科研的发展。一战至二战期间，较多的科学实验室在牛津大学建立起来，一方面，科研逐步发展成为全体教师的基本职责；另一方面，在微观层次，科研在系里得到发展，在那里与教学和学生学习联系起来④。此时的系分为研究生和本科生两个层次，虽然研究生层次的科研相对不受重视，但毋庸置疑的是，系已成为科研、教学、学习共同体的运作单位。在系内，学生与导师建立亲密的联系，学生有机会在学习过程中接触到先进的科研，这为科教融合的发展提供了良好的契机。

总体来看，虽然牛津大学在学院寄宿制、导师制以及纽曼大学理念等众多因素的影响下，科研的发展相对缓慢，更加关注教学而非科研，但到 20 世纪中期，牛津大学的科学研究已获得了长足的进步，从只重视

---

① 周常明．牛津大学史［M］．上海：上海交通大学出版社，2012：35.

② 周常明．牛津大学史［M］．上海：上海交通大学出版社，2012：35.

③ 周常明．牛津大学史［M］．上海：上海交通大学出版社，2012：35.

④ 伯顿·克拉克．探究的场所：现代大学的科研和研究生教育［M］．王承绪，译．杭州：浙江教育出版社，2001：98.

教学转为教学与科研并重，这在一定程度上为科教融合提供了良好的环境与基础。

第二节　牛津大学科教融合的政策环境

在本书所选取的一流研究型大学中，牛津大学科教融合的制度环境可能是最不理想的：就传统而言，英国并不存在以科研为基础的教育传统；近年来又有很强的分立大学科研和教学的政策冲动。当然，这样的政策环境对于科研、教学都卓越的牛津大学（和剑桥大学）而言，影响并没有其他大学那么大，而且，英国也存在一定的推动大学科教融合的力量。

一、有助于大学科教融合的力量

正如前文所述，由于国内外压力的增大，牛津大学在19世纪中叶之后开启变革，改变了之前忽视科学研究相对立的局面。在学院制本科教育传统的基础上，牛津大学容纳了科学研究。当然，那时的科研仍是教师次要的事务，组织化的科研规模较小。

进入20世纪后，政府对于大学科研的资助加大。一方面，于1919年成立大学拨款委员会（University Grants Committee，UGC），以经常性拨款（支付教师薪水）和非经常性拨款（校园改造、设施等）的方式对各大学资助，它假设教授们会把自己大约1/3的时间用于科研，据此给大学和教授提供科研资助；另一方面，1920年“霍尔丹原则”（Haldane Principle）出现，依据这一原则，英国政府通过一次性总付的方式给自治的科学研究委员会资助，各委员会再通过大学奖学金和教授科研资助的方式，对科研进行支持①。在这两条线的资助下，科研在大学预算中变得重要，“在1945年到1985年间，研究被视为所有大学的功能”②，而

---

① 伯顿·克拉克．探究的场所：现代大学的科研和研究生教育［M］．王承绪，译．杭州：浙江教育出版社，2001：85-86.

② SHATTOCK M. Making Policy in British Higher Education 1945-2011［M］. Maidenhead：Open University Press，2012：169.

不再是之前“科研在很大程度是大学教师的个人活动”。

不仅如此，洪堡理念也得到了较高的认可。在1963年，英国发布了具有里程碑意义的《罗宾斯报告》(*Robbins Report*)，其中提道：

> 在教学与研究之间没有界限(borderline)，它们是互补和重叠的活动。一个推进他所在学科的基本知识的教师，既提升了他的教学，也为他的研究打下了基础。一个研究者常常发现，在他准备讲课的过程中，他个人的研究给他提供了新鲜和恰当的解释，这帮助他从新的视野看待学科。①

近年来，高等教育管理机构的变化，也在一定程度上推动了大学科教融合。就英格兰而言，高等教育管理部门的名称从学校部(Schools Ministry)转变为创新、大学和技能部(Department for Innovation, Universities and Skills)，之后又转变为商业、创新和技能部(Department for Business, Innovation and Skills)，这样的变化有助于把大学教学和科研两种职能与国家经济社会发展目标结合起来，有助于大学及其教师积极参与科研，并以此培养学生。另外，依据2016年发布的《知识经济的成功：教学卓越、社会流动及学生选择》白皮书，英国设立了单一的市场规范者——学生事务办公室(Office for Students, OFS)和单一的科研和创新资助机构——英国研究与创新中心(UK Research and Innovation, UKRI)，以此来保证教学与科研在国家和大学层面的一致和协调，包括通过教学卓越框架认可“研究引领教学”的价值，以及斯特恩勋爵(Lord Stern)在评论卓越科研框架提出的教学与科研互动的考虑②。《高等教育与科研法案：OFS和UKRI之间的联合工作》开篇就指出：

---

① Committee on Higher Education. Higher Education Report of the Committee appointed by the Prime Minister under the Chairmanship of Lord Robbins [R]. London: Her Majesty's Stationery Office, 1963, para 557.

② Department For Business, Innovation and Skills. Success as a Knowledge Economy: Teaching Excellence, Social Mobility and Student Choice [EB/OL]. [2017-12-22]. https://assets.publishing.service.gov.uk/government/uploads/system/uploads/attachment_data/file/523546/bis-16-265-success-as-a-knowledge-economy-web.pdf:15.

> 大学通常都有科学研究的职能，在大学里教学与科研也是紧密联系的，许多大学教师既从事教学，又从事科研，教学与科研互为前提，共同促进双方的发展，而大学能否解决一些全球、国家以及地区性的问题，取决于教学与科研的相互作用。①

此外，英国一些教育教学评估，也在一定程度上促进了大学科教融合，如英国的高等教育质量保证署（The Quality Assurance Agency for Higher Education，QAA）。QAA 成立于 1997 年，负责对英国高校提供统一的综合质量保证服务，其核心职责是审核各高校教育质量和标准的管理制度及评估各高校学科级的教学质量和教学标准②。为了使评估更具针对性与有效性，QAA 在评估时制定了一系列指导原则，其中一条是评估要反映时代特点、引领高等教育的发展方向，这体现为“评估标准既要反映相对完整的知识结构，又要强调创新精神的培养和思维能力的提高，尤其要注重对学科的前沿性、学习中的批判精神、运用知识的创造性、终身学习的观念和能力等进行评估”③。

二、大学科教融合的阻力

相比推力，英国大学科教融合的阻力更为普遍、强劲。其中，传统的保守经验主义使英国大学科教失衡；而过度强化教学或科研的独立地位的相关政策则使英国大学陷入科教分立的漩涡。

（一）思想阻力：保守的经验主义

一个国家的传统思想对该国政治经济文化以及教育等方面的影响是巨大的，英国也不例外，尤其是在英国高等教育的发展历程中，保守的经验主义思想对英国教育的发展产生了深远的影响。

---

① Department for Business, Energy & Industrial Strategy. Higher Education and Research Bill: Joint Working between OfS and UKRI [EB/OL]. [2017-12-22]. https://www.gov.uk/government/uploads/system/uploads/attachment_data/file/568909/UKRI_OFS_joint_working_factsheet.pdf:1.

② 唐霞. 英国高等教育质量保证体系 [M]. 北京：北京师范大学出版社，2012：53.

③ 崔爱林，董佳佳，荣艳红. 英国高等教育质量外部评估体制与指标体系 [J]. 高校教育管理，2008 (2)：22-26.

英国保守的经验主义的显著特点就是尊重传统、崇尚经验与权威、强调审慎与渐进。长期以来，这种保守的民族特性使牛津大学在采取每一次改革时总是显得特别谨慎①。这种谨慎与渐进式的特征体现在牛津大学的方方面面，如从牛津大学成立至工业革命期间，牛津大学的学科设置以古典人文学科为主，课程设置以经院主义哲学为主，人才培养也主要以培养神职人员为主，大学的主要职能为教学而非科研。19世纪中后期，牛津大学才缓慢推动了科学研究发展。二战后，科研虽然成为牛津大学重要的活动，其学术成就也享誉全球，但其小型学院的教育模式依然处于核心地位，研究生教育仍处于边缘地带，这在一定程度上使英国的科教失衡，进而影响科教融合的发展。

（二）现实阻力：相关政策刺激了大学科教分立

近年来，英国出现了很强大的分立大学教学与科研的政策力量，使得二者的独立性越来越大，大学科教融合遭遇空前挑战。

英国大学科教融合的危机，很大程度上源于高等教育管理体制的改革。英国大学具有自治的传统，这种传统在很大程度上基于大学财政的独立性。可是，一切在20世纪都发生了巨大变化。英国大学自治的财政基础在20世纪上半期就被侵蚀了，“中央政府的补助和‘议会的补助金’占大学总收入的百分比，从1920年的33%，增加到1946年的80%”②。不过，虽然大学财政国有化了，但在1920年到20世纪60年代中期之前，中央财政部直接把财政经费拨付给大学拨款委员会，然后由这一独立的中介机构再分配给大学，大学仍可独立地开展教育教学和科学研究。

20世纪60年代中期，大学拨款委员会的独立性急剧下降，相应地，大学受到政府的控制加深。而20世纪70年代的财政危机，更引发了政府对于大学“事实上的自上而下的控制的飞跃”③。与20世纪上半叶政

① 何梅．牛津大学人才培养的历史传统、现代走向及中国启示［M］．成都：电子科技大学出版社，2014：58.

② 伯顿·克拉克．探究的场所：现代大学的科研和研究生教育［M］．王承绪，译．杭州：浙江教育出版社，2001：68.

③ 伯顿·克拉克．探究的场所：现代大学的科研和研究生教育［M］．王承绪，译．杭州：浙江教育出版社，2001：72.

府加大对大学的财政投入不同，这次则是通过削减预算、基于绩效的选择性资助、推进市场化和组织间竞争来实现对大学的全面控制。

1986年，大学拨款委员会进行选择性削减经费，其办法就是把一揽子拨款分为科研拨款和教学拨款，教学拨款依据学生人数进行（不同学科的生均拨款有差异），而科研拨款则依据科研质量评估（research assessment exercise，RAE）进行。这引发了大学对教学质量关注的减少，于是，大学校长和副校长联合会于1989年成立学术审核部门（Academic Audit Unit，AAU），对各大学的教学活动审核，并最终促成1992年高等教育基金委员会（Higher Education Funding Council，HEFC）的成立并下设质量评估机构（Quality Assurance Commission，QAC），检查教学质量且与拨款直接挂钩①。这样，英国政府就实现了把对教学的资助和对科研的资助分开，“大学被引导到不把科研经费用于教学，也不把教学经费用于科研：不知怎么地，混合使用和交叉补助都被排除。”②

在分开资助的基础上，英国政府对科研表现超过平均成绩以上的大学进行资助奖励，而对在招收自费生方面表现超过平均成绩的大学同样予以奖励，这样的机制最终促使大学选择“以科研为主”或“以教学为主”的发展策略。包括牛津大学在内的罗素集团大学，重在发展科研，一些1992年才升格为大学的机构则走向教学型。而且，这一局面得到了官方的认可。2003年1月，白皮书《高等教育的未来》发布，在其第四章“教学与学习：实现卓越”部分提出了一些推进卓越教学的方式方法，其中之一就是重构“大学”的内涵，划分出“只教学”的大学和“只科研”的大学。白皮书引用过去十余年的研究成果，尤其是1996年的一项元研究发现教学与科研没有关系的结论，以及英格兰高等教育基金会2000年的报告的结论——基于40所高校调查发现，并非每个教师完成其工作都需要从事狭义上的“研究”（research）而仅应从事学术（scholarship）——指出：

---

① 唐霞. 英国高等教育质量保证体系［M］. 北京：北京师范大学出版社，2012：80.

② 伯顿·克拉克. 探究的场所：现代大学的科研和研究生教育［M］. 王承绪，译. 杭州：浙江教育出版社，2001：80.

当前，“大学”称号仅属于那些既能授予教学学位又授予研究学位的高校。授予研究学位的高校表现出科研优势。奇怪的是，我们认为高校应有多方面的优势，其实卓越教学本身才是大学的核心使命。很明显，良好的学术也就是对学科内的最新研究和思维有很好的意识，是好的教学的本质，卓越的教师并非必须积极开展前沿的科学研究。①

时任英国高教大臣的霍奇（Margaret Hodge）显然持有这样的观点，她说：“好教师需要有好的学术，但我看不到开展前沿科研与擅长教学之间有密不可分的关系。”② 而巴尼特的比喻则能更形象地阐释这一观点。他说，教师之于科研就相当于演奏者之于乐谱。他可以不会作曲，但需要熟悉并能以自己的方式体会、演奏、创新乐谱。教师不亲自科研，但可以成为一个“有知识的偷听者”，通过熟悉本学科前沿而吸纳科研成果，进而进行教学③。

白皮书的上述建议被法律吸纳。2004 年发布的《高等教育法案》（*Higher Education Act*）放宽了授予大学称号的标准，并使 14 所左右的高等教育学院和机构成了仅从事教学（teaching-only）的大学，这些新大学仅授予教学型学位而没有研究型学位授予权。同时，还赋予了区分“教学岗”和“科研岗”（teaching-only and research-only employment contracts）的合法性。数据显示，到 2007 年，高等教育机构中仅从事教学的岗位以及仅从事研究的岗位的数量大幅增加，几乎占到了英国高校教师的一半④。最终，由于区别化的资助、管理、评价和奖励等的影响，英国高校的教学与科研趋于分立。高校如此，教师的活动亦是如此。

随着英国高校全面收费政策的推行、学费的不断上涨，以及生均经

---

① Department for Education and Skills. The Future of Higher Education [R]. London：Department for Education and Skills，2003：54.

② MACLEOD D. Hodge Stands Firm over Funding [N]. Education Guardian，2003-03-30.

③ BARNETT R. Linking Teaching and Research：A Critical Inquiry，Journal of Higher Education，1992，63 (6)：619-636.

④ LOCKE W，BENNION A. Teaching and Research in English Higher Education：New Divisions of Labour and Changing Perspectives on Core Academic Roles [C] //RIHE International Seminar Report No. 13，Hiroshima：RIHE Hiroshima University，2009.

费的削减，教学无法给高校带来更多经费，而科研却能产生奖励性资助，再加上教学效果的不易测量、时滞性，教学影响的属地性（教师的教学仅影响特定学校的某些学生）和科研影响的国际性等，使得英国大学尤其是研究型大学“重科研轻教学”。《迪尔英报告》（*The Dearing Report*，1997）就注意到了教学与科研的失衡问题，它指出：“目前的一个主要障碍是，所有教职员工都意识到了国家和各种机构的政策只鼓励和承认在科研上优秀的人，而非在教学中出色的人。”① 这一观点在白皮书《高等教育的未来》中重现，它指出教学在高等教育中的弱势地位已经太久了。教师的晋升很大程度上是依据科研卓越而不是教学能力。高校教学自身并不是一个独立的、受尊敬的职业发展路径。组织必须恰当地奖励他们最好的从事教学的教师，而这些教师也应该严肃地对待他们的工作②。

意识到相关问题的严重性，为提高教学质量，英国高等教育界相继做出了一系列努力。1999 年，英格兰高等教育委员会设立了一个综合性的基金——教学质量改善基金（The Teaching Quality Enhancement Fund）来推进高校教学和学习质量的提高。2000 年成立了高等教育教学与学习学会（The Institute for Learning and Teaching in Higher Education），这是一个“参与教学和学习支持的高校教师专业团体”，旨在认证新教师的专业发展项目、管理学习和教学实践的研究与革新、激发创新等。白皮书《高等教育的未来》强调了教学卓越的重要性，并提出设立“教学质量学会”（The Teaching Quality Academy）以保证教学质量提升活动的一致性。据此建议，2004 年，高等教育教学与学习学会、学习与教学支持网络以及教学质量改善基金的协调委员会（The National Coordination Team for the Teaching Quality Enhancement Fund）合并成立了高等教育学会（The Higher Education Academy），学会通过遴选与奖励卓越教学、整合相关人员和资源，研究教学并分享最好的实践，进而影响、创造和实施相关政策，最终提升高校教学与学习质量。在教学奖励方面，除了继

① 托尼·比彻，保罗·特罗勒尔．学术部落及其领地：知识探索与学科文化［M］．唐跃勤，蒲茂华，陈洪捷，译．北京：北京大学出版社，2015：90.

② Department for Education and Skills. The Future of Higher Education [R]. London：Department for Education and Skills，2003：51.

续开展国家教学奖外，为凸显团队在教学方面的价值，教学卓越团队奖于 2016 年引入，当年有 6 个大学的团队获奖，2017 年又有 6 个团队获奖。每个获奖团队将会获得一个为期 3 年的资助，以完成它们设立的教学项目。此外，为促进教师发展，英国还在高校建立了 74 个卓越教学中心。2016 年 5 月份，英国商业、创新与技能部发布了《知识经济的成功：教学卓越、社会流动及学生选择》白皮书，正式推出教学卓越框架（Teaching Excellence Framework，TEF），这可以说是“科研卓越框架”（Research Excellence Frame，REF）的“竞争者”——英国大学和科学部长约翰逊指出，我们必须“有一个开放的和多样化的高等教育部门，接受创新，在这里教学卓越与研究卓越相匹配”①。

虽然在上述努力的推动下，英国大学的教学质量有所提高，但是这种把教学与科研分离看待、通过提高教学地位来平衡二者关系的政策的效果并不乐观，并遭到一些质疑，如斯科特等人就非常质疑其效果。

总之，虽然可能并非是有意为之，但近年来英国高等教育政策却自然而然地导致了大学教学与科研分立的加速②。虽然这种分离的压力对于牛津大学这样的一流大学并不强大，但这种政策环境对其科教融合的发展也形成了无形的阻力。

第三节　牛津大学科教融合的制度

虽然牛津大学并未制订明确的关于保障科教融合发展的具体制度，但从牛津大学的教师管理制度、课程设置制度、本科生导师制等方面，仍可窥见牛津大学为促进科教融合发展而做出的努力。

---

① Department For Business, Innovation and Skills. Success as a Knowledge Economy: Teaching Excellence, Social Mobility and Student Choice [EB/OL]. [2017-12-22]. https://assets. publishing. service. gov. uk/government/uploads/system/uploads/attachment_data/file/523546/bis-16-265-success-as-a-knowledge-economy-web. pdf:5.

② LOCKE W. The Dislocation of Teaching and Research and the Reconfiguring of Academic Work [J]. London Review of Education, 2012, 10 (3): 261-274.

研究牛津大学科教融合的制度，首先需要明晰牛津大学的治理结构。牛津大学有着独特的学院式结构，由中央大学（The Central University）和学院构成。全体教职工会（Congregation）是牛津大学最高权力机构，相当于议会，负责大学规章制度的修订、理事会等提议的重大政策的审批以及副校长的任命等。理事会（Council）是牛津大学主要的执行机构和政策制订机构，负责学术政策和大学战略方向，以及大学财政和财产的管理，下设多个委员会，如教育委员会、人事委员会、科研委员会、规划委员会等。学院是牛津大学的核心部分，共有 38 个学院（college）和 6 个永久性的小规模的私人学堂（hall），它们都是独立的机构。学院联合会（Conference of Colleges）负责协调各学院一些事宜。牛津大学有很多系（department、faculty）和研究中心，这些系和中心又分别属于四个学部，即人文学部、社会科学部、医学部，以及数学、物理和生命科学部。

一、教师管理制度

牛津大学作为世界一流的大学，其优质的人才培养质量是有目共睹的。截至 2017 年，英国历史上有 29 位首相毕业于牛津大学，共有 66 位诺贝尔奖得主、4 位菲尔兹奖得主、5 位图灵奖得主曾在牛津大学学习或工作过。牛津大学优质的教育质量与其所提供的一流的科研与教学是密不可分的，而一流的师资又是牛津大学一流的教学与科研的关键。牛津大学的师资遴选和教师发展等管理制度，在很大程度上为牛津大学科教融合的发展提供了制度保障。

（一）师资遴选

牛津大学所有教职工的聘任都要基于规章和规则。岗位设置、薪资等级以及职责范围由大学理事会决定（由其人事委员会建议）。大学对所有教职工招聘负有总体责任，各系组织自己的招聘，发布岗位要求，并负责教职工工作任务和福利的分配。

牛津大学在聘任教师时有非常严格的要求。牛津大学严格的师资遴选不只重视教师的学历等直观因素，更重视应聘者的能力与潜力等综合素质，这就保证了教师在受聘之后在教学与科研中有更大的发展空间，能为牛津大学一流的教学与科研贡献力量。

牛津大学的招聘采用公开方式，整个招聘过程遵循公平、公正、公开的原则。在招募之前，牛津大学会发布招聘广告，从世界各地吸引优秀人才。在招聘广告截止日之后，会根据合格的申请人名单进一步筛选并进行面试。在挑选候选人时，牛津大学除了采取面试的形式之外，还有辅助的技能测试。在较短时间的面试中，通常难以准确地测评出应聘者所具有的工作技能、知识与能力，因此牛津大学还会采用测试的方法来进一步评估应聘者是否符合相关职位的要求。主要的测试方式包括技能测试（skills test）、书面和口头表达（written and oral presentations）、案例研究（case studies）、心理测试（psychometric test）、群体选择方式（group selection methods）以及评估中心测试（assessment centre programme）等多种测试①。通过技能测试了解应聘者是否具有完成工作任务所需要的相应的技能，如软件使用、实验仪器操作等；通过书面和口头表达能力的测试了解应聘者运用专业知识的能力；通过案例研究了解应聘者解决特定问题的能力，这种方法常运用于一些管理岗位或者需要特定程序知识和法律知识等的岗位的招聘；通过心理测试了解应聘者的能力（智力）、个性与偏好；通过群体选择方式了解应聘者的领导能力与组织能力，这类方法常包括无领导小组讨论（leaderless group discussion）、命令或执行活动、小组问题解决等活动；通过评估中心的多类型标准化评估（这是一种综合性的方法，可能包括多种不同的测试、访谈和其他评估应聘者能力的方法，这种方法很有效但花费昂贵，常用于有大量应聘者需要评估的场合），了解应聘者在特定职位的潜能。经过初步遴选、面试，以及不同测试的辅助，牛津大学不仅能选择出科研成果和科研潜力突出的人员，更能通过教学技能测试，检验其传授、交流和发展学科知识的能力，这在一定程度上保证了教师日后科教融合能力的发展。

（二）教师发展

在牛津大学，学生接触一流研究人员的机会很多，在牛津大学卓越

① University of Oxford. Selection Tests [EB/OL]. [2017-12-25]. http://www.admin.ox.ac.uk/personnel/recruit/select_cand/tests/.

的教师队伍中，不乏众多声名显赫的科学前沿研究者。2004 年，牛津大学时任校长卢卡斯（Colin Lucas）在题为《作为世界一流大学的牛津大学》的演讲中指出，当时牛津大学的教师团队中有 5 位诺贝尔奖获得者、93 位英国皇家学会会员、138 位不列颠学院的院士和 4 位皇家工程学院院士①。

牛津大学意识到，一流的教师不仅要有卓越的科研能力和突出的科研成果，更要有卓越的教学水平和能力。为促进教师教学，让学生有更多的机会获取前沿知识，牛津大学为从事教学的研究人员提供教学机会，如从事生理科学（Physiological Sciences）的研究人员可以为本科生提供临床医学或者生物医学方面的教学，且在教学过程中，需要有诸如讲座、实践课程、导师教学、研究项目等多种形式②。这样，牛津大学的学生有了接触科学大咖、学习前沿研究的机会，而处于科学前沿的学者积极参与教学过程，有效地促进了科教融合的发展。

为使教师更快更有效地投入到教学与研究中，牛津大学还于 2000 年成立了牛津大学学习中心（Oxford Learning Institute），该中心是一个教师专业发展机构，旨在通过对教师进行一系列的培训，为教师的专业发展提供帮助，指导教师的教学与科研融合。对于一个新教师来说，接受牛津大学学习中心的课程培训是很有必要的，如刚接手教学的博士后等研究人员可以参加学与教的准备课程（Preparation for Learning and Teaching at Oxford，PLTO）、学与教的发展课程（Developing Learning and Teaching，DLT）等课程培训；对于一些老教师来说，在职培训也是必要的，如牛津大学会提供教学提升计划（Enhancing Teaching Programme，ETP）③。此

---

① 何梅. 牛津大学人才培养的历史传统、现代走向及中国启示［M］. 成都：电子科技大学出版社，2014：84.

② Faculty of Physiological Sciences，University of Oxford. Teaching Opportunities for Postdoctoral Researchers and Senior Postgraduate Students in the Faculty of Physiological Sciences［EB/OL］.［2017-12-26］. https://www. ox. ac. uk/sites/files/oxford/media_wysiwyg/Teaching%20opportunities%20in%20the%20Faculty. pdf.

③ Oxford Learning Institute. Programmes and Courses［EB/OL］.［2017-12-26］. http://www. learning. ox. ac. uk/teaching/programmes/.

外，自2005年起，牛津大学还学习美国“科研、教学与学习整合中心”的经验，在博士生教育中开展教学技能培养，为大学未来教师储备人才，促进教师科教融合能力的提升。

二、课程设置制度

课程是教学的重要载体，课程设置影响人才培养的质量以及教学安排。牛津大学的课程安排与一般大学不同。在牛津大学，学院和大学协同组织教学与科研。大学协调本科生的录取，但最终由学院负责选拔和注册本科生；研究生由大学录取，但也最终必须由学院选择。大学负责确定学位课程的内容，以组织课堂教学（lectures）、沙龙（seminars）和实验课（laboratory work）等方式开展集体教学，还负责考试和授予学位。学院则负责学生的品德、生活和学业辅导，开展个别辅导教学。

牛津大学的课程设置具有分阶段、循序渐进的特点，注重在不同的学习阶段培养学生不同的能力，逐渐培养学生的科研思维、科研素养与科研能力。牛津大学生物化学系的整体课程设置就遵循这样的特点。牛津大学生物化学系属于牛津大学医学科学部的一部分，其研究水平稳居世界一流地位。生物化学系有丰富多样的研究活动，在教学过程中也体现着研究，而且研究活动涉及的广泛度与卓越性都体现在本科生的课程与基础教学中①。在第一年的学习过程中，学生主要学习诸如分子细胞生物学、生物化学、生物物理化学、有机化学、数学和统计之类的基础课程，学期末学生需要提交5篇书面论文以及令人满意的实践记录。通过第一年的学习，学生掌握了扎实的基础知识，为进一步的学习和研究奠定了基础。在第二年和第三年的课程学习中，课程设置的专业性更强，主要学习诸如大分子结构与功能学、生物能与代谢学、遗传学、分子生物学、细胞生物学、功能集成学之类的课程，学期末学生同样需要提交书面论文以及令人满意的实践记录，通过学习更详细具体的专业知识，学生的学习兴趣以及研究方向逐渐明确。第四年的课程学习则更加

① Univesity of Oxford. UGP 2018 Entry Courses [EB/OL]. [2017-12-15]. https://www. ox. ac. uk/sites/files/oxford/UGP%202018%20entry%20Courses. pdf: 44-45.

凸显对研究的重视，学生需要参与一个为期18周的关于生物化学的相关研究，并要选修两门专业课程，学期末不仅要提交与研究项目相关的论文以及所选修的高级课程的论文，还要分享研究报告。总之，在四年的课程学习中，牛津大学在基础的教学过程中注重对学生研究思维以及科研素养的培养，让科学研究与课程教学相结合。

牛津大学的课程类型多样，体现多学科交叉特点的复合课程是其重要类型之一。所谓复合课程，又称综合课程，就是指将两种以上的科目结合在一个课程中，复合课程包括两科复合课程与三科复合课程两种，允许学生选择多学科同时学习①。复合课程最大的特点就是学科交叉，不仅有助于拓宽学生的视野，激发创新思维，还有助于学生通过课程学习而成为跨学科专业人才，而许多前沿科学研究则需要跨学科、复合型的专业人才。因此，在复合课程的培养体系下，复合课程的培养过程可视为一个传播知识的过程，而最终培养出来的人才则是创造知识的源泉，这种以学科交叉为特点的复合课程实现了教给现有知识的同时贡献新知，促进了学生的学习与创造，实质上为科教融合的一种模式。

三、本科生导师制

虽然牛津大学的学生也需要大班上课、参加沙龙和实验，但这些只是导师制教学的补充，导师辅导（tutorials）才是牛津大学学生学习的核心。费巩教授曾指出，在牛津大学，“大学教师主要之任务为任学生导师，授课乃其次要。因之，在学生方面亦以从导师研习为主要工作，上堂听课乃属次要”②。《牛津大学战略规划2013—2018》也指出：“由学院教育体系（collegiate education system）演化而来的牛津大学教学，其独特性和卓越性为世界公认，这种教学既支持又挑战学生。对于本科生而言，导师制（the tutorial system）是这种教学方式的基石。”③

---

① 何梅. 牛津大学人才培养的历史传统、现代走向及中国启示［M］. 成都：电子科技大学出版社，2014：125.

② 孙承武. 聚焦全球十大名校：全球十大名牌大学智慧［M］. 北京：京华出版社，2003：95.

③ University of Oxford. Strategic Plan 2013-2018［EB/OL］.［2017-12-20］. https://www.ox.ac.uk/sites/files/oxford/field/field_document/Strategic%20Plan%202013-18.pdf:7.

导师制教学（tutorial teaching）由各学院负责，是牛津大学“教学皇冠上的宝石”，其实质就是学生有机会与其所选专业领域的一位专家讨论相关问题，是一种典型的科教融合的教学模式。

（一）导师的聘任与组成

为追求卓越的教育目标，各学院都非常重视导师的遴选。导师一般由教授、经验丰富的研究员或者博士组成，这些导师学识渊博，并在相应的研究领域内有卓越的研究成果，这为牛津大学的教学提供了前沿内容及科学的教学方法，学生不仅能及时了解研究前沿与新动态，还能培养科学探索的素养，习得科学研究的方法。在牛津大学的新学院（New College），处于科研前沿的一些研究人员有机会积极参与导师制教学。夏洛特（Charlotte Brierley）是牛津大学约翰·拉德克里夫医院的核心医学培训生，因为对医学教育感兴趣，而在新学院从事临床医学的课程教学；帕特里克·索尔特（Patrick Salter）是一名工程科学研究员，他在新学院中也承担着机电方面的本科生课程，并且对一些本科生及研究生的研究项目进行监督与指导①。

德国学者雅斯贝尔斯主张科研应成为培养全人的一种方式，他认为教学严重依靠教学内容，而只有科研才能提供教学内容，故主张教学与科研应该结合起来。他还认为“最好的研究者才是最好的和唯一的教师，而学生则是未来的学者和研究者，研究应贯穿于全人的培养过程之中”②。牛津大学导师制中的师资组成，不仅是对雅斯贝尔斯主张的完美诠释，更与雅斯贝尔斯主张的通过科研培养完人、促进教学与科研相结合的观点不谋而合。

（二）导师制的理念与实施

牛津大学导师制的实施，也保障了科教融合。牛津大学本科生导师制的最大特点就是小规模、高质量。由于学科和专业、所在学院等的差

① New College, University of Oxford. The Fellows [EB/OL]. [2017-12-26]. https://www.new.ox.ac.uk/fellows.

② 刘宝存. 雅斯贝尔斯的大学教育理念述评 [J]. 外国教育研究，2003 (8): 60-64.

异，导师指导学生的数量不一，他们每周至少要对学生进行一次面对面的辅导，每次大约一个小时，每次辅导一般有两到三名学生参加，也有单独辅导或对超过 4 人的学生进行小组辅导。这种指导是全面的，不仅有诸如制订学习计划和指导学生学习之类的学术学业辅导，还负责学生品行的塑造。由于导师多是处于科研前沿的学者，这就使学生有更多的机会接触科学问题和学术前沿，拓宽科学视野，掌握科研方法，积极参与研究。

牛津大学本科生导师制促进科教融合，不仅因为导师是学者，更重要的是得益于其理念和实施过程。在教育理念上，牛津大学的本科生导师制以批判性的塑造为重点，强调将批判性思维和科研意识贯穿于辅导的全过程。从牛津大学调查委员会的描述可知，导师制作为一种教学方法，其目的是鼓励大学生去深入地探索一个特定的学科主题，并给予本科生提出自己想法以及批判性观点的机会，而不是教师向学生传授“正确答案”[①]。这样的教学方法是研究型的，是科教融合式的。

在这种理念的指导下，牛津大学本科生导师制真正体现和促进了科教融合。在面对面的交流过程中，导师致力于发挥研究性教学的优势，以一流的研究引领一流的教学。如牛津大学林肯学院药理学的导师奈吉尔·恩普蒂奇（Nigel Emptage）要求学生在交流讨论前阅读一些他所指定的核心文献，学生有一周的时间阅读文献材料并思考相关的问题。这些问题都是与医学相关的，大致为：这个论文提出的关键问题是什么？什么样的实验技术可能解决这个问题？进行什么样的实验可以把这个研究向前推进[②]？奈吉尔的做法是导师制实践的缩影。每个学生在与导师交流之前都需要做大量的准备工作。为了完成导师布置的任务，保证与

---

① Commission of Inquiry, University of Oxford. Commission of Inquiry Report (Chapter 9: Teaching and Learning: Undergraduate Education) [EB/OL]. [2017-12-27]. http://www. admin. ox. ac. uk/coi/commission of inquiry report/chapter9/.

② Oxford Learning Institute. How do Undergraduates Benefit from Oxford's Research Strengths? [EB/OL]. [2017-12-28]. http://www. learning. ox. ac. uk/media/global/wwwadminoxacuk/localsites/oxfordlearninginstitute/documents/overview/Illuminatio _ 2007. pdf:11.

导师进行高效顺畅的交流，学生会根据导师布置的课题查阅大量的资料。据调查统计，为准备一次导师制活动，人文社会科学的学生平均要准备14到15个小时，理工科的学生花费的时间相对较少，大约为9小时，但是理工科学生需要花费大量时间做实验①。这些准备被认为是本科教育的一个重要组成部分，这不仅培养了学生的自主学习能力，还培养了学生独立研究、搜集整理资料的能力以及研究性与批判性思维的能力。经过充实的准备，导师在与学生面对面的交流过程中要求学生对一周内所研究的内容进行归纳、分析、批判，并阐述自己的观点。最终导师会对学生的论文及观点给出中肯的建议，引导学生进一步深思与探究。可以说，“这种为每个人量身打造的授课方式将使你在每周最大程度地接受严谨的学术训练，其所能带来的巨大效益不是任何讲座能带来的”②。

第四节　牛津大学科教融合的实践

为促进科教融合在牛津大学的发展，一系列具体的实践在牛津大学相继展开。正如《牛津大学战略规划2013—2018》中明确提出的：“我们将为所有研究生提供一系列机会，扩展他们的职业技能，同时保证所有层次的学生都经历科研与教学的交融（intersection）。”③ 的确如此，校内外的具体实践不断推动了牛津大学科教融合的发展。在校内，牛津大学研究性的课程教学、体现科教融合价值的教学实验以及支持学生参与科研的措施为科教融合的实现提供了良好的发展基础；在校外，牛津大

① Commission of Inquiry, University of Oxford. Commission of Inquiry Report (Chapter 9: Teaching and Learning: Undergraduate Education)[EB/OL].[2017-12-27]. http://www.admin.ox.ac.uk/coi/commission of inquiry report/chapter9/.

② University of Oxford. 本科学习在牛津［EB/OL］.［2018-06-27］. http://www.ox.ac.uk/cn/undergraduate.

③ University of Oxford. Strategic Plan 2013-2018 [EB/OL]. [2017-12-20]. https://www.ox.ac.uk/sites/files/oxford/field/field _ document/Strategic% 20Plan% 202013-18.pdf:7.

学产学研以及科技园的发展则为牛津大学科教融合的发展提供了更加广阔的实习基地。

一、牛津大学科教融合的校内实践

（一）注重课程教学的研究性

牛津大学注重课程教学的研究性，教师、课程内容、教学过程和课程考核等都体现出很强的研究性。牛津大学的教师多是著名学者，这本身就能激发学生对于学术探究的兴趣，正如牛津的一名学生利安娜（Leanne）所说："当你刚刚所阅读过的文章的作者站在你面前时，这是特别令人兴奋的，他们可能会进行一次演讲，甚至与你刚刚读过的另一篇文章的作者展开激烈的辩论。"①

在牛津大学的课程安排中，学生有许多参与科研项目的机会，他们亲身体验科研过程、实际运用科研方法，实现理论知识与科研实践相结合。如牛津大学的生物化学系、医学系等为学生提供参与科研的机会，部分学生还有出国与顶尖学者一起做研究项目的机会。完成研究项目的课程作业，可以促进学生学以致用，培养学生的问题意识以及解决问题的能力，为促进科教融合，培养科研人才打下了基础。

牛津大学科教融合最直接的反映就是教师的教学。教师的教学有导师个别辅导教学、讲座课、讨论课、专题研讨课等多种形式。在牛津大学，科研和教学是结合在一起的，教授也是研究员，每学期教师都要通过多样的教学形式汇报自己的研究成果②。如在课堂教学的过程中，教师采取互动的教学方式与学生分享自己的研究成果。通常，每一个学术讲座的流程都遵循如下规范：第一，事实情况是……第二，多数人的观点是……第三，还有少数人对此持有如下的看法……第四，我本人的研究结论是……第五，还有以下几个问题有待进一步研究……第六，同学

① Univesity of Oxford. UGP 2018 Entry Courses [EB/OL]. [2017-12-15]. https://www.ox.ac.uk/sites/files/oxford/UGP%202018%20entry%20Courses.pdf: 39.

② 何梅. 牛津大学人才培养的历史传统、现代走向及中国启示 [M]. 成都：电子科技大学出版社，2014：87.

们有什么观点、评论、意见……最后对整堂课进行总结①。这种形式的教学需要教师在讲课前进行大量的研究准备，通过大量的学科研究论证自己的观点。这不仅有利于教学内容的更新，还能让学生接触到最新的知识与信息。

（二）教学实验室的科教融合价值

牛津大学为师生的教学与研究提供教学实验室，保障师生有良好的平台，为科教融合的发展提供了保障。牛津大学在 1917 年开始重视科学实验教学，经过一百年的发展，为课程教学的发展提供了优质的硬件保障，牛津大学已经建立了诸如化学教学实验室、地理研究和教学实验室以及物理教学实验室等众多的教学实验室。牛津大学的很多实验室之间全部打通，以利于实验室仪器的共享，这不仅节约了资本，而且使不同学科的教学人员增加了交流与合作的机会②。如牛津大学的物理教学实验室，规模较大且拥有先进的设备，为牛津大学的课程教学提供了保障。物理教学实验室占据了丹尼斯威尔金森大厦（Denys Wilkinson Building）的一、二层，拥有十个独立的实验室、电脑室、车间、办公室、工作人员休息区。物理教学实验室能满足物理系的所有课程需要，是物理系的特定实验室，为一至高年级的学生提供教学服务。物理教学实验室除了提供教学服务之外，还举办有关物理教学和交流的外联活动、讲座和讲习班③。

（三）学生科研

牛津大学鼓励本科生积极参与科研，为学生提供参与科研的机会。正如《牛津大学战略规划 2013—2018》中提出的：“牛津大学能为学生

① 李麟，辛志成．牛津大学凭什么出名［M］．北京：同心出版社，2012：115.

② 何梅．牛津大学人才培养的历史传统、现代走向及中国启示［M］．成都：电子科技大学出版社，2014：133.

③ Department of Physics，University of Oxford. Physics Teaching Laboratories［EB/OL］.［2017-12-22］. http://www2. physics. ox. ac. uk/study-here/undergraduates/teaching-labs.

提供丰富的国内外教育资源。牛津大学将与学院紧密合作，开发国际本科生和研究生的招生和资助方法，并将继续改善奖学金计划，以支持海外学生。除此之外，牛津大学还致力于为在牛津大学学习、工作的学生和员工创造机会，以使他们获得国际经验。"① 真实的科研体验为牛津大学的学生提供了学以致用的机会，激发了学生的科研思维，提高了学生的科研能力。

牛津大学的赫特福德学院（Hertford College）为支持本科生参与科研而提供了诸如旅游大奖、学院奖学金、图书和设备补助金等资助与奖励。这些资助与奖励能使学生有机会探索广泛的学科领域，激励学生取得高水平的学术成就。如旅游大奖的资金来源于社会捐赠，学院会把部分资金用于资助希望通过旅行来完成学业研究的学生；沃恩威廉姆斯基金（The Vaughan Williams Fund）给临床医学的学生提供 1 200 英镑的旅游大奖；学术目的基金（The Academic Purposes Fund）为学生提供资助，期望学生带着学术目的去旅游；本·奥格登基金（Ben Ogden Fund）支持希望在海外从事公益活动的学生。获得诸如此类资金支持的学生能探索自己感兴趣的领域，获得新的实践经验。例如，他们可以在热带雨林中开展生态研究，增长自身的科研知识及水平，熟悉在热带雨林进行研究应做的研究准备；还有的学生通过资助赴日本调查，研究日语与濒危的阿伊努语之间的语言接触问题，在这个过程中，学生获得了第一手资料，为本科毕业论文的写作搜集了关键材料②。

二、牛津大学科教融合的校外实践

（一）科教融合的校外实践基地：科技园

教学、科研以及社会服务并称为高等教育的三大功能，随着教育与

---

① University of Oxford. Strategic Plan 2013-2018 [EB/OL]. [2017-12-20]. https://www.ox.ac.uk/sites/files/oxford/field/field_document/Strategic%20Plan%202013-18.pdf: 3.

② Hertford College, University of Oxford. Grants & Prizes [EB/OL]. [2017-12-27]. https://www.hertford.ox.ac.uk/support-us/fundraising-priorities/teaching-research/grants-prizes.

社会的发展联系日益紧密，高等教育的社会服务功能显得更加重要。在高等教育领域，社会服务功能不断发展的一个重要趋势就是产学研一体化模式的兴起。牛津大学产学研的发展，主要体现在与社会企业团体及工商界开展项目合作以及创办科技园两方面。而科技园作为大学与产业界合作的一种重要方式，逐渐被越来越多的大学所接受。

牛津大学科技园的产生是在内外两方面的推力下形成的。一方面，在国际上，创办科技园的浪潮不断涌起。20世纪50年代美国就率先创办了大学科技园，70年代初，英国创办了剑桥大学科技园，随后英国掀起了一股创办大学科技园的热潮。在这股热潮的推动下，20世纪80年代末，牛津大学创建了第一个科技园，即莫德林科技园（Magdalen Science Park）。另一方面，随着高等教育竞争的日益激烈，为了增强自身影响力，牛津大学也逐渐重视与企业间的合作。如在《牛津大学战略规划2013—2018》中就提到要致力于牛津及其周边地区的文化、经济和社会的发展，与当地政府和多方合作伙伴共同促进本区域知识活动。牛津周边地区的发展将建立在牛津大学的科技、创新与商业园区的基础上，因此将会扩展布鲁贝克科技园的研究和商业孵化，并通过艾西斯技术创新有限公司增强其他的活动①。总之，在国际趋势以及牛津大学自身发展需求的推动下，牛津大学科技园逐渐发展起来，牛津大学的产学研一体化也得到了良好的发展。

（二）科技园中科教融合的具体表现

科技园的成立无疑为牛津大学科教融合的发展提供了良好的实践平台。一方面，企业得到了先进的技术支持，大学也得到了一部分资金资助，更重要的是牛津大学依靠外部力量为学生提供了良好的科研环境，为大学科教融合提供了硬件保障。另一方面，教授与学生在科技园为企业提供技术支持的同时，促进了理论知识向实践操作的转化，通过在科研院所进行科研，教授便于把自己的科研成果转化为教学材料，以科研

① University of Oxford. Strategic Plan 2013-2018 [EB/OL]. [2017-12-20]. https://www.ox.ac.uk/sites/files/oxford/field/field_document/Strategic%20Plan%202013-18.pdf：10.

的方式培养人才。

牛津大学的科技园为学生提供了许多实习机会，而这也是践行以科研的方式培养人才的一种方式。如牛津科技园与商学院合作培养EMBA、工程硕士等，并把科技园作为商学院的实习基地①；牛津大学的布鲁贝克科技园专门设立了牛津大学知识转让合作办公室（Oxford University Knowledge Transfer Partnership Office），该办公室为刚毕业的学生提供在具有战略潜力的项目公司里工作的机会，将学术研究转化成技术创新②。通过参与实习，接触科研，牛津大学的学生受益匪浅。学生在做中学，从理论学习的漩涡中抽离出来，真正感受科学研究的过程与方法，在实践中培养自己的科研素养与科研能力。学生参与研究的过程，也是对自己已掌握的理论知识的一种完善与反馈，在具体实际的研究中，学生不断验证甚至挑战已掌握的知识模式，在形成批判性思维的同时，不断更新已有的知识架构。

大学科技园通过把科研资源转化为教学资源，促进了科教融合的发展。如牛津大学的布鲁贝克科技园于2005年设立了知识转让研究员（knowledge transfer fellow），其主要职能是与大学的教学系部和校外企业持股人设计和开发以市场为导向、企业为重点的课程研讨会、网络和其他学习活动③。这说明牛津大学创办科技园并不仅仅是为了经济利益，而是以另一种方式延续着大学科研与教学的使命，以科技园为载体开展教学活动。牛津大学的布鲁贝克科技园除了设立专门的职位促进大学与企业之间的联系外，还举办专题报告会、研讨会、认证课程等活动，为学生介绍科技领域最新的发展和创新成果。多种多样的教育活动，不仅使大众享受着科教融合的发展所带来的无穷益处，更增强了牛津大学与科技园之间的密切关系，使科研与教学更好地结合起来。

① 郭晓娟．专利产业化与大学科技园建设：以牛津大学科技园为例［J］．东岳论丛，2006（2）：194-195．

② 周常明．牛津大学史［M］．上海：上海交通大学出版社，2012：50．

③ 周常明．牛津大学史［M］．上海：上海交通大学出版社，2012：50．

第五章 悉尼大学科教融合的制度与实践

悉尼大学（The University of Sydney）是澳大利亚第一所大学，建于1850年，1852年开门办学并于1856年授予第一批学位。悉尼大学是世界著名的一流研究型大学。在QS世界大学排行榜上，悉尼大学居世界第42位，而在QS毕业生就业能力排行榜（QS Graduate Employability Rankings）上，悉尼大学居世界第4位。《美国新闻与世界报道》发布的大学排行榜中，悉尼大学居世界第34位。泰晤士高等教育世界大学排行榜显示，悉尼大学排名第61位。作为澳洲最古老的一流大学，悉尼大学科教融合的制度与实践对其他大学有示范意义，因此，本书把悉尼大学作为一个重要的案例加以研究。

第一节 悉尼大学科教融合前传

与那个时代世界上大多数大学一样，悉尼大学最初主要是一个本科教育教学机构。进入20世纪后，悉尼大学的科研逐渐发展。20世纪50年代，科研成为悉尼大学的核心功能之一。此后，悉尼大学教学与科研关系的处理成为重要的课题，而科教融合无疑是一种理想的方案。

一、教学主导的百年：从绅士教育到专业教育

在创建后的一百年间，悉尼大学主要是一个教学机构。这种状况既与世界高等教育发展的整体状况有关，更与悉尼大学自身的历史密切关联。

澳大利亚本是一个与外界隔绝的大陆。1770年，英国船长库克（James Cook）发现澳大利亚东海岸，将其命名为“新南威尔士”，并宣

布这片土地属于英国。1786 年 8 月，英国内政大臣悉尼（Thomas Townshend，1st Viscount Sydney）宣布新南威尔士成为英国罪犯流放地。1788 年 1 月，首批 736 名囚犯被流放到澳大利亚，到 1840 年共有约 16 万名罪犯流放到澳大利亚。与此同时，英国移居澳大利亚的自由民也在增长。1840 年后的 10 年，有 77 000 名自由移民者到来，同期则只有 5 000 名罪犯到此。社会自治的想法逐渐强大，经济也在复苏，这样的社会经济背景下，提升殖民地教育标准，培养大量法律、医学等专业人员的需求强烈，主要的宗教教派也需要培养教众，这都有助于在殖民地建立大学的冲动的产生。被称为“悉尼大学之父”的温特沃斯（William Charles Wentworth），坚持认为教育尤其是高等教育对于殖民地社会自治有很基础性的作用。在温特沃斯推动下，《筹建和捐赠悉尼大学的法案》（*An Act to Incorporate and Endow the University of Sydney*）于 1850 年获得通过。1852 年 10 月 11 日，由 3 位教授和 24 个学生组成的悉尼大学正式开学①。

新创建的悉尼大学是一个独特的殖民地产物，它既体现了殖民地的高等教育需求，又留下了英国大学教育的印记。在 19 世纪中叶，澳大利亚已经形成了由法官、政府官员以及代表英国贸易、银行和土地利益的顶尖的资本家等构成的中产阶级，在当时保护权利的社会变革中，律师很重要，而由于存在大量流放人员，医生也显得尤为重要。于是，殖民地迫切需要培养大量有学识的为世俗社会服务的法学、医学及其他专业人员。此外，两个主要的宗教教派（英国国教和罗马天主教）也要发展自己的力量，悉尼大学需要培养一些牧师以满足宗教需求。这样的需求自然而然成为悉尼大学的办学理念，既要重视世俗功利教育，又要强调普通经典教育和宗教培训。而在办学模式上，悉尼大学则带有强烈的英国大学色彩。悉尼大学融合了来自伦敦大学的无教派考试大学的理念，以及爱尔兰女王学院世俗教学学院的理念：依据伦敦大学的模式，悉尼大学由政府赞助，由非学术的理事会管理，接受任何教派或者无教派学生，并授予他们文学、法律和医学等领域的世俗学位；在学院教学方

① 杜海燕．澳大利亚大学发展史研究［M］．天津：天津教育出版社，2012：38.

面，悉尼大学则像女王学院，为大学学院的学生提供世俗性教育教学①。最终，悉尼大学确立了以专业教育为主、自由教育和宗教教育为辅的理念，以及由大学主导的附属学院的组织架构。

现实发展往往与设计初衷有差异。悉尼大学在建校之初，并没有建立与宗教相联系的学院，《筹建和捐赠悉尼大学的法案》中所设计的专业学院（Professional Faculties）也没有发展起来②，那时唯一的教学在文学院（Faculty of Arts）开展，而文学学士的课程几乎只局限于经典、数学、化学和实验物理。校长兼古典教授伍利（John Woolley）、数学教授佩尔（Morris Pell）、化学和实验哲学教授史密斯（John Smith），构成了文学院的师资基础。这样，悉尼大学早期仅仅提供牛津大学和剑桥大学所注重的自由教育——其实，由于学生数量少且很少住校，悉尼大学的校园生活远不是牛津大学、剑桥大学那样完整的学院式生活，这削弱了其绅士教育理想的达成。

这种聚焦于以古典和数学为基石的自由教育、绅士教育，与外部社会相对隔绝，限制了悉尼大学社会效用的发挥，引发了严厉的社会批评。一些人批评说，悉尼大学花费不少，却忽视了对那个时代所需知识的传授，不符合国家需要和时代精神。有人还呼吁，要学习墨尔本大学（始建于1853年）满足当地公众的需要，而不是过分致力于经典和纯数学③。后来，悉尼大学进行了一些小的改革尝试，最终改变了理念，从“绅士大学”（the gentlemen's university）转型为“专业大学”（the professional university）。

① TURNEY C，BYGOTT U，CHIPPENDALE P. Australia's First：A History of the University of Sydney（1850-1939）[M]. Sydney，NSW：Hale & Iremonger，1991：55.

② 1855年12月，悉尼大学才设立了法学（Faculties of Law）和医学（Faculties of Medicine）。但最初仅仅是考试理事会。直到1864年法学的考试理事会才被任命并授予第一个法学学位，26年后，法学院（school of law）才最终出现在这所大学中。1856年设立医学，1866年授予第一个医学学士学位，1868年授予第一个医学博士学位，但直到1883年，医学院（school of medicine）才最终出现在这所大学中。

③ TURNEY C，BYGOTT U，CHIPPENDALE P. Australia's First：A History of the University of Sydney（1850-1939）[M]. Sydney，NSW：Hale & Iremonger，1991：116-117.

1881年11月23日，悉尼大学理事会采纳了一个委员会的报告，这个委员会的建立是为了确定增加资助的方式。这份报告规划了七个学院（school），包括古典文学、数学、化学、自然哲学、医学、法律、现代史。悉尼大学开启了新时代。1883年，悉尼大学建立了医学院，还提供机械课程，1890年设立了法学院。而在那时，随着中学与大学关系的变化，悉尼大学从19世纪90年代开始参与中学教师的培养，提供专业教育。此外，为了提高社会有用性，悉尼大学1881年开始招收女性学生，1886年开始提供扩展课程（extension lecture）。这样，到20世纪早期，悉尼大学已经建好了一批专业学院，引入了很多专业，如牙科、农业科学、兽医科学、建筑、经济、商业、教育以及军事。到1924年，悉尼大学68％的学位是专门学位，32％的学位是文理学科学位，悉尼大学成为真正的“专业大学”①。随着专业学院的增多、相应的课程的多样化，以及学生的大量增加，20世纪上半叶，悉尼大学的教师普遍忙于本科教学而很少做研究，对于极少数的被聘任从事科研的科研助手，也要承担满负荷的教学任务。可以说，“直到20世纪50年代中期，在聘任教师时，悉尼大学把大量的注意力放在申请者第一学位所展现的智慧和教学能力上。科研能力，或在高一级学位中可能展现的科研训练，常常被视为次要的方面。教师的任务是吸引学生、教好学生”②。

总之，悉尼大学在最初的一百年间，主要是一个集中于本科生教育教学的机构。虽然其培养目标从绅士教育逐渐转向专业人员的培养，课程从经典文理学科逐渐多样化并以专业性课程为主，但其教师主要忙于教学，科研在教师的聘任和日常生活中所占分量很轻，在悉尼大学议程上也鲜有体现。

二、科研发展与理念变革

作为大学，悉尼大学自建立之初就存在教师个体化的研究。进入20

① TURNEY C，BYGOTT U，CHIPPENDALE P. Australia's First：A History of the University of Sydney（1850-1939）［M］. Sydney，NSW：Hale & Iremonger，1991：347.

② CONNELL W F. Australia's First：A History of the University of Sydney（1940-1990）［M］. Sydney，NSW：Hale & Iremonger，1995：445.

世纪，悉尼大学的科研开始有了组织化、系统化的推进，并在20世纪50年代之后获得了全面发展。

较早有意识地强化澳大利亚大学科研的建议出现于20世纪初。1905年，46岁的伯德（Peter Board）当选为教育署长（Director of Education）。1909年，他开启了一个美国和加拿大的考察之旅。他在回来后所写的报告中阐释了美国大学如何满足社区需要，还提到美国大学的研究生院开展的大量原创研究。强化大学的社会服务和研究成为他交给部长的议案的重要内容。1912年9月25日，部长把他提交的《大学修正法案》（*The University Amendment Bill*）提交给了立法议会①。大学基本接受了这项议案。

一战后，悉尼大学开始重建，学生数量增加，教学压力增大。在这样的情况下，教师的研究和写作受到了严重的限制。正如理事会1925年的报告所说："很多系的教师都不够，所以教师没有什么时间进行原创性的工作。"在欢送一位因悉尼大学研究时间和研究支持不足而出走剑桥大学的教授的午餐会上，戴维斯教授说："大学教师有教学与研究两项义务。当教师的研究停止了，他的教学也就失去了灵感。……悉尼大学教师的教学任务超负荷，没有闲暇时间进行研究。"②

20世纪30年代后期，悉尼大学的科研获得了一些发展动力。1936年，卡内基基金会资助了悉尼大学25 000英镑，用以开展研究。悉尼大学用这些钱聘任优秀的研究工作者，很多研究项目得以继续，新项目也逐一启动。同年，联邦政府增加了科研基金预算（Commonwealth Research Grants），给予全国6所大学为期5年、每年30 000英镑的资助，主要用于支持物理、生化和社会科学，尤其是经济学的研究，以及研究生教学法的研究，悉尼大学每年能获得其中的7 500英镑。这个拨

① TURNEY C，BYGOTT U，CHIPPENDALE P. Australia's First：A History of the University of Sydney（1850-1939）[M]. Sydney，NSW：Hale & Iremonger，1991：305.

② TURNEY C，BYGOTT U，CHIPPENDALE P. Australia's First：A History of the University of Sydney（1850-1939）[M]. Sydney，NSW：Hale & Iremonger，1991：444.

款的重要性不仅在于开启了联邦对于第三级教育资助的大门，而且取得了立竿见影的收获。在那之前，很少有给予科学研究的私人捐赠，科学受制于设备的严重不足，研究生也少，联邦的资助则使悉尼大学能获得更好的设备，招募更高标准的教师，并让年轻的研究者对研究充满热情①。另外，联邦政府1938年在悉尼大学建立了国家标准实验室（The National Standards Laboratory），这也在一定程度上促进了悉尼大学科研的发展。

二战改变了包括悉尼大学在内的大多数机构。虽然教师战前也开展了一些研究，得到了来自联邦或基金会的科研资助，但悉尼大学主要的焦点是它的本科生教学项目，致力于培养专业人员的教学消耗了绝大多数教师的精力。二战凸显了大学科研对于国家经济社会发展的重要性，在战争中，联邦政府变得更依赖大学并直接影响了大学生活。接下来的几年，《国家拨款法》（*States Grants Act*）获得通过，《密尔报告》和《莫瑞报告》相继发布，强化了政府对于大学的资助。1946年，大学科研资助委员会（The Commonwealth Universities Research Grants Committee）② 成立，对大学进行科研资助。1946年8月，澳大利亚通过成立澳大利亚国立大学的法案，在法案支持下，一所由联邦政府创建的研究型大学得以创建，并仅进行研究生教育和科学研究。在这种背景下，悉尼大学也强调了科学的发展，如1947年设立Ph. D，科研在教师日常生活中也有了更大的重要性③。

通过之前的努力，悉尼大学的教师开始从事多样的科学研究，一些还很有特色，但整体而言，还只是业余性的（spare-time occupation）而不是建制化的，很少有财政或人事支持，而且没有很好的设施。直到

---

① TURNEY C，BYGOTT U，CHIPPENDALE P. Australia's First：A History of the University of Sydney（1850-1939）[M]. Sydney，NSW：Hale & Iremonger，1991：612.

② 之后演化为1965年成立的科研拨款委员会（Australian Research Grants Committee），并于2001年成为澳大利亚研究理事会（Australian Research Council）。

③ CONNELL W F. Australia's First：A History of the University of Sydney（1940-1990）[M]. Sydney，NSW：Hale & Iremonger，1995：64.

1950年代，悉尼大学还主要是一所本科大学。之后有所改变，到1970年代中期，悉尼大学有了更多的科研场所、专业实验室、临床病房、图书馆等。这些硬件设施，使悉尼大学有机会在相当广泛的领域，对基础和应用研究做出重要和持续的贡献①。每逢毕业演讲或欢迎新生时，悉尼大学的教师或高年级学生总会说：知识传授和新知识的创造是悉尼大学的核心功能。

三、悉尼大学科教融合的萌芽

较于中小学教学，大学教学内在地蕴含着研究性。研究性教学这一科教融合形式，在悉尼大学专注于本科教学的年代就已经有了一些体现——至少是零星的体现。1928年，罗伯特（Henry Roberts）成为历史系的柯里斯讲席教授（Challis Chair），他不仅扩展了历史系的课程内容，还调整了教学方法，卓有成效地开展研讨式教学（尤其是用于那些突出的学生）。他每周开展一次当代历史的研讨课，还特别注重指导学生的论文写作。他鼓励学生独立思考，广泛阅读，研究一手材料。科顿（Leo Cotton）在这所学校服务了39年，他主要的研究贡献是在地球物理方面，他鼓励学生做研究。

1946年3月，悉尼大学科研委员会下设了一个分会来研究各系对研究设施的需求。调查涉及36个系，整体结论是，当时的科研资助“完全不够”。被调查的系都认为，所有大学教师都应该有机会从事“原创性调查研究”（original investigations），以免使他们的教学陷入“毫无生气和灵感”（sterile and uninspired）的境地②。到20世纪60年代，悉尼大学又遭遇了新的困难，而这种困难也与其持有的科教融合的基本立场有关。那时悉尼大学感受到知识爆炸的影响，需要探索新知，可学生数量也在大量增加，这给很多教师造成了两难——按照定义和期望，悉尼大学的教授应该既是教师又是研究人员，可同时承担两种角色越来越难。

① CONNELL W F, et al. Australia's First: A History of the University of Sydney (1940-1990) [M]. Sydney, NSW: Hale & Iremonger, 1995: 84.

② CONNELL W F, et al. Australia's First: A History of the University of Sydney (1940-1990) [M]. Sydney, NSW: Hale & Iremonger, 1995: 47.

在这种情况下，教师群体出现分化，“一些教师仅仅聚焦于自己学科某个重要分支的研究，对于同事和高年级学生，他们是重要的具有批判性的学者，而其他一些教师则主要教授低年级学生，很少开展研究或原创性写作”①。

20世纪60年代以来的几十年，大学重视科研成为一个普遍现象，虽然悉尼大学教师的大部分精力依然集中于教学，但有明显的迹象显示，悉尼大学的研究和学术水平比之前任何时候都要高，也更自信。近年来，悉尼大学出现了重科研、轻教学的现象。2003年联邦政府发布的《我们的大学：支撑澳大利亚的未来》（*Our Universities：Backing Australia's Future*）的报告指出，在澳大利亚的高教机构中普遍存在一种现象，即重视科研、忽视教学，这严重影响了教育、教学及毕业生质量。在这种情况下，平衡或融合教学与科研的制度与策略不断出现并发展。科教融合也成为悉尼大学一个重要的议题。

第二节　悉尼大学科教融合的政策环境

大学的发展模式，包括其教学与科研关系的样态，都与外部环境密切关联。澳大利亚高等教育的相关政策法规，为悉尼大学及其科教融合的发展提供了特定的政策环境。

一、科教融合的推力

（一）高等教育质量评估有助于科教融合

为保障与监管高等教育质量，澳大利亚于2000年制订了高等教育质量保障框架，框架包括四部分，第一部分是所有高校都必须遵守的规定：教学内容必须包含最新的知识和研究成果；奖学金的获得应通过原创性研究及努力发现新知识的基础性教学来维持；保障教师、研究人员、课程设计者和教学评审人员享有自由研究和对知识进行系统创新的

① CONNELL W F, et al. Australia's First：A History of the University of Sydney (1940-1990) [M]. Sydney，NSW：Hale & Iremonger，1995：91.

权利[①]。这些条约对大学科教融合的发展有一定的促进作用。

为进一步保障澳大利亚高等教育的质量，依据2008年发布的《布拉德利报告》（*Review of Australian Higher Education*）的建议，2011年新的全国高等教育质量管理机构创建，即澳大利亚高等教育质量与标准署（Tertiary Education Quality and Standards Agency，TEQSA），以替代原来的澳大利亚大学质量保障总署（Australian Universities Quality agency，AUQA）。2012年2月，TEQSA开始对全国高等教育行使监管职责。依据《高等教育质量和标准署2011法案》（*Tertiary Education Quality and Standards Agency Act* 2011），在《高等教育标准框架2011》的基础上，TEQSA于2015年10月发布了最新的高等教育教学的国家标准框架。新框架《高等教育标准框架2015》[②]（*Higher Education Standards Framework*: *Threshold Standards* 2015）包括"高等教育标准"（Part A：Standards for Higher Education）和"高等教育机构标准"（Part B：Criteria for Higher Education Providers）两部分，都在一定程度上体现了科教融合。

"高等教育标准"是已有高等教育机构必须具备的最低标准，这些标准体现在学生参与和收获（student participation and attainment）、学习环境（learning environment）、教学（teaching）、科研与科研训练（research and research training）、组织质量保障（institutional quality assurance）、治理与问责（governance and accountability）以及代表、信息和信息管理（representation，information and information management）等7大领域。其中，教学领域的要求体现了科教融合：课程设计要体现科研相关的学习部分；课程内容要包括学科的前沿动态；授课教师要具备学科领域的前沿知识[③]。

在《高等教育标准框架2015》的基础上，2014年澳大利亚学与教

① 房保俊. 聚焦本科教学质量：对澳大利亚高等教育改革的解读［J］. 高等工程教育研究，2007（S1）：47-50.

② 2017年1月1日取代《高等教育标准框架2011》。

③ Tertiary Education Quality and Standards Agency. Higher Education Standards Framework 2015［EB/OL］.［2018-07-01］. https://www.teqsa.gov.au/higher-education-standards-framework-2015.

办公室（Office for Learning and Teaching，OLT）正式发布了《澳大利亚大学教学规范与标准框架》（The Australian University Teaching Criteria and Standards Framework），具体规定了大学教学的规范及教师行为标准，其中也涉及大学科教融合的要求。这一框架含七项教学规范，每项规范都有相应的标准。这七项标准分别是：设计与规划学习活动；教学与辅助学生学习；对学生学习给予评估与反馈，创设有效的学习环境；支持学生和指导；将学术、科研、专业活动与教学相融合，以支持学生学习；开展实践评估并持续专业发展；职业化与个人化效能。其中，"将学术、科研、专业活动与教学相融合"，要求教师依据不同课程，把学术、科研或专业实践活动融合于课程教学。科研与教学实践相融合的标准包括：在课程与教学活动中引入当前学科研究成果，开发学生参与研究的课程作业和学习活动，培养学生对于学科文化的理解能力和研究能力。这些标准有不同的参考依据，对不同职称的教师要求也有所不同①。

（二）悉尼大学在澳大利亚高等教育体系中的定位

在澳大利亚，高等教育（higher education）等同于第三级教育（tertiary education）。截至2015年，有43所大学和133所其他职业教育与培训机构②，开展本科教育（授予学士学位、副学士学位和高级文凭）和研究生教育（研究生证书和文凭、硕士和博士学位）。

大学是澳大利亚高等教育的主体部分。由于使命和特色不同，近年来逐渐形成了由5所大学组成的澳大利亚科技大学联盟（Australian Technology Network，ATN），7所大学组成的澳大利亚创新研究大学联盟（Innovative Research Universities Australia，IRU Australia），6所大学组成的澳大利亚砂岩大学联盟（Sandstone Universities），澳大利亚八校联盟（The Group of Eight，Go8）等大学联盟。"高等教育机构标准"将"大

① 李作章，刘学智．澳大利亚大学教学规范与标准：框架与评析［J］．外国教育研究，2016（6）：81-94.

② Tertiary Education Quality and Standards Agency. Statistics Report on TEQSA Registered Higher Education Providers［R］. Melbourne：TEQSA，2017：5.

学”分为大学（Australian University）、大学学院（Australian University College）、专门大学（Australian University of Specialisation）、海外大学（Overseas University）、海外专门大学（Overseas University of Specialisation）等，该标准规定，获得“大学”称谓需要具有广泛的课程，并具有科研能力。近年来随着竞争性高等教育政策的不断出台，尤其是“澳大利亚卓越科研”（Excellence in Research for Australia）项目的实施，这些大学进一步分化，研究型大学和教学型大学分化日趋明显。因此，政府考虑基于“科研卓越”评估报告，试图调整高等教育结构，把科研能力较弱的大学转为教学型大学，以此来加强其他大学的科研能力①。

在这种调整与转化中，作为澳大利亚的一流研究型大学联盟，Go8 将开展更多科研活动。Go8 是澳大利亚科研最活跃的大学群体，目前承担了澳大利亚超过 70%的大学科研。Go8 吸收了最高质量的学生，拥有较其他大学更低的生师比。大量开展科研和进行研究生教育，以及很低的生师比，对于科教融合其实是一把双刃剑，这既可能促进两者融合，也可能造成重科研、轻教学的危机。Go8 官方给出了自身的定位，其官网宣称 Go8 “聚焦于教学与科研的联结，具有高深的课程和以科研为基础的学习并相应地培养与众不同的毕业生”②，而这显然就是选择了科教融合之路。

二、科教融合的阻力

虽然澳大利亚政府颁布的相关政策法规在一定程度上具有促进大学科教融合的效应，但科教融合的阻力也很强大。狭隘的研究社群观念、分立的绩效资助机制，以及平衡教学与科研的政策思路等，都阻碍了大学科教融合的推进。

（一）狭隘的研究社群观念

大学科教融合，需要把大学视为探究的场所，师生是研究共同体。

---

① 张安梅. 澳大利亚：教学型大学压力倍增［J］. 比较教育研究，2011，33（3）：92-93.

② Group of Eight. Studying at Go8 Universities［EB/OL］.［2018-07-01］. https://go8.edu.au/page/ studying-go8-universities.

但是，澳大利亚大学（包括研究型大学），存在狭隘的研究社群观念，它们把本科生排除在研究社群之外，这限制了自身科教融合的发展。

科教融合本应是教师与学生共同参与、双向互动的过程。强调把科学研究作为人才培养的一种有效方式，鼓励本科生参与科学研究，培养学生的创造精神和实践能力是科教融合的一种重要体现①。在研究生教育中，包括悉尼大学在内的研究型大学具有明显的科教融合特征，学生课程学习的内容与学科前沿研究密切联系，此外，学生还通过论文写作、参与教师科研项目等融入科学共同体之中。但是，本科生常常被排除在研究社群之外，难以进入科学共同体。有学者就注意到，高等教育被认为是一个分离的社群：教课的教师和研究的教师；教师的研究和学生的学习。不同的安排，甚至分离的社会空间，在一些大学是存在的，甚至话语也不同，一些人称呼学生为“kid”。科研似乎被认为是辛苦工作的奖励，是学生从事学术职业的结果——它们是为获得荣誉学位，然后攻读硕士直至博士学位的人准备的②。把本科生排除在研究社群之外，本科生的科研意识与科研素养难以形成，参与科研的热情也被无情浇灭，这使大学在一定程度上丧失了在本科阶段融合科研与教学的机会。

不仅高等教育社群存在这样狭隘的观念，澳大利亚主要的科研资助组织也持有这样的观念。如澳大利亚科研委员会（Australian Research Council）、澳大利亚健康与医学研究委员会（National Health and Medical Research Council）都不鼓励本科生参与科研，在这方面，美国的自然科学基金显然要做得好很多。

（二）平衡而不是融合教学与科研的政策思路

在宏观政策层面，澳大利亚在对待大学教学与科研关系上采取的是平衡二者地位的思路，试图增加对弱势一方的投入并提高其地位，进而实现平衡。在研究型大学普遍重科研轻教学的情况下，近年来，这种平

① 周光礼，马海泉．科教融合　创新育人：科学研究如何支撑高质量的本科教育［M］．杭州：浙江大学出版社，2014：1．

② BREW A. Imperatives and Challenges in Integrating Teaching and Research [J]. Higher Education Research and Development，2010，29（2）：139-150.

衡式的策略主要体现为提高教学的地位。而这种政策思路，与科教融合是不同的政策选择。

1. 绩效评价和资助与科教分治

由于财政压力，20世纪80年代澳大利亚改变了之前由政府承担全部高等教育经费的资助体制，分担成本、接受高等教育捐赠、收取学费等政策先后出现。与此同时，竞争性拨款机制也被提上议程。1988年，白皮书《高等教育：一份政策声明》（*Dawkins White Paper*）发布，建议解散类似英国大学拨款委员会的组织——高等教育委员会，其相应权力移交教育部下属的高等教育理事会。该白皮书还建议，联邦财政拨款将以高校的绩效为依据，扩大竞争性拨款比例①。自此，绩效评价逐渐引入澳大利亚大学。

1999年，澳大利亚联邦政府发布白皮书《知识和创新：关于科研和科研训练的政策声明》（*Knowledge and Innovation: A Policy Statement on Research and Research Training*），基于高校科研和研究生培养不足的状况，建议引入以绩效为基础的研究和研究培训竞争性资助系统②。2001年，国会通过《澳大利亚研究理事会法案》（*Australian Research Council Act 2001*），研究理事会成为独立的联邦机构，主要在科学研究方面为政府提供科研政策建议，并通过国家竞争力资助项目（National Competitive Grants Program）、科研卓越计划（Excellence in Research for Australia，ERA）等项目对高校科研进行评价和资助。作为澳大利亚竞争程度最高的科研资助机构，研究理事会的基本运行机制就是竞争性评价与资助。

对于大学教学，澳大利亚政府也采取了与科研相似的绩效评价和资助政策思路。依据2003年发布的政策报告《我们的大学：支持澳大利亚的未来》，澳大利亚2006年设立了教学绩效基金项目（Learning and Teaching Performance Fund），评价教学质量时，采用课程体验问卷（Course Experience Questionnaire，CEQ）和毕业生去向调查（Graduate

---

① 何晓芳. 20世纪80年代以来澳大利亚高等教育政策变迁［J］. 高教发展与评估，2013（1）：62-69.

② 徐岚，卢乃桂. 市场化背景中澳大利亚八校联盟及其启示［J］. 高等教育研究，2010，31（1）：94-99.

Destination Survey，GDS）等评教工具，推动大学教学绩效提升。2009年，澳大利亚政府颁布了系统提升高等教育竞争力的十年规划《转型澳大利亚高等教育系统》（*Transforming Australia's Higher Education System*），开发了国家层面的大学教学绩效指标。同年12月，澳大利亚政府颁布了《高等教育绩效拨款指标框架（征求意见稿）》，2011年12月又颁布了正式的《绩效拨款指南》（*Performance Funding Administrative Guidelines*），确定了由学生参与和社会融合、学生学习体验、学习成果的质量的指标体系。这标志着澳大利亚从质量保障到教学绩效问责①。

这种绩效评价和资助政策，对大学教学和科研活动有直接影响甚至是控制，各大学纷纷依照指标体系改进科研和教学表现。但由于科研绩效和教学绩效评价指标体系，两者很少彼此关涉，没有体现科教融合的内涵，而是分立地看待和评价教学与科研。这在很大程度上削弱了大学科教融合的动力。

2. 提升教学地位以平衡教学与科研的政策举措

20世纪80年代末以来，科研水平成为衡量澳大利亚大学办学质量的关键指标，相应地，大学日趋重科研、轻教学。作为开展教学和科研活动的主体，教师也秉持差异化对待教学和科研的观念。有调查发现，澳大利亚研究型大学的教师对科研的重视程度不断增加，对教学的青睐程度日渐下降，91%的受访者同意“为了学术地位要经常做研究”，52%的受访者认为不应该“把教学效果作为晋升职称的主要标准”。另一项调查则表明，82%的教师认为他们所在的学校强调或非常强调“获取外部研究资源”②。为了职称晋升并保全自身的学术地位，部分教师不得不把更多的精力投入到研究中去，教学逐渐被冷落。

教学不受重视的状况受到越来越多的政策关注。1998年，报告书《为生活而学习：高等教育财政与政策评估》（*Learning for Life*：*Review of*

① 田凌晖．澳大利亚高等教育质量问责：绩效指标的开发［J］．复旦教育论坛，2013，11（5）：92-96.

② 张安梅．澳大利亚：教学型大学压力倍增［J］．比较教育研究，2011，33（3）：92-93.

Higher Education Financing and Policy）发布。报告委员会认为：在接下来二十年，澳大利亚高等教育将面临一些压力，但现行的政策和资助框架不足以应对，比如管理问题、公平问题、竞争障碍、资助来源有限、资助方式不一致等等。其中专门提及了对于教学与科研存在不平衡的激励，资助框架刺激社会组织更多地投入科研而不是优质教学。与之呼应，“在高等教育机构中提升教学文化以平衡已确立的研究文化”成为其38条政策建议之一。虽然政府并未对这份报告书做出正式回应，接下来几年也并未采纳其关于教学和学习的核心建议，但一些建议却在接下来二十年中不断重现①。

2004年，澳大利亚政府成立了教学与学习委员会（Australian Learning and Teaching Council）②，每年投入数千万澳元，通过国家层面的教学奖和资助对大学教学进行激励。2006年起，联邦政府投入资金建立教学成果基金，用于奖励教学表现最突出的高校及教师，激励高校将工作重心调整为提供优质教学服务③。2008年发布的布拉德利报告，再次提出要改善高等教育教学的资助制度。2011年发布的洛克马斯-史密斯报告（*2011 Higher Education Base Funding Review*，*Lomax-Smith Review*），再次强调要考虑如何让大学具有更强的动力提高教学质量。在国家政策引导下，澳大利亚各大学纷纷积极推行教学学术运动，并采取了诸多措施：普遍创建教师教学发展中心以促进教师教学发展，设立多样的教学奖励以提高教学的地位，强化教学在职称晋升中的作用，等等。

这种通过提高教学地位平衡大学教学与科研关系的政策思路，其实刺激了二者进一步分离甚至分立。如澳大利亚有学者研究发现，科研绩

---

① Department of Education and Traning. Higher Education in Austria：A Review of Reviews from Dawkins to Today［R］. Canberra：Higher Education Fund in Austria，2015：14-16.

② 2011年，澳大利亚政府宣布撤销这一组织。2012年起，其资助和奖励功能转移给教育部下属的教学与学习办公室（Office of Learning and Teaching）。

③ 崔爱林. 二战后澳大利亚高等教育政策研究［M］. 保定：河北大学出版社，2011：128.

效拨款方式加强了联邦政府对学术和科研活动的控制，促使高校活动的评价方式更加简单化和标准化，迫使学术人员将自己的活动定义为教学或者科研，而不再是教学和科研①。而为了提高教学地位，相关政策更是试图确立教学的独立地位。如澳大利亚制定了一系列评估策略、优化策略、重释策略、角色分承策略、信息化策略和国际化策略，以保障高等教育的教学质量。其中重释策略对“学者”的概念进行了重释，强调“学者”的概念应当运用于教学人员，而不应只成为科研人员的专利②。在实践中，教学型教师和科研型教师的比例确实在提高。如表 4-1 所示，从 2013 年到 2015 年，教学型教师增长了 20%，科研型教师增长了 3%，分别达到了教师总数的 26%和 23%，也就是说，仅从事教学或科研的教师，几乎占到了大学教师的一半。作为大学活动开展的主体，教师的分化势必对大学科教融合产生根本性的制约。

表 4-1　澳大利亚大学学术教师（FTE）类型表（2013—2015）

	2013	2014	2015	% of total in 2015	% of change between 2013 and 2015
教学科研型（Teaching and Research）	27 602	27 191	27 123	48%	−2%
教学型（Teaching Only）	12 547	13 919	15 115	26%	20%
科研型（Research Only）	12 524	12 776	12 880	23%	3%
其他	1 796	2 110	1 643	3%	−9%
合计	54 468	55 996	56 761	—	4%

资料来源：Tertiary Education Quality and Standards Agency. Statistics Report on TEQSA Registered Higher Education Providers [R]. Melbourne: TEQSA, 2017: 5.

注：截取了原表的部分内容，仅使用了文献中表格的“大学”部分。

① 王莉华. 澳大利亚高校科研绩效拨款改革及其影响 [J]. 外国教育研究，2013，40 (7)：122-128.

② 吴雪萍，刘辉. 澳大利亚高等教育教学质量保障策略探究 [J]. 比较教育研究，2004 (9)：71-75.

第三节　悉尼大学科教融合的制度保障

近年来，悉尼大学很重视教学与科研的融合，做出了许多努力。悉尼大学不仅把科教融合纳入学校的发展战略规划，还形成了一套较为完善的师资管理制度，有力地保障了悉尼大学科教融合的稳步发展。

一、把科教融合纳入学校战略规划

2000年，由负责教学和学习的副校长（Pro-Vice-Chancellor，PVC）开展了一个全校范围的项目，形成了一个解决教学和科研关系的战略规划。该规划明确提出两个主要目标，一是逐渐采用本科教学和学习策略来加强研究和教学之间的联系，并使用学术性探究作为院系和课程发展的组织原则；二是鼓励和奖励教学学术①。

2005年，悉尼大学在考虑新的战略规划的目标时强调，悉尼大学一个独特的方面是对于研究引导的教学（research-led teaching）坚持——无论是内容还是教授过程都如此②。2006年发布的《战略规划2007—2010》确认了这一独特性并指出："我们的目标是确保所有的学生发展独特的技能和品质，帮助他们应对自己所选择的职业。目标的达成将有高质量的研究引导的教学、信息技术、学习设施等的支持。"③ 在悉尼大学的另一份政策文件中，提出了与研究引导的教学相关的三个需要继续努力的领域，分别是：

> 研究提升的教学（research-enhanced teaching）：用教师的科研丰富教学，把学科研究成果融合在所有层次的课程中，学生既是研究的观众又是研究活动的参与者。
>
> 基于研究的学习（research-based learning）：为所有层次的学生

---

① BREW A. Imperatives and Challenges in Integrating Teaching and Research [J]. Higher Education Research and Development，2010，29（2）：139-150.

② The University of Sydney. Strategic Directions 2006-2010 [R]. Sydney：The University of Sydney，2005.

③ The University of Sydney. Strategic Plan 2007-2010 [R]. Sydney：The University of Sydney，2006.

提供研究经验和研究机会，通过课程学习研究，发展研究技能，并对大学的研究工作做出贡献。

教和学的学术（scholarship of learning and teaching）：师生参与关于理解学习和教学的学术或研究，使用以证据为基础的方法分析学生学习、教学和学术实践的效果和影响。①

2010年3月，悉尼大学公布了《悉尼大学2011—2015年绿皮书》（*The University of Sydney 2011-2015 Green Paper*），明确了悉尼大学的核心战略目标，考察了其对教育及科研的一些影响，并概述了一些有助于该大学实现目标的组织变革②。这份绿皮书指出，大学的核心业务是教育和研究，并且只将那些从事教育和研究的单位视为创收单位。为了促进教育与研究的融合发展，该绿皮书提出开展跨学科研究来提高研究者的教育和科研能力。

经过再次征求意见，7月发布了《悉尼大学2011—2015年战略计划》。这份战略规划开篇指出了悉尼大学鲜明的使命——创造和保持一个对于澳大利亚甚至是对世界有益的大学，一个最聪明的研究者和最有前途的学生培育和实现最大潜能的大学。为实现这样的使命，悉尼大学强调两个价值观：浸入探究（engaged enquiry）和相互问责（mutual accountability）。前者指悉尼大学要成为一个探究的场所，是批判性思维技能磨砺和练习的地方。“engaged”有三个层面的内涵。第一，科教融合，强调学生在学习过程中和研究者的无缝对接，师生共同磨砺批判性思维技能、推进知识和理解。第二，在交叉学科教育和研究中，把师生整合起来解决复杂的问题。第三，把悉尼大学的工作与其所处的社区（澳大利亚和海外的）联系起来。后者指这所大学的每个成员及他们所在的学术社群对彼此负责，共同对这所大学的学术和财政健康做出贡献。相互问责的概念，形塑这所大学致力于服务师生并对他们负责。这显示了悉尼大学的决策方式，以及学校与构成它的多样学术社群的关

① BREW A. Imperatives and Challenges in Integrating Teaching and Research [J]. Higher Education Research and Development，2010，29 (2)：139-150.

② The University of Sydney. 2011-2015 Green Paper [R]. The University of Sydney，2010.

系。基于上述两个价值观，这份战略规划的主体部分列出了共计 17 条策略（strategy）——每条策略又包括若干具体措施（initiative），其中第三至第十二条共 10 条是关于“教育和研究的结合”（integrated education and research）的①。

2010 年 8 月，《悉尼大学 2011—2015 白皮书》发布，对《悉尼大学 2011—2015 年战略计划》的相关方面做出更详细的阐述与评论，思考如何回应一些挑战②。在随后出台的《悉尼大学 2011—2015 战略计划第一阶段实施报告》（*The University of Sydney 2011—2015 Strategic Plan Phase One Implementation Report*）以及《2011—2015 战略计划的绩效报告》（*The University of Sydney Performance Report 2011—2015 Strategic Plan*）中也均体现了悉尼大学强调卓越的教育和研究应较好地融合发展。

二、科学的师资管理制度引导科教融合

一所大学科教融合的关键在于教师，而师资管理制度又是教师遴选与发展的基础。悉尼大学师资管理制度的多个方面，如要求教师具有基本的资格证书，学校为教师提供教学资助系统，要求教师寓研于教、寓教于研等，极大地促进了该校的科教融合。

（一）教师科教融合的基础保障：聘用、考评与晋升

在教师聘用方面，悉尼大学坚持“教研人员无国界”、“不为所有，只为所用”的理念，充分发挥教师的作用，简化招聘程序、缩短招聘过程③。但是，悉尼大学的教师需完成教育研究领域的高等教育证书课程才能获得教学资格，才会予以聘用④。教师不仅要有卓越的科研水平，还要具有较强的教学能力，这样才能够更好地培育学生。

---

① The University of Sydney. 2011-2015 Strategic Plan [R]. The University of Sydney，2010.

② The University of Sydney. 2011-2015 White Paper [R]. The University of Sydney，2010.

③ 徐木兴，喻擎苍，沈婷. 将“以教师为本”理念贯穿管理全过程：悉尼大学师资柔性管理策略 [J]. 中国高等教育，2015（Z3）：77-79.

④ BREW A. Imperatives and Challenges in Integrating Teaching and Research [J]. Higher Education Research and Development，2010，29（2）：139-150.

在教师培训方面，悉尼大学积极开展提高教师知识以及素质方面的培训工作，以此来帮助教师在科研与教学方面均衡发展。悉尼大学要求每位新进教师必须参加2—4年的系统培训，并且还为新进教师聘请经验丰富的教授进行一对一的指导，直到教师能够学会并成功地申请到科研项目为止①。另外悉尼大学还在不断优化教师培训方式，对教师进行入职辅导、绩效辅导、教学辅导和科研辅导等基本方面的辅导，这些做法不仅符合教师发展规律而且能够充分调动教师参与的积极性，明确教师自身发展方向。

在教师考评方面，悉尼大学则关注对教师多个方面的评价，但教学与科研是核心。悉尼大学会对教师进行教学考评，以此判断教师是否完成了教学任务。在完成基本教学任务的前提下，悉尼大学非常重视教学质量，强调学生评教的重要作用，学校要求学生对教师的教学进行评价，并且把学生的评价作为教师薪酬和教学奖励的重要依据。悉尼大学还对教师的科研进行考评，虽然悉尼大学对教师年度科研成果的数量没有硬性的规定，但是对教师的聘期考评却极为严格，教师考评合格者则可以继续延聘，若不合格则直接解聘。

在教师晋升方面，悉尼大学自2000年开始，便在教师的聘任书中明确指出，教师要获得职称，必须要完成教学与学习中心（Institution for Teaching and Learning）② 开设的为期3天的大学教学理论和实践等方面的课程学习，并获得资格证书。近年来，悉尼大学在教师职称晋升的评定中加大了教师教学的比例，鼓励以科研为主导的教师要认真系统地对待教学，并积极从事教学学术方面的研究。在2001年，那些基于考评标准，在教学方面没有被评为满意的教师中，没有一个人被任命为讲师（lecturer）、高级讲师（senior lecturer）或副教授（associate professor）。同一年，34个晋升为副教授职位的教师中，有23个是因为教学出色；

① 徐木兴，喻擎苍，沈婷. 将“以教师为本”理念贯穿管理全过程：悉尼大学师资柔性管理策略［J］. 中国高等教育，2015（Z3）：77-79.

② 教学与学习中心作为校级教学咨询与支持机构，它在机构、学习单元以及教师个人这三个层次上为教学工作的评估和改进提供支持，在第四节会具体介绍。

36个晋升为高级讲师的教师中，有32个是因为教学出色①。还有几名教师因其教学方面的卓越表现而被评为正教授。

（二）教师科教融合的资金保障：教学资助系统

2000年，主管教学与学习的副校长办公室设立了一个教学改进基金（Teaching Improvement Fund），资助学校内部改善教学和学习的项目。这一基金实行以绩效为基础的考评模式（performance-based funding system），为在改善教学方面表现突出的项目提供资金支持②。其中包括为那些具有良好教学表现的教师提供资金奖励，以及编制预算，支持教师的教学学术行为——有证据表明，教师参与和教学、学习有关的学术活动，对学生的学习经验有很大的帮助。悉尼大学对教师的评估是以绩效管理与发展为核心进行的③，因此设立了教学指标奖（Scholarship of Teaching Index，是以绩效为基础的教学资助系统的一部分）。教学指标奖是基于一系列加权标准（weighted criteria）奖励教师，包括高等教育教学的资格、大学教学奖励、关于大学教学和学习而公开发表的成果和演讲等。该教学资助系统设立竞争性的关于教学和学习的研究资助计划，设立教师教学奖励计划以奖励教师的教学和学术成果。悉尼大学为提高教师教学学术成就而设立的资助系统，不仅使得各院院长或负责人更加关注教师的教学学术成就，也为教师进行科教融合提供了资金保障④。

（三）教师科教融合的组织保障：科研引领教学

在悉尼大学相关报告中强调教师的教学要融合科研——寓研于教、寓教于研，只有这样才能发挥教师教学的最大作用。其中，教师结合教

① ASMAR C. Strategies to Enhance Learning and Teaching in a Research-extensive University [J]. International Journal for Academic Development，2002，7（1）：18-30.

② ASMAR C. Strategies to Enhance Learning and Teaching in a Research-extensive University [J]. International Journal for Academic Development，2002，7（1）：18-30.

③ 代林利. 大学内部学术质量保障体系的系统建构：以悉尼大学为例 [J]. 比较教育研究，2006（3）：32-35.

④ 李慧清. 悉尼大学面向新世纪的教学改革 [J]. 河南教育（高校版），2006（5）：60-61.

研的一个主要策略是建立策略工作坊（Strategic Working Group），它包括一些由院长们提名的教师代表。这一工作坊建立了一系列研究导向的教学（research-led teaching）以及教学学术的参照标准，并对他们进行审计。同时，教师还要与市场部门（Marketing Department）的同事一起收集悉尼大学的研究如何影响新同学选择悉尼大学的数据。策略工作坊还调查了合作研究机构的教育性产出（educational output），建立了自己的网站（scholarship of teaching website）①。教师可以在该网站分享他们在教学学术方面做得好的实践，在这期间，可以在几个学员之间举行关于研究导向的教学工作坊、演讲以及论坛，并开展一定的项目研究。

悉尼大学设立了副校长杰出教学奖（Vice-Chancellor's Awards for Outstanding Teaching），要求获奖者在科研导向的教学、教学学术方面有突出的表现。获奖者为争取到学术索引分数和资助，要在全校范围的论坛中呈现他们的创新②。教学与学习中心设计的高等教育研究生证书的学习单元，其中包括讨论如何推动以研究为导向的教学以及教与学的学术等活动。

悉尼大学促进教学的一系列活动在全校范围内得到了实施，其中工作坊中的广泛代表性确保了各院系制定促进研究性教学的战略，主要有：研究引导的教学和学习；一个关于新课程或者新学习团队的教师提案程序，包括要求提供关于团队是否以及如何纳入了研究引导的教学和学习经验的信息；研究引导的教学和学习的标准纳入教师教学的各项奖励；增加教师在上课期间列举自己目前相关的研究；建立更多的与研究技能相关的学习组织；尽力开展探究性的活动，例如收集和解释数据；选拔优秀的学生在第一年开展研究；使用和发表学生获得的材料等③。

悉尼大学通过将科教融合纳入学校的战略规划中，从政策文本上对

---

① BREW A. Imperatives and Challenges in Integrating Teaching and Research [J]. Higher Education Research and Development，2010，29 (2)：139-150.

② ASMAR C. Strategies to Enhance Learning and Teaching in a Research-extensive University [J]. International Journal for Academic Development，2002，7 (1)：18-30.

③ BREW A. Imperatives and Challenges in Integrating Teaching and Research [J]. Higher Education Research and Development，2010，29 (2)：139-150.

科教融合加以规定，同时又通过科学的师资管理制度来对教师的聘任、评价、晋升与发展加以约束，为悉尼大学科教融合的发展提供了制度保障，也为悉尼大学科教融合的具体实践打下了良好的基础。

第四节 悉尼大学科教融合的具体实践

在一系列相关制度的保障下，悉尼大学科教融合的具体实践相继展开。这些实践不仅涉及学生——多样化的本科生科研活动，促进人才的全方位培养；还涉及教师——合理的课程设计以及教师的研讨式教学，使得教师层面也参与其中。除此之外，悉尼大学教学与学习中心近年来对其使命重新定位，通过各种措施促进教师不仅关注教学质量的提高，也要兼顾科学研究，用科研来引领教学。

一、悉尼大学科教融合的学生实践：多样化的本科生科研

本科生科研是一种以学生为中心的将研究和教学结合在一起的方式。通过它，学生可以为大学的学术项目做出贡献①。也有学者认为本科生科研的目标是促使学生从知识的消费者向知识的生产者进行转换②。由此可见，本科生在学校的科教融合中占据着举足轻重的地位。澳大利亚也较为重视本科生科研，其本科生科研计划是由澳大利亚学习和教学委员会资助的，旨在提高大学生科研水平以及能力③。悉尼大学在这方面有较好的发展。

悉尼大学不仅单独为本科生设置科研实践的课程，而且在一些大型的项目也招募本科生作为志愿者④。本科生可以参与的项目多是与其日常

① BREW A. Understanding the Scope of Undergraduate Research：A Framework for Curricular and Pedagogical Decision-making [J]. Higher Education，2013，66（5）：603-618.

② Neary M. Student as Producer：Pedagogy for the Avant Garde [J]. Learning Exchange，2010，1（1）：1-17.

③ BREW A. From the International Desk：An Australian Perspective on Undergraduate Research [J]. CUR Quarterly，2010，31（1）：37-42.

④ The University of Sydney. Volunteer for Research Study [EB/OL]. [2018-03-30]. https://sydney.edu.au/research/volunteer-for-research-study.html.

生活密切相关的，例如，悉尼大学的研究人员正在研究“焦虑在日常生活中的作用”（the role of anxiety in everyday life），本科生可以参与其中，提高自己收集、分析数据的能力，而且对自身的学习生活也有很大帮助。

悉尼大学的本科生也可以参加一些跨学科研究项目（Interdisciplinary projects），悉尼大学拥有大量的跨学科研究项目，这些项目汇聚了不同学科的优秀研究人员，在协作环境中推进教学和研究目标。悉尼大学这些跨学科研究项目为建立和发展优势领域提供了卓越的研究和教育机会①。参与这些跨学科研究项目，本科生不仅可以得到悉尼大学的支持，也可以得到政府和社区组织的帮助。悉尼大学与超过10家领先的商业、社区组织合作，可接受符合条件的学生在2018年第一学期提出申请②。这些项目支持跨学科领域的合作，为学生提供与专业和行业伙伴共同处理问题的机会。所有符合资格要求的三年级学生以及还有选修课的四年级学生均可参加这些项目。学生可在整个学期与行业合作伙伴或者项目主管合作，从事跨学科团队工作，在学期结束时，向团队或行业合作伙伴展示他们的项目成果。

悉尼大学不仅为参与科研的本科生提供项目方面的支持，也为他们提供科研方面的专项指导。例如，本科生在每个阶段都会有同伴辅导，并且通过提供一系列的学习工作坊（Learning workshops）来发展他们的学术能力，启发创造性思维③。悉尼大学为参与科研学习的学生提供研究诚信和道德在线培养模块，使学生在进行科研前必须学会遵守基本的科研原则和科研道德，这也保证了本科生科研的质量④。同时，悉尼大学的学习中心（Learning Centre）指导学生撰写科学报道、实验报告以及

① The University of Sydney. Centres and Institutes [EB/OL]. [2018-03-26]. https://sydney. edu. au/research/centres. html.

② The University of Sydney. Interdisciplinary Projects [EB/OL]. [2018-03-26]. https://sydney. edu. au/study/find-a-course/undergraduate-courses/interdisciplinary-projects. html.

③ The University of Sydney. Learning Support [EB/OL]. [2018-03-21]. https://sydney. edu. au/study/academic-support/learning-support/workshops-study-tips. html.

④ The University of Sydney. Research Integrity and Ethics [EB/OL]. [2018-03-28]. https://sydney. edu. au/students/research-integrity-and-ethics. html.

论文，提高学生基本的学术技能①。其中较为闻名的有iWrite网站和WRISE（writing a report in sciences and engineering）网站，这些网站对工程学本科学生的第三年和第四年论文或项目报告的写作有很大的帮助。除此之外，悉尼大学还为本科生提供了出国学习的机会，悉尼大学与其他国家的大学建立了紧密的联系，本科生可以单独或者与教师一起出国交流学习，这不仅开阔了本科生的眼界，也丰富了他们的国际思维与能力。一些互换学生项目（Student Exchange Program）也丰富了国际、校际交流，给学生创造了感受不同教育环境的机会。

二、悉尼大学科教融合的教学实践

合理的课程设计为悉尼大学科教融合的教学实践提供了规划指导，而教师的研讨式教学则是悉尼大学科教融合教学实践的具体表现形式。

（一）合理的课程设计

课程是在特定的教学中实现的，教学是以特定的课程为基础进行。合理的课程设计能够为学生的发展提供良好的基础。悉尼大学科学合理的课程设计有益于该校卓越的教学质量，同时也凸显了教学与科研的紧密结合。

悉尼大学为了让学生得到最好的发展，非常重视课程的更新，学校要求教师每年要根据课程的发展状况以及学生的反馈对讲课内容进行调整。该校自2018年开始进行新的本科生课程改革，期望每一位学生都可以紧跟时代发展潮流，参与学习知识和科研训练②。学生可在自由学习课程的第一年选择新课程，也可以在之前所学习的课程中继续学习获得学分，在2018年转到新的课程版本中。

大量数据表明，悉尼大学的课程教学十分注重强化学生的研究性学习，培养学生的创新思维和能力。学生在入学时需要专门做一项有关于遵循学术规范的测试，学生在写论文的时候既可以与同学讨论，也可以

---

① The University of Sydney. Learning Center Resources [EB/OL]. [2018-03-28]. http://sydney.edu.au/stuserv/learning_centre/resour.shtml.

② The University of Sydney. New Undergraduate Curriculum [EB/OL]. [2018-03-21]. https://sydney.edu.au/students/2018-undergraduate-curriculum-changes.html.

向教授进行请教①。不仅如此，在考试方面，悉尼大学也格外重视对学生的创新能力和创造力的评测，旨在提高学生分析问题和解决问题的能力。例如，悉尼大学商学院的会计课程对学生的评价方式：首先要进行小组演讲；其次要提交论文（包括案例分析、项目策划以及研究调查）；再次是定期进行课程基础知识测试；最后是期末考试。通过综合的方式评价学习状况，学生不仅掌握了基础知识，也学会了一定的科研技能。

悉尼大学的课程设置与我国大多数学校现行的课程设置不同，采用了阶跃式和模块式，各分支学科相互穿插、整体推进的课程体系②。悉尼大学为不同阶段的学生设置了不同的学习目标，首先教授学生最基本的专业知识，经过一年的基础学习之后再循序渐进地培养学生的创造性思维以及科研素养和科研能力。以悉尼大学化学工程与生物分子学院本科生的课程设置为例：每个本科生第一学年首先要完成10门基本课程的学习，学习的课程有化学（1A）、工程纪律入门、工程电脑、微积分、线性代数、化学（1B）、能量转化、专业工程（1）等，这些课程均是为了帮助学生建立现代化学知识体系的基本框架；第二学年需要向专业课程进行过渡，主要学习一些法医与环境化学、化学工程应用数学、生物系统行为学化学、材料净化和恢复等课程，是对专业理论知识的拓展与完善；第三学年是培养学生成为合格的科研工作者，让他们更好地完成实验和设计。除了正常的教学实验之外，该专业还设置了分组实验，鼓励学生按照自己的兴趣进行自我实验训练，培养科研和协同创新的能力；第四学年要求学生完成毕业设计或毕业论文③。这样严格而又循序渐进的课程学习，培养了学生的科研思维及科研素养。

（二）教师的研讨式教学

悉尼大学教学的最大特色就是教师教学与学生自学相结合，强调研

---

① 韩震，周文斌，邢晖. 系统推进教学改革　全面强化质量建设：高校领导赴澳大利亚培训研修报告［J］. 国家教育行政学院学报，2009（4）：73-83.

② 唐颐，胡军，王晓青，等. 悉尼大学本科化学专业课程设置及其思考［J］. 中国大学教学，2003（5）：34-36.

③ 张国祥. 悉尼大学化工本科课程设置特色分析［J］. 教育评论，2014（4）：165-167.

讨式教学和学生基于问题的自主学习（problem-based learning，PBL）。研讨式教学通过课程教学实现了讨论、教学与研究的结合，在教学科研结合的氛围中实现了教师与学生的互动。悉尼大学的教学方式分课程教学（lectures）和辅导课（tutorials），其比例一般为2∶1，有时会达到1∶1。在研讨式教学课上，教师一般要求学生利用自己学过的理论知识动手做一个设计（devices），例如设计一个把海水净化为饮用水的装置。学生在大一的时候便开始写报告以及项目，在学生的成绩评定上，期末考试成绩只占其中的一部分，平时的课程设计、报告等都会成为老师评价学生的重要指标。悉尼大学的研讨式教学是以类似于科学研究的方式把科研的各种要素渗透到教学的过程中，通过教师的教学、学生的参与来实现教学与研究的结合，使学生在学习学科专业知识的同时，提高创新能力和参与科研的能力。

此外，悉尼大学的教师经常运用PBL教学法来启发学生的创造性思维。PBL教学法是以学生为主体，以问题为中心的教学模式，是在教师的整体把握和指导下，把学习内容置于问题情境当中，让学生通过分析问题、解决问题形成自主探究的能力①。悉尼大学内科学对这一教学方法运用得较好。悉尼大学医学院学生的教学主要包括四个部分：课程（30%）、PBL课程（30%）、临床教学（30%）以及实验课（10%）。这四部分是同时进行的，其他三个部分主要是围绕PBL教学进行②。学生通过PBL课程对所学内容展开充分的讨论，自主查阅资料，将所学内容和具体问题紧密地结合起来。此时，资深的教员（tutor）会在一旁进行指导，对操作不当的行为给予及时的纠正。

三、教学与学习中心促进悉尼大学的科教融合

悉尼大学教学与学习中心（Institution for Teaching and Learning，ITL）成立于1995年，最初是为了促进教师的专业发展，确保悉尼大学

---

① Wood D F. Problem Based Learning [J]. BMJ，2003，326（7384）：328-330.

② 郭万刚，刘军，师晓琴，等．澳大利亚悉尼大学内科学PBL教学模式介绍及借鉴［J］．医学与哲学，2013，34（3）：85-86.

在澳大利亚的教学质量中占据高位，创造一流的教学业绩①。但《教学与学习中心2007年年度报告》将教学与学习中心的使命改为与学校其他部门合作，致力于研究，提高并确保教学质量②。可以看出，从2007年开始，悉尼大学教学与学习中心开始注重以研究引领教学工作，要求教师不仅具有高质量的教学，还应具有一定的科研能力。

悉尼大学的教学与学习中心为刚进工作岗位且教学经验贫乏的教师开设为期两天的免费短期项目——教学原理和实践（Principles and Practice of University Learning and Teaching，P&P），该项目的参与人员有教学与学习中心的学术人员、各院系的杰出教授③。

教学与学习中心的定位近年来逐渐向研究型的机构转变，该中心呼吁教师积极参与各种研究活动，为悉尼大学创办研究型大学而努力开展教学研究，该中心还积极帮助教师申请各类教学基金和奖励。教学与学习中心在致力于提高教师教学质量的同时，鼓励教师撰写并发表论文，不断提高自己的科研水平④。为了鼓励教师科研，中心出版了多种教育研究书刊，如《协作》（*Synergy*），也参与了国际高等教育研究活动。为更好地服务教师，促进教学科研发展，悉尼大学教学与学习中心以课题研究来引领中心的各项工作，让每位教师通过中心提供的机会发展自己，引导他们成为一名既能够进行高质量的教学，又能够参与各项科研工作的学者。

---

① The University of Sydney. Facts and Figures [EB/OL]. [2018-03-22]. http://sydney.edu.au/about/profile/facts_figures.shtml.

② 韦家朝，李福灼. 教学质量保障：悉尼大学教学中心的建设[J]. 黑龙江高教研究，2014（9）：50-52.

③ The University of Sydney. A Professional Development Program for Staff at the University of Sydney [EB/OL]. [2018-03-27]. http://itl.usyd.edu.au/programs/P&P/pp_program.pdf.

④ 韦家朝，李福灼. 教学质量保障：悉尼大学教学中心的建设[J]. 黑龙江高教研究，2014（9）：50-52.

第六章　坎特伯雷大学科教融合的制度与实践

坎特伯雷大学（Canterbury University）是新西兰第二古老的大学，建于1873年。最初名为坎特伯雷学院（Canterbury College），1933年更名为坎特伯雷大学学院（Canterbury University College），1957年成为坎特伯雷大学，如今早已是一所一流大学。2011年，它成为新西兰大学中第一个获得QS世界大学排名五星级的大学，并保持至今。在2017年QS世界大学排名中，位列第214。在《美国新闻与世界报道》2017年发布的第四次全球最好大学排行榜（The Best Global Universities Rankings）中，位列第321。这所大学有学生约12 000人①，教职工1 900余位，其中专业教师（academic staff）700多人②。

坎特伯雷大学是一流研究型大学科教融合的理想案例，这不仅因为它有着一流的科研和教学，更是由于1989年新西兰《教育法案》（*New Zealand Education Act*）明确规定大学应是教学与科研紧密联系的机构。同上述案例一样，我们首先简要地回顾一下这所大学教学与科研关系演化的历史，再结合当下的政策环境，系统分析其科教融合的制度和实践。

---

① 并非学生个体数（headcount），而是按照一定的算法，核算出的Equivalent Full-time Students。

② 教职工数和专业教师数都并非教师实际个体数（headcounts），而是折合出的数据，即Full-time Equivalent（Academic）Staff。

第一节　坎特伯雷大学科教融合前传

一、1945 年之前：伦敦大学模式下的教学机构

新西兰被欧洲人于 1642 年发现时，主要居住的是原住民毛利人（Maoris）。18 世纪后期，西方殖民者开始在海岸建立了一些捕鲸站。1840 年，新西兰成为英国殖民地。到 1900 年前，98%的新西兰的欧洲人来自英国[①]。1947 年新西兰成为主权国家，为英联邦成员。

由于历史发展与英国具有密切的关系，新西兰大学教育的起源与发展也与英国直接相关。新西兰第一所大学是由苏格兰人于 1869 年建立的奥塔格大学（University of Otago），它当时试图成为新西兰大学。但由于当时处于分权的省管时代，单一、垄断式的大学遭到反对。作为妥协，1870 年在惠灵顿建立了一个以伦敦大学为模式的独立的新西兰大学（The University of New Zealand）。它仅仅是一个考试机构，所接受的资助主要用于任命考官、组织考试、设立奖学金以及授予学位[②]。从 1874 年建立，到 1961 年 12 月 31 日撤销，新西兰大学一直是新西兰唯一的学位授予权威。新西兰大学的学生实际上进入其附属的学院（奥塔格学院、坎特伯雷学院、奥克兰学院和维多利亚学院等）中学习，然后参加由新西兰大学组织的考试，通过之后，可以获得相应的学位。

同其他新西兰早期学院一样，坎特伯雷学院也有很强的英国底色，并在相当长的时期内作为新西兰大学的附属学院，受到英国早期大学理念和校外考试机构的双重影响和制约。因此，至少延续至 1945 年之前，坎特伯雷大学主要是一个教学机构。

坎特伯雷大学建于坎特伯雷省省会基督城（Christchurch），有很强的英格兰背景——是当时英国殖民者定居计划的一部分。当时，在政治

① BERRIEN M T. Education in New Zealand [R]. Bulletin of US Department of Health, Education, and Welfare, 1964 (34): 1.

② ROBERTSON J, BOND C. The Research/Teaching Relation: A View from the "Edge" [J]. Higher Education, 2005, 50 (3): 509-535.

家爱德华·韦克·菲尔德（Edward G. W.）领导下，英国人形成了一个殖民者的定居计划。为推行计划，在他的影响下，于1848年建立了名为坎特伯雷协会（The Canterbury Association）的推行“系统殖民”政策的组织，这个组织有53个成员，其中30个毕业于牛津大学，17个毕业于剑桥大学。建立一所学院是他们实现计划的一部分①。

新建立的坎特伯雷学院计划主要依照纽曼的理念办学，提供“一种自由和正规的教育课程”，为学生获取文学学士服务。学院的主要兴趣在掌握知识，而非研究。不过，实际情况与设想并非完全一致。坎特伯雷学院确实只是教学机构，研究不被关注，可实际的教育教学并非纽曼式的。纽曼强调的仅仅是培养人的心智，不过多关注具体的职业训练。但正如阿什比（Eric Ashby）所言，任何大学都是遗传和环境的产物。坎特伯雷学院计划移植纽曼理念，也不得不根据殖民地的实际状况发生改变。由于需要回应初等和中等学校师资培养的需求，以及殖民地经济和社会发展的需要，坎特伯雷学院自由教育的目标，被置换为职业训练②。而外部考试制度，更加剧了这一转变。

1874年，坎特伯雷学院也成为新西兰大学这一伦敦大学式的考试机构的附属学院。联邦式的新西兰大学有一个24位成员组成的理事会，除了管理其他事务外，还负责任命各学科的考官。这些考官大多是英国的知名学者（当然，有些情况下，也会任命少数本地人，例如，在专业法律考试中，考官大多数是本地实践律师），而学院的教师不能参与到学位考试的过程之中。这样的制度虽然具有相对公正、效率较高等优势，但存在更多的劣势。有学者总结了这一制度的7大劣势③，具体如下：

> （1）这个系统剥夺了教师应该有的专业尊严。他被学生认为是一个低级的人，只是一个考官规则下的附属。学生拒绝与他们的考

① ROBERTSON J, BOND C. The Research/Teaching Relation: A View from the “Edge” [J]. Higher Education, 2005, 50 (3): 509-535.

② ROBERTSON J, BOND C. The Research/Teaching Relation: A View from the “Edge” [J]. Higher Education, 2005, 50 (3): 509-535.

③ THWING C F. Higher Education in Australia and New Zealand [R]. Bullentin of Bureau of Education, 1922 (25): 18-19.

试无关的任何课程或者事物。这也影响了学生对于教师的选择，那些愿意成为所谓“考试黑客”（an examination hack）的教师最受欢迎。

（2）它让学生为了考试而进行填鸭式学习。学生发现服从教学大纲，学习旧的考试卷子或者那些考官写的课本更容易通过最终的考试。为考试而学习的学生更容易获得学位，而进行自由教育或者接受更广泛的教育，学生的热情则没有那么大。

（3）在学生心中，它减少了实践工作的价值。在实验科学中，实验室扮演着重要的角色，但是在外部考试系统中，很难显示其实践工作的技能。因此，无论是学生还是教师，都倾向于轻视实验室作业。

（4）它弱化了师生的个性和创造性。这个系统产出的是整齐划一。一个学科只用一种方法教授。为了准备外部的考试，智慧的好奇是灰暗的。创造性和个性不流行，因为这容易让个人出局。它暗示学生和教师，不按照大纲将会是灾难。它让学生错误地认为，科学仅仅是当时需要记住的事实，学习仅仅是为了通过最终的考试，并达到期望的目标。

（5）考官所提出的几个问题可能并不能反映学生几年学习的真实价值，尤其是对于学习科学课程的学生而言。

（6）这种外部考试系统也影响了委员会在聘任教师方面的考量。学院将教师的价值归于他能够帮助学生通过考试的能力，而不是他具有的其他特殊能力或研究热情。

（7）系统削弱了大学的层次和影响。组织的尊重和自信丧失，也可能导致社会对于教师能力的不信任。

从上述的批判性分析中可以看出，包括坎特伯雷学院在内的所有附属学院的教师即使希望把英国自由教育的理念移植进来，但由于校方采取的是伦敦大学模式，这些学院不得不沦为纯粹的教学机构，甚至可以说是考试辅导机构。学生仅仅关注考试，学院的自由人文项目被新西兰大学设定好的考试大纲限制，而很难开展纽曼所谓的自由教育；教师没有治理权和自主权，很难开展启发式教学，填鸭式教育盛行；科学仅成为考试内容和事实材料，而无法成为创造性活动；教师沦为考试辅导教师，而不是真正意义上的教师，更谈不上是真正的大学教师。在这样的体系下，坎特伯雷学院和其他附属学院一样，都只是开展教学（辅导）的机构——根本谈不上有科学研究。

二、1945—1989：科学研究的兴起

在坎特伯雷学院最初的岁月中，争论的焦点在考试官员的组成上。随着实践问题的增多，到1900年代，大学的整体学术状况成为重要议题。1910年，惠灵顿维多利亚学院的13位教师向议会提交了请愿书。除了批评当时的大学图书馆质量差、实验设备不够或者没有之外，请愿者还批评大学的学位体系不鼓励原创性的工作，缺乏可以利用的学术资源，他们强调应以柏林大学的教研协同作为理想模式①。这一观念逐渐发酵，到1924年，教育部长（The Minister of Education）宣布将成立新西兰大学皇家委员会（The Royal Commission on University in New Zealand）②。1925年，委员会发布了《雷谢尔-塔特报告》（*Reichel-Tate Report*），批评外部考试限制了真正的大学教育和师生学术自由，强调科学研究对于大学的重要性，以及教学与科研间连接的基础性地位。

但是，由于缺乏科研资助以及文化理念的准备不足，这份报告并没有引起足够的重视，大学中的研究依然没有开展起来，仍专注于教学与培训。直到20年后的《坎特伯雷宣言》（*The Canterbury Declaration*）发表，新西兰各高校的学术状况才开始发生质的变化。《坎特伯雷宣言》是由6位教师（4人来自坎特伯雷学院，另外2位分别来自奥塔哥大学和奥克兰大学学院）发起的挑战现状、倡导大学科学研究的倡议。这份名为《科学研究与大学》（*Research and the University*）的宣言，基于欧洲学术研究传统和弗莱克斯那《现代大学论》一书的思想，强调大学应该是一个“自由研究精神存续并培育”的机构，一个“科研与教学相统

---

① ROBERTSON J, BOND C. The Research/Teaching Relation: A View from the "Edge" [J]. Higher Education, 2005, 50 (3): 509-535.

② 这是关于大学教育的第二个皇家委员会（第一个成立于1878年），关于这一委员会的其他背景材料，可参见牛津大学1939年出版的 *the universities outside New Zealand* 一书第312—339页。

一”的机构①。这一宣言引起了很大的反响，新西兰大学当局和其他组织开始增加研究，改善大学的学术状况和基本条件。

1946年11月，新西兰大学科研委员会成立，管理相关研究经费，并推动科学研究。到20世纪50年代，科学研究的理念已经成为坎特伯雷学院的实践。但碍于资助和设施、场地等条件的限制，其研究还没有获得很大的发展。随着相关院系从1961年开始迁往7公里外的新校址，坎特伯雷大学的科学研究逐渐获得了良好的物理空间。到1975年，坎特伯雷大学建好了由各院系特色建筑组成的76公顷新校园。校园内有图书馆、实验室、报告厅和教工宿舍，校外被林地、公园和活动场围绕。除了物理环境的改善外，研究资助也有了提升，这与当时新西兰学术文化密切相关。在20世纪70年代，呼吁增加研究资助的声音不断出现。例如，1974年，大学教师协会（The Association of University Teachers）呼吁增加研究资助，其理由是“大学教师，通过他们的研究，可以对国家发展做出贡献，可以革新他们的教学方式，并能够推进人类知识的边界”②。1978年，坎特伯雷大学校监（The Chancellor of the University of Canterbury）呼吁继续投入大学研究，他宣称：“如果没有学习和研究，大学教学将会变得枯燥和贫瘠。”③

随着科研条件的改善，以及大学理念和学术文化的变更，坎特伯雷大学和新西兰其他高校一起，于20世纪五六十年代开始，逐渐容纳并扩展了科学研究。坎特伯雷大学的定位已经从纽曼关注自由人文的教学型大学转向了现代研究型大学。但在架构上，科研与教学被分离地对待，且二者的关系被认为是单向的④。而这种状况，到1990年代有了很大的改变。

---

① CLARK J A. Teaching and Research：The Canterbury Declaration and Popper's Legacy for Teacher Educators [R]. New Zealand Annual Review of Education，2005.

② University of Canterbury. AUT Report Shows NZ Well Behind Britain and Austria [C]. Chronicle，1974，9（5）：4-5.

③ University of Canterbury. Chancellor Appeals for Continued Investment [C]. Chronicle，1978，13（3）：3.

④ ROBERTSON J，BOND C. The Research/Teaching Relation：A View from the 'Edge [J]. Higher Education，2005，50（3）：509-535.

第二节　坎特伯雷大学科教融合的政策环境

1990年代至今，坎特伯雷大学的教学与科研关系建构处于法律与经济社会的多重压力之下。1989年，新西兰《教育法案》明确要求大学必须明确宣称并努力实现研究与教学的密切联系。但是，由于世界高等教育变革的宏观背景，加之新西兰新自由主义改革的推进，一个竞争性的、问责制的、绩效化的高等教育市场正在形成，各种力量不断地推拉大学，大学共同体不断分裂，科研与教学也处于分离的压力之中。

一、大学科教融合的推力

新西兰拥有强大的推进大学科教融合的力量，而政府处于这种推力的核心。新西兰政府有明确的推动大学科教融合的立场。相关法律和政策制度更是大学科教融合的巨大推力。

（一）教育法律规定

新西兰1989年《教育法案》明确界定了各类第三级教育（tertiary education）[①] 机构的法律特征，其中，对大学的界定是：

> （1）它们主要关注更高级的学习，主要目标是培养独立心智（intellectual independence）；
>
> （2）它们的研究与教学相互依存，绝大多数的教学工作由那些在探索知识方面表现活跃的人们承担；

① 新西兰第三级教育是指所有中学后教育，由高等教育（higher education）、职业教育与培训（vocational education and training）、高等基础教育（foundation education）和社区教育（community education）等构成，包括大学（universities）、理工学院（institutes of technology and polytechnics，ITPs）、毛利大学（wānanga）、私立培训机构（private training establishments，PTEs）、行业培训组织（industry training organisations，ITOs）及其他多种教育机构。这些不同的第三级教育组织（Tertiary Education Organizations，TEOs），具有不同的特征，承担不同的角色期待。在这些教育组织中，由8所大学、20所理工和科技学院和3所毛利大学构成其“高等教育”部分，是开展研究、进行学士学位及以上层次研究型教学的场所。大学是新西兰第三级教育系统的核心，是最主要的研究、教学和学位教育机构。

(3) 它们具有国际水准的研究与教学；

(4) 它们是知识与专长的资源库；

(5) 它们接受作为社会批评者和社会良心的角色。

而且，大学还要：

(6) 具有广泛多样的教学与科研，尤其是在更高的层次，保持、促进、传播知识，促进知识的应用，培养独立心智，促进社群学习。

这使得以教学与科研的结合以及研究型教学（research-led teaching）成为新西兰大学的法律要求。在《教育法案》的规制下，其他相关政策也凸显了科教融合作为大学基本特征和要求的地位。

（二）相关政策制度

作为新西兰重要的两个监管大学的外部质量保障机构[①]之一，新西兰大学学术质量局（The Academic Quality Agency for New Zealand Universities，AQA）在2002—2007年开展的第三轮评估[②]的主题为“教

① 在新西兰，新西兰大学校长委员会（The New Zealand Vice-Chancellors' Committee）是8所大学的最高组织（peak body）。这一组织是依据新西兰1961年教育法案而设立的，自2010年后，其在运行上称为（operating as）新西兰大学联合会（Universities New Zealand）。依据1990年颁布的教育法案修正案，新西兰大学联合会是负责新西兰所有8所大学质量保障事宜的法定机构。有两个具体的机构负责大学质量保障事宜，分别是大学学术项目委员会（The Committee on University Academic Programmes，CUAP）和新西兰大学学术质量局。前者是新西兰大学校长委员会的下属机构，负责大学的设立、资格申请及制度审批、认证和专业调整等。后者在2013年1月1日前被称为 the New Zealand Universities Academic Audit Unit，是1993年由新西兰大学校长委员会建立的一个独立机构——其管理委员会（governing Board）由新西兰大学校长委员会任命，但其运行则独立于新西兰大学联合会，通过常规的组织审计及普及质量提升实践，支持、推进各大学实现教学和科研等方面的卓越。

② 新西兰大学学术质量局开展定期的学术主题审查和一些不定期的审查。到目前为止，已经进入第六轮定期审查。前五轮分别是：1995—1998年对于整个大学的全面审查；2000—2001年对于科研以及被审查大学一个自选主题的审查；2002—2007年对教学和学习的审查；2008—2012年对整个大学的全面审查；2013—2016年对整个大学的全面审查，尤其关注教学和学习以及学生支持。2017年进入第六轮审查，关注教学、学习、学生学习支持和学习结果。资料来源：http://www.aqa.ac.nz/academic-audit[2017-12-24].

学与学习”，其中专门把“教研联结”（teaching-research nexus）定为评估的重要内容，要求相关大学汇报科教融合如何在校园中展现。2013—2016年开展的评估主要关注教学和学习，其在2013年初发布的评估框架包括7个方面，在教学质量方面，指标之一就是教师的工作量管理，一定要确保学位层次以上的学生主要由那些科研活跃的教师教授。

在新西兰教育委员会发布的几个第三级教育战略中，也坚持了这一根本原则。《第三级教育2002—2007》指出：“研究活动与学位层次的教学之间的连接依然重要。这保证新知识纳入教师的学术活动之中（比如，纳入项目课程内容之中），并提供了一种研究文化，在这种文化中，本科生学习研究的基本模式，以此促进终身教育的发展。这也给学生提供了更为丰富的学习经验，进而增加他们的能力。”① 这就要求“确保所有的第三级教学的质量被最新的学术所丰富，也要求提供者进行新的创新性的安排。因此，对于学位授予机构，确保教师积极参与高质量的研究是很重要的，如果没有做到，资源将会被逐渐移向更高质量的机构”②。《第三级教育2007—2012》强调其关注的重要领域是“强化研究型教学”、“支持研究、学术与教学间的连接”，并指出：“研究提供了观点的发展，并教育学生使用研究方法和分析推理进行思考。教学学术，以及研究与教学间的更为普遍的连接，必须得到强化。政府也将支持这一点，尤其是通过大学独特的贡献。……高质量的研究、教学和学习将建构那些对于这个国家转向一个知识经济至关重要的领域的能力。”③《第三级教育2014—2019》也重申了“高等教育要进行研究和学位层次及以上资格的研究型教学”④，不过，没有对这一问题进行更多地论述与强调。

---

① Ministry of Education. Tertiary Education Strategy 2002-2007 [R]. Wellington: New Zealand Ministry of Education, 2002: 59-60.

② Ministry of Education. Tertiary Education Strategy 2002-2007 [R]. Wellington: New Zealand Ministry of Education, 2002: 59-60.

③ Ministry of Education. Tertiary Education Strategy 2007-2012 [R]. Wellington: New Zealand Ministry of Education, 2006: 25.

④ Ministry of Education. Tertiary Education Strategy 2014-2019 [R]. Wellington: New Zealand Ministry of Education, 2014: 22.

二、大学科教融合的阻力

虽然新西兰政府有推动大学科教融合的法律和政策，但阻碍科教融合的力量也普遍存在，甚至有愈来愈强的迹象。在众多阻力当中，新自由主义的高等教育理念和政策处于中心地带。它通过强调教育问责，以问责、绩效评估、竞争性资助等方式，对大学理念、制度与行动施加巨大影响，深刻影响着大学的教学与科研关系，科教融合面临挑战。

作为新西兰自由主义高等教育政策的先兆，新西兰教育部1988年发布的《霍克报告》（*The Report of the Working Group on Post Compulsory Education and Training in New Zealand*，*The Hawke Report*）提出效率和问责在高等教育领域中的中枢作用（central importance），并提出包括“研究与教学应该分离”等在内的多项建议。这遭到了大学校长委员会（The New Zealand Vice—Chancellors' Committee）的反对，他们强调因为教学与研究是相互依靠且彼此强化的。1989年的《教育法案》也选择强化大学教学与科研的联结与融合，但分离教学与科研的力量却在不断增长。

破坏的力量从资助政策打开了突破口。1961年，《新西兰大学法》（*University Act* 1961）颁布，据此，自1962年开始到1990年被撤销（依照1990年颁布的《教育法案》修正案），大学拨款委员会（The University Grants Committee）就是教育部与大学之间的中介，按照一揽子的方式对大学进行拨款（bulk grants）。可是，1987年的《华兹报告》（*The Watt's Report*）提出应该取消大学拨款委员会，改为教育部直接管理大学，并建议大学收费，改变新西兰大学完全由政府资助的模式。1988年的《霍克报告》提出高等教育应采取商业化、绩效化管理，还提出应区分大学教学与研究方面的任务。1988年，新西兰商业联合会（The New Zealand Business Roundtable）发布了《改革第三级教育报告》（*Reforming Tertiary Education in New Zealand*），主张按照市场模式重构高等教育。其中一条建议是，政府将补助金直接发放给学生，而不是通过一揽子拨款（bulk grants）资助高校，另外应增强科研的竞争性。这在1989年发布的两份白皮书（*Learning for Life*、*Learning for Life Two*）中得到了认可。

1991年1月14日，新西兰教育部发布了新的资助系统及细节。新的大学资助系统也可称为学生拨款系统，即 the equivalent fulltime student（EFTS）拨款。在新的系统之下，每个 EFTS 将获得同样的拨款，大学会依据公式，基于学生数量及其所学习的项目和课程来获得拨款。

1997 年 9 月，新西兰教育部发布绿皮书《新西兰第三级教育政策的未来》（*A Future Tertiary Education Policy for New Zealand：Tertiary Education Review*）。1998 年 11 月，又发布第三级教育白皮书《新西兰第三级教育：21 世纪政策指南》（*Tertiary Education in New Zealand：Policy Directions for the 21s' Century*），建议设立全国性的质量保障系统，建立分离的教学和科研资助机制。白皮书建议不再把研究资助作为 EFTS 拨款的一部分，而是将拨款的一部分给予高等教育机构之外的中央部门，然后再进行评价和资助①。这标志着研究与教学分离资助政策的形成。

整个 1990 年代，所有提供学位的高等教育机构，都是基于注册学生数量及专业的基础上获得一揽子拨款的，这一拨款包含了对于研究的资助——大学获得的科研资助与其开展的研究间并没有直接的可以评价的关系。2003 年，新西兰引入了以绩效为基础的科研资助体系 PBRF②，进而把研究从一揽子拨款中分离出去，并通过 PBRF 这种新的测量和资助科研的方式在第三级教育机构中重新分配资金。这样，研究就成了可以用行动指标来量化和分等的、被独立评价的活动。这引发了越来越多学者的担心，他们也观察到了一些不理想的现象。如有学者认为，当政

① OLSSEN M. The Restructuring of Tertiary Education in New Zeland：Governmentality，Neo-liberalism，Democracy [J]. McGill Journal of Education，2002，37（1）：57-87.

② 第三级教育咨询委员会（The Tertiary Education Advisory Commission）在其 2001 年 11 月的报告 *Shaping the Funding Framework* 中，建议为高等教育提供者引入 PBRF，以鼓励和奖励第三级教育领域的科研卓越。这导致 2002 年 7 月设立 the PBRF Working Group，给当时的 Transition Tertiary Education Commission and the Ministry of Education 建议对于新西兰学位授予机构的以绩效为基础的研究资助系统的细节设计和实施。工作组的报告 *Investing in Excellence* 在 2002 年后期发布，国会在 11 月批准了相关建议。这些建议接下来成为了这些大纲所描述的 PBRF 实施的基础。

府改变 PBRF 的规则，大学及个体可能会跟进，他们会更多强调科研，进而导致研究、教学和专业活动的新的分离。PBRF 可以提升研究，但教学在过去十年中的标准却下滑了①。还有学者指出，这加剧了机构间的分化，一些大学更多地开展研究，而另一些机构则较少研究。对教师而言，那些没有获得竞争性基金的教师仅仅从事教学，还可能形成一个劳动力市场，教师的工资中不同的成分来自不同来源的合同。更为令人担忧的可能性是，那些没有通过竞争性过程的研究项目甚至根本不被认为是研究②。此外，有学者指出，由 PBRF 推动下形成的新的研究世界中，“似乎少有足够的空间来考虑研究对于教学与学习的相关性和应用”③。

与资助机制改革相伴随，一些分离教学与科研的报告和建议不断涌现——虽然一直遭到各大学及其他一些力量的反对。1999 年，高等教育部部长（The Tertiary Education Minister）的一份提案指出，在新西兰应该只有两到三所获得充分资助的研究型大学（而不应该是当时的 7 所）。借用相关元研究发现教学与科研之间零相关的研究成果④，第三级教育咨询委员会的报告曾指出，研究生教育要求很高水平的研究密度，绝大

① HARLAND T，et al. Neoliberalism and the Academic as Critic and Conscience of Society [J]. Teaching in Higher Education，2010，15 (1)：85-96.

② OLSSEN M. The Restructuring of Tertiary Education in New Zeland：Governmentality，Neo-liberalism，Democracy [J]. McGill Journal of Education，2002，37 (1)：57-87.

③ BILLOT J，CODLING A. Lost in Translation：Aligning Strategies for Research in New Zealand [J]. Higher Education Management and Policy，2011，23 (3)：93-113.

④ 在 20 世纪八九十年代，有一股很强的以数量关系探寻大学（或其教师）教学与科研关系的兴趣——通过计算教学效果和科研的相关性来实现。这些研究的结果有很大差异，因此又出现了对这些研究的元研究，如 Feldman (1987)、Hattie & Marsh (1996) 等，这些元研究显示，教学与科研的相关性为零，而且坚信教学与科间存在密切关系的信念只不过是一种神话。不过，有学者质疑这类文献，认为通过数量化统计来计算二者的相关性存在诸多问题，如基于狭隘的、预先确定的关于教学、研究的界定，以及关于教学效果和科研产出的一种简单化的假设。其实，大学及其教师的研究和教学能力很难被量化，而且，对这些相关性研究再进行元研究，几乎很难实现。

多数参与这些项目教学的人应该是积极的研究者，但本科教育主要关注的是传授构成特定学科基础的基本知识和一般技能。……因此，委员会建议修改1989的教育法案，要求本科学位由那些具有本学科综合性的当下知识并交流这些知识技能的人教授①。虽遭到大学和政府的反对，但这一建议在第三级教育委员会2004年的咨询报告《第三级教育组织的不同贡献》（*The Distinctive Contributions of Tertiary Education Organisations*）中重现。近年来，此类建议依然不断出现，甚至更微妙地影响着相关政策。正如前文所述，在《第三级教育战略2014—2019》中，并没有对教学与科研的融合做多少关注。

总之，随着新自由主义政策的日益发酵，虽然在新的高等教育系统中，新西兰依然强调大学教学与科研之间的良好关系，强调研究型教学的实施，但大学科教融合也面临着极大的威胁。

第三节　坎特伯雷大学科教融合的制度

在新西兰《教育法案》的要求下，以及新西兰大学学术质量局学术审核的压力下，坎特伯雷大学近二十多年来努力推进科教融合，并建构了相应的制度。

一、把科教融合纳入学校章程和战略规划等重大制度中

在新西兰《教育法案》的要求，以及新西兰大学学术质量署学术审核的压力下，坎特伯雷大学近年来一直把科教融合作为学校的重大事项，并通过一系列措施加以推进。

这所大学1991年的章程开篇声称："一所大学一个公认的特征是，它的研究与教学是密切相互依赖的，而且绝大多数的教学由那些积极参与推进知识的人承担。"② 这份文件还宣称，坎特伯雷大学在教师聘任中

① Tertiary Education Advisory Commission. Shaping the System [R]. Wellington: Tertiary Education Advisory Commission, 2001: 109.

② University of Canterbury. The University' Charter [R]. Christchurch: University of Canterbury, 1991: 1.

坚持的原则是教学不能独立于研究。最新一份章程的第二部分，也就是“独特性”部分，再次强调了科教融合。其中提到，在新西兰第三级教育领域中，坎特伯雷大学的独特性体现在多个方面，如致力于培养未来领袖、多学科、本科生学位的通识性（generic nature）以及由此给予学生的广泛适应性等，其中就包括很强的教学与科研联结（the strength of teaching-research nexus）。接着，章程强调：“坎特伯雷大学是一个学术被珍视的地方，是一个教学和学习与科研高度联系（strongly linked）的机构。”①

与章程相一致，坎特伯雷大学还把科教融合作为学校最突出的优势之一加以宣传。其官方网站宣称坎特伯雷大学是一所世界知名大学（a world recognised university），并列出了其优势，如很高的大学排名、有世界著名学者、开展有前沿研究等，其中处于第一位的是研究型教学。关于这一点，其网站说：“坎特伯雷大学的专业教师常常通过询问‘假如……会怎样’来推进知识边界。他们把探究和发现置于教育过程的中心，这所大学所有的教学项目都是以研究为基础的（research-based）。”②

坎特伯雷大学的相关战略规划也很重视科教融合。2002 年，坎特伯雷大学制定了一份 2003—2005 年的规划，其目标陈述文件 *University of Canterbury：Statement of Objectives 2003 to 2005* 声称“坎特伯雷大学的高质量、研究型教学和学习享有国际声誉”，提出要在 2003 年制定并于 2004 年实施一个科研战略，确认研究与教学的联结。文件还重申了其章程的内容，即“坎特伯雷大学区别于其他新西兰大学的一个特征是每一个全职教师对应的高比例的研究生。这是这所大学作为研究型大学的重要优势，学术和研究卓越，并且教学与科研之间有强烈且重要的内在链接（strong and significant inter linkage）”③。

除了上述的整体规划外，在坎特伯雷一些专项规划中，也凸显了科

---

① University of Canterbury. UC Charter 2003-2010 [R]. Christchurch：University of Canterbury，1991：5.

② University of Canterbury. UC-a World Recognised [EB/OL]. [2017-12-25]. http://www. canterbury. ac. nz/ get-started/why-uc/prestigious/top-uni/.

③ University of Canterbury. University of Canterbury：Statement of Objectives 2003 to 2005 [R]. Christchurch：University of Canterbury，2002：15.

教融合的重要地位。例如，2013年发布的两个规划——《教学和学习规划2013—2017》和《科研规划2013—2017》，都强调了科教融合。《教学和学习规划2013—2017》开篇指出："研究型教学和学习是坎特伯雷大学的核心。这所大学的本科生和研究生的教学主要由研究活跃的教师承担。我们的目标是，项目和学位持续相关并且由处于他们学科前沿的学术教师传授。"规划还指出："坎特伯雷致力于提升教学与科研联结的策略，使我们的毕业生更加重视对知识社会的需求回应，尤其是重视毕业生支持知识转移和社会服务的能力。一个关键的目标是鼓励教师确认他们的教学被他们的科研活动丰富和提升的方式。"① 这个规划有三个战略目标领域，分别是"学生"、"创新学习与教学"以及"学习与教学能力和环境"。为实现规划目标，规划还设定了2013—2014年的操作性计划。其中，"创新学习与教学"有16项操作性计划，主要包括促进教师教学发展、提高教学在教师晋升中的地位、设定学习和教学的质量标准等。其第11和12项就直接指向科教融合。第11项是："鼓励教师去发现并确认行之有效的科教融合的方式。"第12项是："在所有学院确认和展示一些以教研联结为案例的项目和课程。"在"学习与教学能力和环境"的操作性计划中，还提出"确保学术教师的招募把候选人提升这所大学教学的潜力考虑在内"等。

《科研规划2013—2017》对科研活动、质量、能力和合作进行规定，在这些方面设定了目标，强调多个方面。其2013—2014年的操作性目标之一，就是"保持科研与教学和学习之间强烈的、充满活力的联系"。

二、通过核心制度引导科教融合

坎特伯雷大学通过制定核心制度的方式，引导和推进科教融合。科教融合的关键在教师，只有深化教学和科研这两项学术活动间的关联，才能真正实现科教融合。可以说，教师管理制度是大学科教融合的核心制度之一。坎特伯雷大学的教师管理制度的多个方面都体现了促进科教

① University of Canterbury. Learning and Teaching Plan 2013-2017 [R]. Christchurch: University of Canterbury, 2013: 1.

融合的意图。

教师管理的重要方面是学术活动分配（the allocation of academic activities），坎特伯雷大学承认不同时间、学校内的不同环境，学术活动是变化的，也是有不同特征的。但是，教师是有工作量要求的，且工作量管理由 2013 年引入的教师工作量政策（academic staff workload policy）具体规定。这项政策体现了大学、院系和个体对于学术活动的确认、分配和计算。坎特伯雷大学规定，所有院系（department or school）每年至少开展一次教师学术活动。系主任或其他被任命的负责人要确保：教师要有时间从事科研；科研要与教学相关（research informed teaching）①。这样，就确保了攻读学位的学生主要由那些科研活跃的教师进行指导。

在教师晋升方面，坎特伯雷大学也有关于科教融合的明确规定。在晋升制度目标方面，坎特伯雷大学宣称："坎特伯雷大学的目标是要学术、科研和教学方面世界闻名。专业教师是我们最珍贵的财富。我们旨在积极支持和鼓励所有教师为学生提供杰出和富有启发性的研究性教学（research-informed teaching）。我们努力招募并保留高素质的教师，让他们的潜能最大化并奖励他们的努力、卓越和创新。"② 关于晋升条件，坎特伯雷大学主要依据申请人在三类活动方面的表现：教学、科研/学术/创造性工作、服务（大学、专业或社区的）。教师不需要在所有方面都突出，特定的职称评定③有特定的要求。例如，在职业早期，教师可以

---

① Academic Quality Agency for New Zealand Universities. Report of the 2014 Academic Audit of the University of Canterbury [R]. Wellington：Academic Quality Agency for New Zealand Universities，2015：46-47.

② University of Canterbury. Academic promotion [EB/OL]. [2017-11-30]. http://www. canterbury. ac. nz/about/hr/academic-promotion/.

③ 在新西兰，专业教师的职称有这样几类：助教（Assistant Lecturer，没有哲学博士学位者的入职职称）、讲师（Lecturer，有哲学博士学位者的入职职称）、高级讲师（Senior Lecture）、平均水平之上的高级讲师（Senior Lecturer Above the Bar）、副教授（Associate Professor）、教授（Professor）、杰出教授（Distinguished Professor）。在坎特伯雷大学，上述几类（不含杰出教授）的比例分别是 0.6%、20.3%、22.7%、19%、15.2%和 14.8%。

凭借在两类活动（教学或科研）中展示的能力而获得晋升。在高级职称晋升中，候选人要在科研/学术/创造性工作方面或教学方面，展示出持续的很强的竞争力（副教授）或杰出的能力（教授），而且要有清晰的证据显示自己的学术领导力。坎特伯雷大学晋升副教授的指南（guidelines）指出，要晋升副教授，必须在圈内知名，并且有国际影响。而且，申请人要把科研/学术/创造性工作与教学结合起来，并在自己的研究领域内发表相关论文或设计出课程，提供在教学和学习方面具有创新性和持续性领导力的证据。晋升教授的指南要求，申请人在专业领域国际知名，有高水平成果，有证据显示是国际学术领袖。并且要求在国内外课程或专业发展方面展示出领导力①。

坎特伯雷大学的人力资源部门设计了一些教师发展制度，其中一个是为早期教师开展的工作坊。这个工作坊要求教师在注册学习之前，必须学习澳大利亚学者鲍德温（Gabrielle Baldwin）写的一篇关于大学科教融合的文章。这篇文章结合墨尔本大学的经验，总结了教学融合科研的9种方式：（1）根据研究课题设计和教授课程；（2）在课堂教学中介绍最新研究动态；（3）围绕当下研究主题设计学习活动；（4）教授本学科的研究方法、技能、技巧；（5）在本科生作业中加入小规模的研究活动；（6）创造机会让学生感受系、所的研究文化；（7）吸纳学生参与系、所的研究项目；（8）在教学中融入研究人员的精神价值；（9）研究学生学习以开展更科学的教学②。另外一个相关的制度是，坎特伯雷大学鼓励所有教师获得教学资格（teaching qualification），尤其是鼓励那些不具有正规的第三级教育资格的教师获取第三级教学研究生资格（The Postgraduate Certificate in Tertiary Teaching）。其教学与学习规划2013—2017提出，鼓励教师开展正式的高等教育学习，到2017年末争取实现

① University of Canterbury. Academic promotion [EB/OL]. [2017-11-30]. http://www.canterbury.ac.nz/about/hr/academic-promotion/.

② BALDWIN G. The Research-teaching Nexus: How Research Informs and Enhances Teaching and Learning in the University of Melbourne [R]. Melbourne: Centre for the Study of Higher Education, 2005. [2017-05-30]. http://melbourne-cshe.unimelb.edu.au/__data/assets/pdf_file/0006/1761207/TR_Nexus2005.pdf.

15%的专业教师具有教学资格。

三、以机构改革促进科教融合

坎特伯雷大学的科教融合制度，还体现在机构改革方面。与其他大学类似，坎特伯雷大学近年来也分别设立了科研委员会（Research Committee）、教学与学习委员会（Teaching and Learning Committee），但与其他院校不同的是，坎特伯雷大学非常重视两个机构的协作。

科研委员会建立于1993年，向科研理事会负责，制定坎特伯雷年度的优先研究计划和预算，分配学校的基金资助，并提供报告给主管校长。科研委员会促进了坎特伯雷大学科研的发展，但却在一定程度上弱化了教学。为回应1996年第一轮学术审查"坎特伯雷大学科研胜于教学"的评价，坎特伯雷大学于1998年建立了教学与学习委员会，为学术理事会提供关于教学与学习方面的政策建议。1999年，教学与学习委员会创办了一份推动教学实践创新的刊物：*UC Teaching*（以创刊于几年前的UC Research为模板）。此外，委员会还发起了一些不同的教学奖励，设立了教学发展基金①。可是，这种分离式的工作思路，只能平衡教学与科研，而无助于科教融合。意识到这一点后，坎特伯雷大学做了一些新的尝试，其中重要的一项措施就是强化科研委员会和教学与学习委员会之间的联系。2000年发布的报告《坎特伯雷大学的科研与教学连接》（*The Research-teaching Link at Canterbury*），便是由两个委员会的一些成员共同组成的临时委员会完成的，在这份报告里，也提出强化两个委员会的联系是大学组织层面促进科教融合的良好措施。不仅如此，两个委员会还在人员上进行重叠，以做到真正协调教学与科研关系、促进科教融合。这项制度于2004年开始，那时，一位科研委员会的成员被选入教学与学习委员会，而教学与学习委员会也试图让一位成员入选科研委员会。这些措施旨在促进科教融合，并试图在政策讨论中打破教学

---

① 自2000年，坎特伯雷大学设立教学发展基金（Teaching Development Grants），每年支持十多项教学研究项目。自2001年开设，评选教学奖（Teaching Awards）、教学奖章（Teaching Medal）和教学会议奖励（Teaching Conference Awards），每年分别4—10人、0—2人和10项左右。

与科研的分离①。

第四节　坎特伯雷大学科教融合的具体实践

在相关制度的引导下，坎特伯雷大学的科教融合行动得以持续推进，其实践成为一流研究型大学的典范。

一、通过多种形式促进科教融合

在1997年和1998年的校长报告中，教学与科研的密切联系被重申。在1999年5月发布的《坎特伯雷前进之路》（*The Canterbury way forward*）中，提出了一些融合教学与科研的方案。这些方案随后被评估、重新设计和操作化，并反映在《坎特伯雷大学2000年计划》（*The University Plan* 2000）之中。这些方案主要有三个：将研究纳入课程和教学中去；教学需要向学生提供研究技能；教师开展研究，并进行教育教学研究。对于每一个方案，都设定有相应的目标及完成目标的策略。推进“将研究纳入课程和教学中去”这一方案的一个目标是“确保课程和项目具有国际水准、基于良好原则设计，而且是把研究纳入教学和学习中去的”。而为实现这一目标，又设定了几个策略。其中一个策略是“确保新的和现在的项目充满活力，保持一致，并呈现大学的研究活动且被大学的研究活动促进，达到国际水准，满足社群需要，有充足的资源”。为实践“教学应向学生提供研究技能”，《坎特伯雷大学2000年计划》提出了一些策略，如：给学生提供深刻的知识和对于学科的理解；课程教学充满学术原则；鼓励学生批判性和独立性地思考；倡导在广泛的背景中理解学科；发展学生的学术自由观念及参与学术的责任感；等等。为推进“教师开展学术研究和教学研究”，该计划提出：制订政策和程序，鼓励开展关于教学的公开对话；鼓励关于改进、丰富教学方法的讨论；给致力于教学的教师提供适当的教师教育项目；为教师提供持续的发展教学

① New Zealand Universities Academic Audit Unit. University of Canterbury Academic Audit Report Cycle3 [R]. Wellington: New Zealand Universities Academic Audit Unit, 2005: 8.

能力的机会；等等。可以说，坎特伯雷大学具有系统的行动方案，并形成了建构研究型课程、开展研究型教学、教授学生研究技能、教师积极开展研究、教师申请并进行教育教学研究等多种促进科教融合的策略。

二、多层面全组织开展科教融合

坎特伯雷大学具有系统化、多层面的提升科教融合的策略。在2000年发布的报告《坎特伯雷大学的科研与教学连接》中，坎特伯雷大学形成了系统化的提升科教融合的制度与策略。报告指出，教学与科研可能通过三种方式相互联系（interrelate），分别是传递性连接（“Transmission” links）、过程性连接（“proces” link）和研究文化连接（“research culture” link）。传递性连接又存在科研/教学连接（research/teaching link）和教学/科研连接（teaching/research link）两种形式，前者指教学被视为一种传授新知识的方式，后者指进行教学可以丰富和促进研究活动；过程性连接是指鼓励学生以研究的方式进行学习的教学模式；研究文化连接指的是师生在探究的社群（community of inquiry）中一起工作，而学习是连接科研和教学的关键①。这几种方式的提出，具有非常重要的意义，能够使人们更全面地思考和推进科教融合。

坎特伯雷大学并没有止步于此。在《坎特伯雷大学的科研与教学连接》中，坎特伯雷大学还提出要从组织层面（institutional level）、学系层面（departmental level）和个体层面（individual level）全面监控和反思其科教融合的实践。在组织层面，坎特伯雷大学从教师的聘任和晋升、课程的审批以及研究型课程的设立等方面进行全面建构；在学系层面，从系的报告、使命陈述、课程等方面监控和推进；在个体层面，关注教师本科教学中的科教融合，强调教学中的学生科研以及教师开展教育教学研究。

三、注重科教融合的外显化

教学和科研是现代大学两项最基本的活动，二者的关系常常是隐性而不是显性的。这给监控和提升教学与科研的联系，促进科教融合，带

① SPRONKEN-SMITH R，et al. The Research-teaching Link at Canterbury［R］. Christchurch：University of Canterbury，2004：3.

来了很大的困扰。坎特伯雷大学对于科教融合的特别重视，注重科教融合的外显化，进而用实际监控的证据和行动推进科教融合。

为推进科教融合，坎特伯雷大学不仅在章程和规划中明确强调科教融合，而且还设定了具体的目标和监控机制。正如前文所述，《坎特伯雷大学 2000 年计划》提出了具体的方案和目标。《坎特伯雷大学的科研与教学连接》意识到教学与科研联系的隐秘性，想获得教研连接的证据比较困难。因此，从组织、学系和个体三个层面加以寻求证据，进而监控和推进科教融合实践。使用问卷、访谈、文本分析和案例研究等方法，通过对管理者、教师和学生等的调查，委员会形成了一系列的实证数据。《坎特伯雷大学的科研与教学连接》归纳了三个层面的教学与科教融合的状况。(1) 在组织层面，相关证据体现在教师聘任、晋升和请假程序上以及课程审批上。另外，坎特伯雷大学还举办关于科教融合的论坛（University Forum on teaching-research links)，其主办的刊物 *UC Teaching* 上也发表相关的文章。(2) 在学系层面，存在好几种科教融合的机制——在研究生阶段比本科生阶段突出。这些机制主要有：开设符合教师研究兴趣的课程，开设研究方法类课程，通过实验室和田野进行教学；鼓励学生参与研究沙龙，本科生毕业论文常常是大的科研项目的一部分；使用科研助手参与教学；通过 *UC Teaching* 发表相关的科教融合文章；制订相关的提升教学在专业发展中地位的政策，依据科研进展修订课程；等等。(3) 在个体层面，教师和学生都有科教融合的实践证据。如：教师把研究融入教学，激发学生的科研兴趣，鼓励学生组成科研团队；发表关于教学的文章；紧跟研究趋势更新课程；使用探究式的教学模式；促进教学对研究影响的显性化；等等。学生方面的实践有：毕业档案突出科研方面；作为科研助手或团队成员参与教师的科研；举办本科生科研峰会；与教师合作发表文章；参加学术会议；等等①。即使已经有了上述这些科教融合的实践，但《坎特伯雷大学的科研与教学连接》强调，上述这些实践“主要在个体和院系层面才有效。即使在个

① SPRONKEN-SMITH R, et al. The Research-teaching Link at Canterbury [R]. Christchurch: University of Canterbury, 2004: 17-18.

体层面，很多教师也并不是显性地在本科生教学中呈现他们的科研。学校应该鼓励教师更加外显自己的研究，使学生更为清楚这所大学中的科研活动"①。这份报告还提出了一些强化大学组织层面科教融合的措施，如在科研项目申请中适当地呈现与教学连接的证据，在学校新的行动方案中适当显示教学与科研连接，在学生评价中纳入一些教学与科研连接相关的问题，鼓励教师积极地开展教学学术活动并积极申请此领域的课题，提升学生对于这所大学科研状况的认识，奖励教学与科研的结合，要求教师评价要纳入一些关于科教融合的努力的评语，要求学系提供的自评报告中有科教融合的内容，等等②。

第五节　坎特伯雷大学科教融合的困境

在《教育法案》、学术审计以及第三级教育委员会相关规划的推动下，坎特伯雷大学建构了系统的科教融合制度，并开展了积极的探索，形成了系统化、多层面的系统行动方案。

但是，正如前文所述，在新西兰，又存在一些阻碍科教融合的政策——也许只是那些政策意外的后果，但确实使得大学在科教融合方面面临相互矛盾的政策环境，导致坎特伯雷大学的科教融合处于困境之中。例如，在《坎特伯雷大学的科研与教学连接》中，坎特伯雷大学就注意到一些阻碍科教融合的因素，如教职工到底是学者还是教师？学生期望的与学校给予的之间的冲突——学校想进行批判性教学，而学生却希望得到打包好的知识，一些著名学者赎买教学（teaching buy-out），等等。随着 PBRF 在 2003 年的引入，赎买教学等阻碍科教融合的力量更加凸显。2004 年，为应付第三轮学术审核，教学与学习委员会发布了报告《新的科研资助环境将如何影响坎特伯雷大学的教学与科研联结》（*How will the new research funding climate impact on the teaching-research nexus*

① SPRONKEN-SMITH R, et al. The Research-teaching Link at Canterbury [R]. Christchurch: University of Canterbury, 2004: 19.

② SPRONKEN-SMITH R, et al. The Research-teaching Link at Canterbury [R]. Christchurch: University of Canterbury, 2004: 19.

at the University of Canterbury）。这份报告发现，教师整体上只是感觉到教研联结隐性地存在于教学项目中——只有几个学术团体描述出显性的方式去培育或者维持连接。学生尤其是本科生，很少知道他们学科或系的研究，并表示出想知道更多的期望。在校园的某些部分，系和研究中心存在清晰的科教协同效应（synergies），而在其他一些领域，紧张关系出现。另外，需要处理教学赎买的问题，以确保最好的研究者不能够远离课堂①。2010 年的审核报告仍然指出，科研与教学融合的责任似乎是学院、系的，似乎并没有测试整个大学联结有效性的系统和过程，也没有促进提升的反馈环。而且，虽然本科生积极参与研究活动或者被教授研究技巧，但很多本科生可能还没有意识到他们被教授的内容的研究基础是什么以及如何被教授。另外，虽然坎特伯雷大学在自评报告中列举了两项很好的措施——项目负责人（programme convenors）要考虑教研联结如何影响学科，并确保传达给学生，尤其是体现在毕业生档案和学习结果中；要求副校长支持项目负责人采用以探究为基础的教学和积极学习，作为本科生教学的一种方式。这两种建议并不是强制性的②。教学赎买的问题也没有解决。虽然新西兰大学的优势是期望所有从事教学的教师都积极参与研究，教师也同怀此望，但是，自 2003 年以来，坎特伯雷大学出现了一些仅仅承担教学任务的讲师（tutor）和一些专门进行研究的教师——这些教师的研究主要是外部导向的③。这显然受到了 PBRF 的影响。这在其他院校也是如此。有研究发现，一位参与研究的教师总结说，今日的科研不再被视为主要是学术，或者说不必与教学和学术联系。科研主要被视为大学收入的来源之一——通过获取外部的资

① University of Canterbury. How will the New Research Funding Climate Impact on the Teaching-research Nexus at the University of Canterbury [R]. Christchurch: University of Canterbury, 2004: 3.

② New Zealand Universities Academic Audit Unit. University of Canterbury Academic Audit Report Cycle4 [R]. Wellington: New Zealand Universities Academic Audit Unit, 2010: 20-21.

③ University of Canterbury. University of Canterbury: Statement of Objectives 2003 to 2005 [R]. Christchurch: University of Canterbury, 2002: 19-20.

助，或者通过 PBRF 系统①。《第三级教育战略 2014—2019》指出，为了突出大学在经济社会发展与创新中的作用，将强化大学的研究，不仅重视基础研究，更要强调那些能产生经济和商业价值的研究。反过来，大学也更多地从工业及其他非营利组织中获取科研资助。在这种情况下，科研的外部导向必然增强，而其教育价值可能会进一步削弱。科教融合前景堪忧。

总之，由于教育法律和学术审核等的规制，坎特伯雷大学在科教融合的制度和实践方面做了很多探索。当然，由于外部政策存在冲突，分离教学与科研的力量仍存在，这使得坎特伯雷大学在科教融合的推进方面处于困境之中：一方面，这所大学建构了很多有益的制度，制订了多种形式的实践策略；另一方面，制度和实践又有些不彻底，执行和监测方面不够系统、彻底，存在妥协现象。这或许也是当代大学身处困境的普遍策略，毕竟，由于大学的重要性越来越凸显，政府和社会赋予它的任务和角色愈来愈多，而这些任务和角色通常是存在冲突的。20 世纪 90 年代以来，新西兰政府赋予了大学过多的战略角色和功能，如“促进经济转型”“平衡发展与环境”，在教学方面达到“机会和成就公平”，同时又要实现“科研的国际一流”，等等。为完成政府愿景，大学至少有六种模式：作为企业的大学，作为学术领袖、知识获取和真理探究场所的大学，赋予人民公民性的国家文化调和者的大学，多元分化并存的大学，全球电子大学，作为社群的大学②。但是，有学者指出，这些模式仅仅是理想类型，现实往往是一所大学共存有多种模式，这使得大学面临多重压力和矛盾，成为精神分裂的大学（the schizophrenic university)③。基于此，我们也就不难理解坎特伯雷大学的境遇了。那么，要真正推进科教融合，促进教学与科研的有效互动，必须给大学提供一致的政策环境，否则，大学科教融合的努力就会大打折扣。

---

① SHORE C. Beyond the Multiversity: Neoliberalism and the Rise of the Schizophrenic University [J]. Social Anthropology, 2010, 18 (1): 15-29.

② MILOJEVIC I. Women's Higher Education in the 21st Century: From `women friendly' towards Women's Universities [J]. Futures, 1998, 30 (7): 693-703.

③ SHORE C. Beyond the Multiversity: Neoliberalism and the Rise of the Schizophrenic University [J]. Social Anthropology, 2010, 18 (1): 15-29.

第七章 华中科技大学科教融合的制度与实践

华中科技大学地处武汉，其前身是建于1952年的华中工学院。2000年5月，华中理工大学、同济医科大学、武汉城市建设学院合并为华中科技大学。华中科技大学是教育部直属的一所综合性研究型全国重点大学，是国家首批"211工程"、"985工程"、"2011计划"、"双一流"重点建设高校；与清华大学一同被美国制造工程师协会（SME）授予"大学领先奖"；入选*Nature*评出的"中国十大科研机构"；2016年2月，中国一流大学百强榜中，华中科技大学排名第十，被称作"新中国高等教育发展的缩影"①。作为中国一流研究型大学，华中科技大学不仅以一流的教学和科研享誉国内外，其科教融合也颇有建树。

第一节 华中科技大学科教融合的发展历史

华中科技大学是国内最早提倡科教融合的院校之一，在20世纪50年代就已开始强调大学既要教学也要开展科学研究，更于20世纪70年代末提出了独特的科教融合理念。

一、20世纪50年代至80年代末：明确科教融合发展思路

这一时期华中科技大学已经明确科教融合制度的发展思路，通过开

① 华中科技大学[EB/OL].[2018-06-30]. https://baike.baidu.com/item/%E5%8D%8E%E4%B8%AD%E7%A7%91%E6%8A%80%E5%A4%A7%E5%AD%A6/160107?fr=aladdin.

展各种科教融合实践活动，科教融合制度初具雏形。1955 年 3 月 9 日，在华中工学院行政（扩大）会议上，彭天琦副院长在《改进与加强领导，为切实提高教学质量而努力》的报告中指出，提高师资水平是提高教学质量的保证，而提高教学质量、提高师资水平很重要的一环就是开展科学研究，其次提到教学质量与科学研究的关系，指明了教学与科学研究融合探索之路①。1956 年 9 月 16 日，华中工学院制订了相应的管理执行办法以确保教师有六分之五的时间用于教学和科学研究。同年 12 月 15 日，党委书记朱九思同志在全体党员及团支委以上干部会上，作了题为《进一步贯彻执行教育方针，加强教学、师资培养、科学研究中的政治思想工作》的报告，其中进一步说明了“全面发展，因材施教”的教育方针和“提高教学质量，开展科学研究”的工作方针，重申了教学与科学研究相融合的重要性。1957 年 5 月 23 日，在学校召开的第一次科学讨论会上，时任校长查谦提出：“教学工作和科学研究工作是每个高等学校的两种最重要任务，而这两种任务又是密切的联系着的。”② 1956—1960 年学校在院刊上相继发表了《应该把科学研究工作放到应有的地位》、《积极行动起来开展科学研究》等文章，科研与教学相结合发展的理念由此出现。文章提出：“不能设想，作为一个高等学校，如果没有蓬勃开展的学术活动和科学研究，能够有较高的学术水平和教学质量；作为一个高等学校的教师，如果不积极参加学术活动和科学研究，他就不可能不断提高科学水平，创造性地以丰富的知识教育学生，培养出能够独立思考的专门人才。这样他也就和一般中等学校的教师没有什么区别了。”③ 在学校领导的推动下，华中科技大学教学与科研相融合的理念逐渐付诸实践并取得成就，如 1958 年 11 月 22 日，华中工学院工企专业和机床教研室协作制成 1000 瓦超声波机床；1959 年 1 月 2 日，华中工学院专门就教学、科研、生产成就举行的展览会也是教学与科教融

① 李智，胡艳华．华中科技大学纪事［M］．武汉：华中科技大学出版社，2012：189．

② 佚名．提高教学质量，开展科学研究：我院召开第一次科学讨论会［J］．华中工学院院刊，1957（5）．

③ 佚名．为提高学术水平而努力［J］．华中工学院院刊，1961（12）．

合制度的产物[①]。

在1977年12月13日举行的华中工学院科学报告会中，党委书记朱九思代表党委就今后如何进一步搞好科学研究、提高师资水平等问题，提出了明确要求。通过开展教育思想大讨论，明确了教学与科研的关系，提出“科研是源，教学是流，科研要走在教学的前面”，以及“要走综合化的道路”，推动学校完成了三个历史性转变：一是由单一的工科教育，向理、工、文、管相结合的综合性大学转变；二是由主要从事教学工作，向既是教学中心又是科研中心的转变；三是由主要从事本科教育，向本科教育和研究生教育并重的多层次办学转变[②]。科研走在教学前面并不是说科研比教学更重要，也不是抛弃教学只搞科研，而是将二者结合起来，作为一名老师既要搞好科研，又要搞好教学；作为一名学生单纯学好课本知识是完全不够的，必须将课本知识加以灵活运用。关于如何将这些思路付诸实践，华中科技大学认为最好的办法就是学生在有条件的情况下跟着老师做一些科研项目，学以致用，从而更好地掌握已有知识。科研走在教学前这一思想可以说是科教融合理念在这一时期的集中体现。

科研和教学是辩证统一的关系，它们之间也会有矛盾，如果处理不好，也会相互影响。为了统筹兼顾、全面安排、妥善解决可能出现的矛盾，当时的华中工学院主要开展了如下几项工作：一是在组织领导和组织机构上，实行系和研究所尽可能结合的方法，教研室和研究室更要高度结合；二是在科学研究力量的匹配上，实行专职和兼职相结合的方法；三是在研究方向上，尽可能与所设专业的发展方向相结合；四是在学生学习的安排上，尽量使专业课、专业实验课、专业实习和科学研究活动相结合[③]。1986年，为了培养和造就一批基础扎实、思维开阔、知

---

① 李智，胡艳华，欧阳康. 华中科技大学纪事［M］. 武汉：华中科技大学出版社，2012：195-202.

② 江洪洋. 试析华中科技大学办学的历史经验［J］. 湖北教育（领导科学论坛），2011（6）：8-10.

③ 刘献君. 倡导 创新 发展：湖北省高等学校改革案例集［M］. 武汉：华中科技大学出版社，2011.

识结构合理、富有开拓创新精神的高水平科技英才，探索培养拔尖人才的规律和方法，华中科技大学创办了教改班（后改为因材施教提高班，简称提高班），提高班重在培养理论基础宽厚扎实、知识结构合理、富有开拓创新精神、能从事跨学科综合研究和较高层次技术开发的优秀人才①。

总之，20 世纪 50 年代至 20 世纪 80 年代末，华中科技大学初步形成了教育教学与科学研究相结合发展的思路，已具备科教融合制度之运行雏形。

二、20 世纪 90 年代至今：逐步形成科教融合制度的自发展

著名教育家叶圣陶先生曾说过："教育的目的在于不教，贵在实现从接受教育到自我教育的转变。"② 对于任一教学模式、管理制度而言，最高境界是实现从他管向自我管理的转变。

1997 年下半年，在党中央提出"科教兴国"战略的大背景下，学校发动全校干部教师开展了新一轮的教育思想大讨论。通过讨论，明确了高校在科教兴国战略中的地位与作用，提出"育人为本，教学、科研、产业三足鼎立"的理念，倡导科学研究要"顶天立地"，加快科技成果向现实生产力转化，推动科技与经济和社会发展的更加紧密的结合。实践表明"育人为本，教学、科研、产业三足鼎立"理念的实施，对创新人才的培养、提高教育质量和办学效益起到了促进作用，也有力地推动了区域经济的发展，促进了高校由社会的边缘走向中心的道路③。

华中科技大学产学研合作是在国内外多种背景下进行的，最早可追溯到 1992 年，合作过程经历了"点"、"线"、"面"三个阶段，实现了

① 张伟．华中科技大学培养拔尖创新人才的案例研究［D］．武汉：华中科技大学，2007．

② 董菊初，叶圣陶．语文教育思想概论［M］．北京：开明出版社，1998：117-120．

③ 江洪洋．试析华中科技大学办学的历史经验［J］．湖北教育（领导科学论坛），2011（06）：8-10．

从单纯的技术转化到产学研合作平台建设的转变[①]。1998年5月20日至22日，《中国教育报》在头版连续3天刊发学校探索产学研协调发展的系列报道，从“构建校内‘产学研’起步”、“产业发展，学科兴旺”、“产业出活力，教学上水平”三个方面介绍学校产学研情况。进入21世纪以来，华中科技大学在科教融合方面有诸多成就，其中较为著名的有2002年由华中科技大学电信系刘玉教授创建的Dian团队，以及2003年合并成立的电类科技创新基地等[②]。学校鼓励教师开展科学研究，不断提高学术水平，并将优质的科研资源转化为教学资源，以丰富教学内容，提升教学水平和人才培养质量。

华中科技大学在科教融合制度下的持续成长是由其整体发展战略和组织生命力的协同演化所推动的，始终伴随着科教融合制度的改进和战略的更新[③]。目前，华中科技大学科教融合制度渐趋成型，并初步进入科教融合制度自我管理阶段，该阶段的最主要特征是形成内部良性竞争机制和具有自我诊断功能。内部良性竞争机制促进了教育教学、科学研究和行业发展；自我诊断的功能使其能够依据世界教育发展趋势进行自我调整、自我完善。这种在大学内部环境发展中根据既定的学校战略发展目标引导科教融合制度不断进行自我完善的发展路线，促进了华中科技大学在组织文化、组织结构、学科成长机制等方面的完善与优化，为华中科技大学日后成为世界一流大学奠定了坚实的基础。

第二节　华中科技大学科教融合发展的政策环境

大学科教融合制度的形成和实践的发展，受宏观政策环境的影响，中国更是如此。当前，中国高等教育和科学研究政策在一定程度上肯定

① 钟兴. 华中科技大学产业集团产学研合作分析［J］. 中国科技论坛，2009（12）：48-52；72.

② 张伟. 华中科技大学培养拔尖创新人才的案例研究［D］. 武汉：华中科技大学，2007.

③ 张庆辉. 生态学视野中的大学战略管理［M］. 青岛：中国海洋大学出版社，2016：140.

了科教融合，当然，相反的政策力量也存在，这使得华中科技大学科教融合的发展处在复杂而特殊的组织环境中。

一、国家相关政策的引导

在大学科教融合的发展历程中，国家宏观层面的相关政策起着至关重要的引导作用。新中国建立之初，我国照搬苏联的做法，强调大学以教学为主，基本不提科研。在大学之外成立了独立的中国科学院，组织全国的科研工作。大学的一部分优秀人才被抽调到科研院所，而且，当时的大学教师要忙于学习俄文，翻译苏联教材，熟悉从苏联学来的教学制度和各个教学环节，也无暇顾及科研①。因此，大学基本上没有什么科研，教学与科研的联系也就无从谈起。1955 年 1 月提交的《关于规划和组织中华人民共和国全国性的科学研究工作的一些办法》，促成了《1956—1967 科学技术发展远景规划》的出台，这是中国第一个关于科学技术发展的长期规划②。该规划开始赋予大学以科研地位，但要求高等学校始终以教学为主。虽然少数大学也做了一些科学研究，如北京大学化学系与中国科学院有关研究所组成的人工合成牛胰岛素协助组，1965 年 9 月首次成功地运用有机化学的方法合成了结晶牛胰岛素③，但限于当时科研条件的限制，中国大学整体上呈现出科研严重不足的现象，教学与科研的联系非常薄弱④。1978 年，全国科学大会召开，科学与大学科研迎来了美好时代。中国大学至少是重点大学被界定为不仅是教育的中心，还要是科研的中心。1985 年的《中共中央关于教育体制改革的决定》指出："要根据中央关于科学技术发挥高等学校学科门类比较齐全，拥有众多教师、研究生和高年级学生的优势，使高等学校在发展科学技术方面做出更大的贡献。……重点学科比较集中的学校，将自

① 朱九思. 竞争与转化［M］. 武汉：华中科技大学出版社，2001：424-425.

② 薛澜，何晋秋. 国家创新系统的演进与发展：以科教结合为视角［M］. 北京：社会科学文献出版社，2016：21.

③ 薛澜，何晋秋. 国家创新系统的演进与发展：以科教结合为视角［M］. 北京：社会科学文献出版社，2016：22.

④ 吴洪富. 大学场域变迁中的教学与科研关系：一项关于教师行动的研究［M］. 北京：教育科学出版社，2014：93.

然形成既是教育中心，又是科学研究中心。”《中共中央关于科技体制改革的决定》指出：“高等学院和中国科学院在基础研究和应用研究方面担负着重要的任务。”

1987年发布的《关于改革高等学校科学技术工作的意见》，初步确立了科研协同育人的基本思路。1993年中共中央、国务院印发的《中国教育改革和发展纲要》指出：“高等学校科学技术工作要……坚持同教学相结合。高等教育要进一步……促进教学、科研、生产三结合。”① 《中共中央、国务院关于深化教育改革 全面推进素质教育的决定》、《国家中长期教育改革和发展规划纲要（2010—2020年）》，2015年的《关于深化体制机制改革，加快实施创新驱动发展战略的若干意见》，2016年的《高等学校“十三五”科学和技术发展规划》，2017年的《国家教育事业发展“十三五”规划》、《统筹推进世界一流大学和一流学科建设实施办法》等一系列重要国家政策文件中，都提出了促进科研与教学互动、与创新人才培养相结合的发展战略②。

这些政策的颁布与实施在很大程度上引领了华中科技大学科教融合的发展方向，作为重点大学、“双一流”高校的华中科技大学紧跟国家战略决策和时代发展潮流，积极处理好教学与科研之间的关系与发展规律，让二者成为彼此的“清道夫”而不是“拦路虎”。

二、中国科学院大学的成功启示

2017年12月28日，教育部公布的全国第四轮学科评估结果，成为这段时间媒体和社会持续关注和议论的话题。除了实力强劲的一流大学，中国科学院大学的表现也非常突出。第四轮学科评估结果释放的一个最令人欣慰的信号，是我国高校的第二条成长道路有了新路标，标志就是以科教融合模式办学的一流大学的崛起。

长期以来，中国科学院大学作为一所以研究生教育为主的教育机构，

① 李永刚. 高校教学与科研相结合的政策困局与破解路径：基于科教结合政策文本（1987—2016年）的分析［J］. 教师教育学报，2017（4）：84-92.

② 李茂国，周红坊，朱正伟. 科教融合教学模式：现状与对策［J］. 高等工程教育研究，2017（4）：58-62.

一直是科教融合这一现代大学理念与模式的中国探路者。2012 年 6 月，教育部批准中国科学院研究生院更名为中国科学院大学，确立了“科教融合、育人为本、协同创新、服务国家”[①] 的办学理念。2014 年，中国科学院大学开始招收本科生，同年 4 月，丁仲礼兼任中国科学院大学校长时曾指出，要探索符合科学发展规律的人才培养方式。丁仲礼说：“国科大只能走科教融合之路，全校教职工必须统一办学思想。我们要将全院优质教育资源进行整合，提供给本科生和研究生。”[②] 2015 年，国科大将这个办学理念写入学校章程，提出与中国科学院直属研究机构在管理体制、师资队伍、培养体系、科研工作等方面高度融合，致力于发展成为独具特色的世界一流高等教育机构。国科大在科教融合上的探索，得到了教育部的认同和支持，国科大成为国内第一所明确将“科教融合”作为办学理念写入学校章程并被教育部核准的高校[③]。

中国科学院大学在第四轮学科评估中所取得的好成绩与其制定的科教融合政策分不开。而中国科学院大学的成功，对包括华中科技大学在内的中国一流研究型大学有示范意义。2012 年 8 月教育部、中科院联合启动实施“科教结合协同育人行动计划”，也推动了华中科技大学科教融合的发展。

不过，由于科教融合近年来才成为我国宏观政策的理念，相关的政策存在冲突和矛盾，并非所有政策都有助于这一理念的落实。即使同样是有助于科教融合的政策，其内在逻辑也有冲突。比如，相关政策虽然致力于大学科教融合，但具体的措施较为缺乏；“双一流大学”建设是以学科建设为中心的，而这很容易导致各大学偏离人才培养，更谈不上着眼于人才培养的科教融合了；各种评价和资助仍以科研为中心，也容易导致大学“重科研轻教学”；中国的科研政策和高等教育政策，缺乏相互融合的驱动，科研项目的立项和结项，很少关注其教育价值评估，而教学的研究性也缺乏相应的政策激励；等等。这些都影响了包括华中

---

① 中国科学院大学.［EB/OL］.［2018-07-13］. http://gjs. njust. edu. cn/84/5b/c7146a164955/page. htm.

② 齐芳.“国科大只能走科教融合之路”［N］. 光明日报，2014-04-15.

③ 中国科学院院大学：另一条通向世界一流大学之路［EB/OL］.［2018-07-10］. http://gjs. njust. edu. cn/84/5b/c7146a164955/page. htm.

科技大学在内的中国一流研究型大学科教融合的发展。

第三节　华中科技大学科教融合的制度

华中科技大学的科教融合制度，主要体现在学校战略规划和教学管理制度上，这在一定程度上保障了其科教融合的发展。

一、将科教融合纳入中长期发展战略规划

早在三校合并之初出台的《华中科技大学创建世界知名高水平大学战略规划（2001—2020年）》，就指出到2020年将华中科技大学建设成为世界知名高水平大学，到2050年建设成为具有世界先进水平的一流大学，为实现这些目标，该规划明确指出："以培养高素质的创造性人才为根本，教学、科研、产业化协调发展。""坚持学研产协调发展的正确路线，致力于把我校办成既是教学中心，又是科研中心……"① 华中科技大学实现长期目标有赖于教学与科学研究相融合。

《华中科技大学中长期发展战略规划（2011—2020年）》"学校愿景与发展路径"部分指出："为了实现研究型、综合性、开放式世界一流大学的发展目标，结合自身实际，学校确定的发展路径为：以建设国际一流研究平台为重点，汇聚国际一流学者；以培养和引进学术领军人物为主导，建设优势特色学科；不断将学科建设成果转化为优质教学资源，造就一批具有国际竞争力的杰出人才；以一流学科为依托，开展一流学术活动，取得高水平科研成果。"② 将学科建设成果转化为优质教学资源，以学科为依托开展学术活动，直接指向教学与科研密不可分的关系，科研需要依托于一流学科，一流学科建设又有赖于高质量、高水平的科学研究成果。"基本方略"部分指出："一流教学、一流本科、一流学术。依托我校先进的教育理念和优良的教风学风，探索符合教育规律

① 华中科技大学创建世界知名高水平大学战略规划（2001—2020）[EB/OL].[2018-07-09]. https://wenku.baidu.com/view/419153160b4e767f5acfced8.html.

② 华中科技大学中长期发展战略规划（2011—2020年）[EB/OL].[2018-07-09]. http://office.hust.edu.cn/info/1076/1731.htm.

的大学办学思想，构建以培养拔尖创新人才为龙头、以培养高素质专门人才为主体的人才培养体系，建立健全适应一流大学人才培养要求的现代教学管理制度……一流教学依靠一流学术……”2016 年 7 月，华中科技大学报备教育部的《华中科技大学“十三五”发展规划》同样体现了科教融合理念。其“指导思想”部分指出：“围绕立德树人的根本任务，着力培养拔尖创新人才……建设学生、学者与学术的世界一流大学，为振兴国家、造福人类做出更大贡献。”“发展路径”部分指出：“今后五年……汇聚名师高人，以一流队伍构建学科高峰，依托一流学科取得一流成果，打造科研高地，将一流成果转化为一流教学资源培养杰出人才……”①

二、研究性教学制度

研究性教学是贯彻科教融合理念的重要方法。近年来，国内一流研究型大学纷纷开展研究性教学的尝试。作为典型的理工类研究型大学，华中科技大学通过多年的探索与实践，明确了以学生为中心、让学生自由发展、培养人文情怀的研究性教育理念，完善了研究性教学环境，初步建立了一套本科工程教育研究性教学体系②。

在教学管理制度方面，华中科技大学实行学分制，为每位学生制定个性化的培养计划，为优秀学生配备导师。在创新活动方面，明确规定理工类学生必须获得 6 个学分，文管类学生必须获得 4 个学分。在政策激励方面，学生的自主探究活动可充当科技学分，科技活动成绩优异者可优先推荐免试攻读硕士研究生；教师指导学生开展的课外科技活动可算作一定的学时工作量，指导学生在科技活动或竞赛中多次取得优异成绩可作为职称晋升的一个有利条件。这些措施为本科工程教育研究性教学提供了良好的制度保障③，培养了一批具有较高学术水平的本科生，教师凭借师生共同的科研成果

① 华中科技大学．华中科技大学“十三五”发展规划［EB/OL］．［2018-07-09］．http://www. moe. edu. cn/s78/A08/gjs _ left/s7187/zsgxgz _ sswgh/201703/W020170 310379724624888. pdf.

② 许晓东，卞良．本科工程教育研究性教学探索与实践：以华中科技大学为例［J］．高等工程教育研究，2014（02）：43-49.

③ 许晓东，卞良．本科工程教育研究性教学探索与实践：以华中科技大学为例［J］．高等工程教育研究，2014（02）：43-49.

能够快速更新教学内容，提升了课堂教学的实践性。

华中科技大学教师的教学形式有课堂教学、导师制下的个别教学以及学术汇报形式的讲座等。教师在课堂上展示自己最新的科研成果，让学生了解最新的科研动态，这种教学形式也是华中科技大学科教融合的主要方式。此外，自2012年起，华中科技大学开始建设校园文化品牌建设工作，其中就有不少学术讲座，如科学精神与实践讲座、人文讲座、武汉光电论坛、喻园教育讲坛等，这些讲座有助于学生及时更新自己的知识库，紧跟时代发展潮流，及时了解最新的科研动态。

第四节　华中科技大学科教融合的具体实践

在相关制度的引导下，华中科技大学通过学生参与科研、产学研一体化等具体形式开展科教融合，这为华中科技大学成为世界高水平一流大学奠定了基础。

一、学生参与科研

本科生科研的目的，是在接受教育教学的过程中，习得与掌握最基本的科研知识与技能。华中科技大学从2006年起面向全校优秀学生开设“大学生科技创新训练营”，每年开设一期，每期200人①。在这个训练营中学生受到近乎残酷的训练，目的是培养学生的科学精神，人生态度，创新技巧和基本技能。这是以教学为基础、以科研为平台的科教融合实践。如：在Dian团队中，学生通过一系列的培训习得基本的科研知识与技能，虽然这个过程是艰辛的，但是学生能够提前感受科研过程。本科生科研的根本是学生具备基本的学术道德与诚信，诚实守信是科学研究的基础事业，诚信也是科学研究者在研究过程中所必须要遵循的基本道德规范，诚信关系到科学事业存在与发展的根基，关系到科研活动能否获得社会各界的认可，也关系到以科学为支撑的综合国力的提高②。

---

① 李智，胡艳华，欧阳康．华中科技大学跨越式发展之路［M］．武汉：华中科技大学出版社，2009：66．

② 刘辉．科研诚信问题研究［D］．长春：吉林大学，2011．

二、产学研一体化

华中科技大学产学研一体化进程中的最大成就，是以华中科技大学为出资人注册的武汉华中科技大产业集团有限公司（下称“集团公司”），该公司成立于2001年1月，注册资本达2.04亿元，是国有独资资产经营公司，承担着学校经营性资产保值和科技成果转化的双重功能。集团公司致力于搭建一个促进科技成果转化和产业化的平台，借助学校强大的研发实力，延伸学校的科研体系，不断吸收校内技术，孵化科技成果，不断加强大学科技园孵化基地和产业园区的建设，将有发展前景的产业化项目迅速孵化成为高新技术企业，最后通过产品变现或股权变现的收益实现资金回笼，进行新的项目投资和孵化①。集团以高校科研成果为依托，以服务社会为导向，以企业为桥梁，积极促进科研成果的转化，企业获得资金收益的同时也创造了良好的社会效益。

大学科技园的建设是华中科技大学完善技术体系的重大战略步骤，华中科技大学科技园于2000年3月正式启动建设，2003年9月通过国家大学科技园评估验收，2003年12月被国家科学技术部认定为“国家高新技术研究发展计划863成果产业化基地”。华中科技大学科技企业承担国家产业化项目能力的增强，有力地促进了学校与地方的产学研合作。近年来，集团公司强化资本运作，增大创业资本投资，实现和加强了技术资本与金融资本的有效结合，营造了孵化、创新的有利环境，为产业发展创造了有利的条件。集团还注重国际市场的开发，增强国际竞争能力。集团公司不断完善自身研发体系，积极参与国际竞争，积极拓展海外销售渠道，有效提升了企业竞争水平和可持续发展能力。华中科技大学极具活力的科研、产业孵化不仅提高了教育教学的实践性，还增强了教学吸引力，是科教融合制度下产学研一体化实践的优秀范例。

促进产学研一体化，校企合作是目前为止最好的选择。集团公司的创立为产学研一体化提供了可能，同时也是教学与科研融合实践的重要成果。一方面，集团公司与大学的合作是一个互利双赢的过程，企业得

① 李智，胡艳华，欧阳康. 华中科技大学跨越式发展之路［M］. 武汉：华中科技大学出版社. 2009：212-214.

到了先进科学技术的支持，大学的科学研究与教育教学也能够获得企业盈利的资金资助，更重要的是集团公司为大学科教融合提供了硬件平台保障。另一方面，教授与学生在为集团公司提供技术支持的同时，也促进了理论知识向实践的转化，教授还可以将自己的科研成果糅合到课堂教学中去，以科研的方式培养人才。2006 年以来，集团公司下属的华中数控被中央列为“落实科学发展观、建设创新型国家”的创新型企业典型，新华社、人民日报、中央电视台等中央媒体多次组团到公司采访，并在相关媒体上进行连续报道，引起了社会各界的关注。同时，华中数控以资产为纽带，与大连机床集团等国内大型机床企业建立战略合作伙伴关系，并入选国家首批 103 家“创新型企业”试点企业。2007 年 7 月，公司与武重集团签署战略合作协议，决定围绕大、重型机床，在设计、制造、系统配套等方面开展长期合作，努力实现用“武汉大脑”装配“武汉机床”，拉开了湖北省机床产业战略协作与整合的序幕。集团公司充分发挥校企合作的优势，积极推动科技资源共享和成果转化，通过已建立的各级工程中心和企业技术中心等科研基地，掌握具有自主知识产权的核心技术和关键技术，取得具有产业化前景的技术成果，进一步完善了学校与企业间的产学研结合。作为学校科研体系的有力延伸，企业日益成为科技创新及市场运作、产业化开发的主体，华中数控就是一个典型的例子。华中数控依靠自主创新，形成了独具特色的中国高校产学研结合的技术开发与产业化模式，实现了自身的大发展，成为中国数控产业界的领先企业。这种形式的产学研结合是华中科技大学在科教融合方面的重要表现形式之一，有力地促进了学校的长足发展。

华中科技大学科教融合的制度与具体实践，为新时代继续探索科教融合提供了线索与实践依据。然而，产业结构的调整、技术的升级以及信息技术的变革也为华中科技大学科教融合的发展之路带来了不小的挑战，如怎样解读未来政策，并在该政策的引导下推动高校科教融合的发展，如何在科教融合发展过程中克服信息技术与传统文化的矛盾，如何克服新观念与旧观念的矛盾，如何解决新旧技术更替的矛盾等。

第八章　大学科教融合的制度创新与实践再造

哈佛大学、牛津大学、悉尼大学、坎特伯雷大学和华中科技大学等一流研究型大学的制度和实践，都在一定程度上体现了科教融合，确证了科教融合是当代高等教育的基本理念之一，印证了克拉克提出的在研究型大学中实现科教融合方案的可行性。

但是，基于案例研究可以发现，上述五所大学所面临的政策环境不同，其科教融合在组织理念、制度和实践中的体现程度、运行方式也有很大差异。这是大学现代化过程的延续，是科教融合这一有影响力的大学模式在当代的同质异形——基于德、美、法、英四国大学科教体系的现代演进，有学者发现科教融合是西方大学现代化的共同选择，为各国所接受，但由于不同的文化传统、制度背景和社会情景，其具体的制度性建构存在多样性①。

本章将对这些差异做出概括性的分析，并在此基础上，提出制度创新和实践再造方案，以期更好地推进一流研究型大学尤其是中国一流大学科教融合的进度和程度。严格来说，这不只是大学科教融合程度的加深，更是一次大学变革的过程。为深化科教融合，大学需要从理念、组织制度到实践策略等方面变革。

当代大学是社会的大学，其存在方式与变革不仅跟自身理念、立场有关，更深受外部环境的影响。本书研究的五所案例大学，就在外部力

---

① 周光礼，马海泉．科教融合与大学现代化：西方大学科研体制化的同质性和差异性［J］．中国高教研究，2013（1）：12-21.

量的影响下，基于自身情况形成了独特的科教融合制度和实践策略。英国学者泰勒（John Taylor）的一项研究，也清晰地印证了这一点。泰勒使用质性研究方法，深入比较了两所瑞典大学和两所英格兰大学关于教学与科研联结的观念和管理，最后发现了一些影响大学组织及其教师处理这种联结的因素。这些因素分为两类：一是环境因素（environmental factors），也就是影响大学及其教师的外部力量，包括评估和问责、市场力量、国际和全球竞争、差别化的资助制度等；二是思想因素（ideological factors），也就是一些潜在的观念、信仰和哲学等，包括大学的组织使命、管理者和教师的观念与价值观、大学对于科研的教育价值等的认识、大学对于科研之于学生录取的重要性的认识等①。

可见，大学及其变革不仅需要组织自身努力改变，也需要外部环境的变革。创新大学科教的制度与实践，是一个系统工程。基于此，本书接下来从国家政策改革、大学组织制度变革和大学实践策略创新等方面，探讨推进大学科教融合的系统再造。

第一节　政策改革与大学科教融合

大学早已走出了象牙塔，既密切服务国家和社会的需求，又受到国家与社会的深刻影响。当代大学是典型的开放系统组织，根植于其运行的环境之中。而国家政策环境无疑是当代大学最重要的外部环境。高等教育管理体制、大学设置政策、评估政策、拨款政策等都对大学有极为深刻的影响，对其教学与科研的关系形态自然也有重要影响。促进大学科教融合，必须要改革相关政策，创设有利的政策环境。

一、案例大学科教融合的政策环境扫描

科教融合是当代大学尤其是一流研究型大学的一个基本理念，但各国大学所面临的外部政策环境却存在着不小的差异，这使得不同国家的一流研究型大学在科教融合方面具有不同的动力以及相应的制度和实践。

① TAYLOR J. The Teaching: Research Nexus: A Model for Institutional Management [J]. Higher Education, 2007, 54 (6): 867-884.

20 世纪 80 年代初，英国开启了新自由主义改革，市场化、评估、绩效等成为高等教育政策的关键词。在教学和科研方面，英国舍弃了《罗宾斯报告》所倡导的“在教学与研究之间没有界限”的理念和一揽子拨款的政策，建立了“科研卓越框架”和“教学卓越框架”，分别评估和发展高校教学、科研，并依据评估结果给予资助。不仅如此，英国 2004 年颁布的《高等教育法案》，以法律形式确认了仅仅教学的高校以及仅从事教学和仅从事科研的教师岗位的合法性。这样的政策环境，给英国大学科教融合造成了很不利的影响。即使对于教学和科研都非常卓越的牛津大学，也有一定的负面影响。从前文可以看出，在科教融合的制度和实践方面，除了传统的导师制、研究性教学等，牛津大学并未有多少制度性的贡献。相关研究也确实印证了英国高等教育相关政策对大学科教融合的消极影响。奈杜（Rajani Naidoo）指出，英国福利主义政策正在被新自由主义和管理主义政策所取代，这带来了教学、科研的内涵和形式的变化，继而会导致二者关系的扭曲①。蒂姆和卢卡斯（Rosemary Deem and Lisa Lucas）的实证研究证实了奈杜的理论分析，他们研究了 3 所苏格兰大学和 2 所英格兰大学中教育系的教学文化、科研文化及教师的学术生活，发现院系的教学文化和科研文化都受到宏观政策背景的影响，而这些院系的文化则在教师的行为上得到了体现②。泰勒比较了英格兰和瑞典 4 所大学教学与科研的关系，通过开放性访谈，发现环境因素尤其是不同的高等教育体系和政策环境，对于大学及其教师的行为具有非常重要的塑造作用。在瑞典，没有一个学术人员质疑教学和科研的联系及相互支持作用，并且教师们感觉自己有义务加强二者的联结以吸引学生。在英格兰，多数教师也认为二者有明显的联结关系，但不

① NAIDOO R. University in the Marketplace：The Distortion of Teaching and Research［M］// Barnett，R. Reshaping the University：New Relationships between Research，Scholarship and Teaching. Maidenhead：McGraw-Hill/Open University Press，2005.

② DEEM R，LUCAS L. Research and Teaching Cultures in Two Contrasting UK Policy Contexts：Academic Life in Education Departments in Five English and Scottish Universities［J］. Higher Education，2007，54（1）：115-133.

像瑞典的教师那样确信不疑。英格兰的教师认为二者间存在冲突，教学和科研在时间和资源上相互竞争，教师也并没有有意地采取行动加强二者之间无缝的、结合为一体的、互惠的关系①。

由于特殊的历史和政治原因，澳大利亚具有一些与英国相似的影响大学科教融合的政策，但悉尼大学在科教融合方面却呈现出更积极的迹象，这源于悉尼大学自身更主动的制度设计和实践创新。1999 年起，澳大利亚联邦紧随英国引入了以绩效为基础的研究，之后又设立了教学绩效基金项目（Learning and Teaching Performance Fund），也形成了“卓越科研”和“卓越教学”分立的评价和资助体系。在这种不利的政策环境下，悉尼大学却坚定地树立了科教融合理念，不仅把科教融合纳入学校的发展战略规划中，还形成了一套较为完善的师资管理制度，并通过研讨式教学、本科生科研、研究型课程建设等策略，推进科教融合实践的发展。

新西兰和澳大利亚一样，也具有很强的英国印记。在高等教育政策方面，新西兰也引入了以绩效为基础的科研资助体系，并把研究资助从一揽子拨款中分离出去，进而形成了教学、科研分离的评估和资助机制。但是，新西兰相关法律和政策，则采取了促进大学科教融合的立场。新西兰 1989 年《教育法案》规定，大学的“科研与教学是密切相互依存的，而且绝大多数的教学由那些在探索知识方面活跃的人们承担”。新西兰教育委员会在其发布的几个第三级教育战略中都坚持了这一立场。而新西兰大学学术质量局开展的大学审核评估也贯彻了上述的政策，在 2002—2007 年开展的第三轮评估，甚至专门把“教研联结”定为评估的重要内容，要求相关大学汇报科教融合如何在校园中展现。在这样的政策环境中，坎特伯雷大学从规章制度、机构设置、教师发展等方面建构了体系化的科教融合制度，并开展了多形式、全组织、外显化的科教融合实践。

相比英国、澳大利亚和新西兰，美国联邦政府对于大学的影响相对

---

① TAYLOR J. The Teaching-Research Nexus and the Importance of Context: A Comparative Study of England and Sweden [J]. Comparative Education, 2008, 38 (1): 53-69.

较小，但其仍通过国家科学基金会等联邦机构，对大学科教融合发挥重要的引导作用。而卡内基基金会等民间组织的努力，更直接推动了美国一流研究型大学科教融合的进程。20 世纪 90 年代以来，为应对社会关于研究型大学重科研轻教学的批判，美国研究型大学开启了一场重建本科教育的运动。一方面，“教学学术”兴起，各研究型大学都推出了教学奖励、教学项目，并强调在教师聘任和晋升、薪资分配等方面强化教学的重要地位；另一方面，也是最重要的方面，是重建本科教育模式，亦即建构“一个研究型大学全新的本科教育模式，使本科生经验成为整体中不可分割的一部分”①。这种全新的本科教育模式，就是把每一个人都视为发现者和学习者，以共同的使命把师生结合在同一个社群而不是隔离的群岛上。在联邦政府和民间组织的努力下，美国研究型大学进入了一个较为理想的科教融合的组织场域，于是，包括哈佛大学在内的大学都在积极探索科教融合的制度和实践。

在本书所关注的五国中，中国大学受外部政策影响最大，宏观政策直接影响着大学教学与科研关系的演变。新中国成立后，我国学习苏联的做法，强调大学以教学为主，并在大学之外成立了独立的科研院所组织全国的科研工作。1978 年全国科学大会召开以后，中国大学，至少是重点大学被赋予教育中心和科研中心的“双中心”角色，大学科研迅速发展。到了 20 世纪 90 年代，中国大学甚至出现了“重科研轻教学”的状况。近年来，在教育部的直接领导下，不仅教学质量受到空前关注，科教融合也成为当前大学的重要理念。以华中科技大学为代表的一批一流研究型大学，更是在科教融合方面做了积极探索，逐渐改变着中国大学的组织面貌。

二、以政策改革促进大学科教融合

（一）深化人才培养在“双一流”建设中的基础地位

建设世界一流大学和一流学科，是党中央、国务院做出的重大战略

① Boyer Commission on Educating Undergraduates in the Research University. Reinventing Undergraduate Education: A Blueprint for America's Research Universities [R]. Stony Brook: State University of New York at Stony Brook, 1998: 7-8.

决策，对于我国高等教育发展以至国家综合实力都有至关重要作用。“双一流”建设以学科为基础，这是《统筹推进世界一流大学和一流学科建设总体方案》设定的基本原则之一。无论是“双一流”大学的遴选，还是未来的评估，都以学科建设为中心。以学科为中心建设“双一流大学”，契合世界主要大学排行的指标体系，更接续了“211”、“985”等高等教育重点建设工程，符合国际潮流和我国高等教育改革和发展的基本经验。因此，顾海良指出：“这次建设高校遴选，凸显了以学科为基础的理念，一流大学拟建设高校就是从一流学科拟建设高校中遴选产生的。在‘双一流’建设中，要求一流大学建设高校着力于以一流学科为基础，规划学校整体建设、重点建设，全面提升人才培养水平和创新能力；要求一流学科建设高校凸显优势学科建设，促进特色发展。”[①] 在政策引导下，“双一流”高校必定紧抓学科建设这一关键点。有学者基于6所高校一流大学建设方案的文本分析，发现学科建设思维确已成为“一流大学”建设的主导逻辑，不仅“关于学科建设的描述占据了非常大的比重”，更重要的是，“学科建设的指标常常被设定为建设阶段中的重要抓手和目标考核的关键参照”[②]。

可是，就其主要内涵而言，学科是一个具有双重含义的科学学概念：学科首先指一个门类的知识体系，是人类知识总量扩大后的类别化处理的结果；学科还具有社会学意义，指专注于某类知识体所形成的学术制度。相应地，学科建设就是学科知识和学科建制的发展，即推进知识创新、发表相关成果和建设学科组织。在实践中，各大学普遍把凝练学科方向和目标、建设学科队伍、发展学科平台和基地、争取学科项目、发表学科研究成果等视为学科建设的主要内容。作为大学核心职能的人才培养，却并不被视为学科建设的关键方面，而被划入专业建设的范畴。

当然，在政策设计时，国家已经把人才培养纳入了“双一流”建设方案之中。《统筹推进世界一流大学和一流学科建设总体方案》把“培

---

① 顾海良. “双一流”建设要坚持以学科建设为基础［J］. 中国高等教育，2017（19）：15-16.

② 张伟，张茂聪. 我国高校一流大学建设的校际经验：基于6所高校一流大学建设方案的文本分析［J］. 中国高教研究，2018（5）：26-32.

养拔尖创新人才”定为建设任务之一。在2016年3月召开的教育部直属高校“十三五”规划编制和中央部门所属高校教育教学改革专项工作视频会议上，教育部副部长林蕙青要求“各高校要大力发展建设一流本科教育，将建设一流本科教育纳入‘双一流’建设方案，不断提升教学水平和创新能力”①。教育部、财政部和国家发改委2017年1月联合印发的《统筹推进世界一流大学和一流学科建设实施办法（暂行）》的遴选条件部分，也把人才培养作为了重要标准。各一流大学的建设方案中，也都含有人才培养的内容。

由于我国在20世纪50年代就形成的面向社会行业设置高校专业的专业教育理念，强调专业是依照社会职业设定的、培养人才的基本依托，其主导逻辑是社会需求，而学科的发展与建设则主要依据知识逻辑。若两种逻辑冲突，那么以学科建设为主导逻辑的“双一流”建设，必然会在一定程度上“牺牲”或不那么关注专业建设和人才培养。

基于这样的认识，为推进中国一流大学科教融合，学科专业一体化建设便成为必然要求——反过来，科教融合也自然而然地会推进学科专业的一体化。学科专业一体化，一方面，学科建设要更加以社会需求为导向，强调学科知识的社会功用；另一方面，则需要更加紧跟学科前沿，更具有研究意味而不是传授学科“二手知识”，要培养具有探索精神的专业实践者而不是技术型专业人员。

（二）强化科研计划的教育价值

大学科教融合有多种体现方式，但教学的研究性和科研的教育性是其基本的方面，要促进一流大学科教融合，必须深化这两个方面。在提高教学的研究性方面，宏观政策已经做了一些努力。教育部2004年发布的《普通高等学校本科教学工作水平评估方案（试行）》的指标体系中，已有指标体现了科教融合。其中，指标“实践教学”的主要观测点之一“实践教学内容与体系”等级A的标准是：“注意内容更新……创

① 万玉凤. 教育部部署直属高校“十三五”规划编制和央属高校教育教学改革将建设一流本科教育纳入“双一流”建设方案［N］. 中国教育报，2013-03-30(01).

造条件使学生较早参加科研和创新活动，成效显著。”教育部 2013 年发布的《普通高等学校本科教学工作审核评估方案》同样有关于科教融合的要点：一个相关的审核要点是“教学、科研设施的开放程度及利用情况”，另一相关的审核要点是“教学内容对人才培养目标的体现，科研转化教学”。另外，2018 年 6 月 22 日发布的《一流本科教育宣言》也提出：“推进课程内容更新，将学科研究新进展、实践发展新经验、社会需求新变化及时纳入教材。”

对于一流大学而言，科教融合的主要方面是如何用高水平科研支撑高质量教育，发挥科研的教育价值，而这方面的宏观政策设计恰恰非常不足——当然，关于大学教学的研究性的相关政策也非常有限。

自柏林大学确立科研在大学中的合法地位后，科研在大学中的重要性日渐提高。美国研究型大学更是确立了以科研为导向的大学模式，并在二战中确立了大学在国家创新体系中的重要地位。大学成为科技发展的中坚力量，是基础研究最主要的基地。

随着 1978 年科学大会的召开，我国大学尤其是重点大学逐渐从以教育为中心转变为以教育和科研为“双中心”。在角色转换下，大学科研规模日渐庞大。教育部 2016 年 11 月印发的《高等学校“十三五”科学和技术发展规划》指出，“十二五”期间，高校科技经费总额达到 5936 亿元，高校牵头承担 80%以上的国家自然科学基金项目和一大批“973”、“863”等国家重大科技任务，牵头承建了国家“十二五”规划的 16 项重大科技基础设施中的 5 项，依托高校建设的国家重点实验室占总数的 60%，获国家科技三大奖占全部授奖数量的 60%以上①。

科学研究有学术的、经济的、社会的、教育的等多种价值，不同的科研机构有着不同的价值诉求。对于科研院所而言，其价值诉求更多的是学术的、社会的、经济的价值，企业则更看好经济价值与经济效益，而大学科研理应追求更多更高的教育价值，否则大学科研与其他科研单位就没有实质区别，大学科研就存在合法性与合理性危机。大学科研要

① 教育部. 高等学校“十三五”科学和技术发展规划［EB/OL］.［2018-05-02］. http://www.moe.edu.cn/srcsite/A16/moe_784/201612/t20161219_292387.html.

把是否有利于人才培养作为重要依据之一，这是大学与专职科研机构的分水岭①。这种分水岭，亦即大学科研的独特之处就是其教育性，“是指在高等学校中进行的科学研究活动，从其动机，到过程，再到结果的各个方面和各个环节，都要有利于教育目标的实现，有利于高级专门人才的培养，有利于学生思想道德、情感意志、智力能力、专业技能、身体要素等多方面的和谐发展，尤其是要有利于学生道德品质的发展，使人变得‘高尚而不是变坏’”②。

也就是说，大学的科学研究活动，除了对研究成果本身的追求外，应该比在其他任何部门进行的科学研究更加注重对教育效果的追求。但是，如今“开展与教学没有直接关系的研究被看作是大学可以发挥的正常作用，甚至是主要的作用”③。而且，“有一些科研非但没有教育性，甚至还会适得其反，产生严重的‘负教育效应’”④。这显然违背了大学科研的初衷——洪堡正是“以科学达至修养”的名义，才在大学中合法地引入了科学研究。

出现这种状况的重要原因，在于我国相关政策没有积极关注大学科研的教育性。当前，我国大学尤其是一流研究型大学，虽然承担有众多科研计划与项目，能够获得非常庞大的科研资助，但很少有项目强调对于教育教学的“附加值”，没有在项目申请或结项评价中，重视项目的教育价值。

其实，关于如何提升科研计划的教育性，国外已有很好的范例。美国国家科学基金会所资助的科研项目，要与教育结合在一起。此外，美国国家基金会还通过“本科生科研经验项目”、“本科生教师提升计划”、“科研、教学和学习整合中心”等，全面发挥大学科研的教育效用。我

---

① 赵爱华，牛金成．大学教学的研究性与大学科研的教育性［J］．辽宁教育研究，2008（6）：74-76.

② 周川．论高等学校科学研究的教育性原则［J］．高等教育研究，2007（3）：9-16.

③ 胡建华．科学研究在大学中的历史演进［J］．南京师大学报（社会科学版），2006（4）：76-81.

④ 周川．论高等学校科学研究的教育性原则［J］．高等教育研究，2007（3）：9-16.

国可以尝试改变科教分立体制，创新科研评价机制，在相关科研计划如国家自然科学基金、国家社会科学基金、国家重大科技专项等中引入教育价值评估，“加快推进国家科研评价改革，项目计划引入育人标准、项目验收政策体现育人导向、科研人员承担育人责任”①。

（三）多部门协调制定大学科教融合政策

从科教分立到科教融合，既是高等教育理念的变革，也是国家创新体系的变革。大学科教融合的推进，涉及多个政府部门和多种力量。

20世纪90年代以来，中共中央、国务院以及多个部门都相继发布了科教融合相关政策。早在1993年中共中央、国务院印发的《中国教育改革和发展纲要》就已指出：“高等学校科学技术工作要……同教学相结合。”教育部于2012发布的《高等学校“十二五”科学和技术发展规划》，针对“科技创新与人才培养相结合的优势未能充分发挥，科学研究支撑高质量人才培养的作用亟待加强”的问题，提出开展“科研与教学结合机制的系统改革”，“深入推进科技创新与人才培养融合”。2016年教育部发布的《高等学校“十三五”科学和技术发展规划》，提出“引领创新，支撑发展，科教融合，开放协同，追求卓越”的发展理念，“以科教融合为主线”，“加快科技资源向教育教学转化”，支撑高质量高等教育。诸如此类的文件还有很多，可见，大学科教融合得到了中央和多个部委的重视与支持。但正如有研究指出的那样，“从宏观层面看，科教融合缺乏顶层设计，没有相应制度保障。《国家中长期科学和技术发展规划纲要（2006—2020年）》《国家中长期教育改革和发展规划纲要（2010—2020年）》《国家中长期人才发展规划纲要（2010—2020年）》之间缺乏论证充分的逻辑联系”②。也就是说，“政府对高校教学与科研结合的关注主要源于直接相关的单独部委，政策合力还比较弱小”③。

---

① 周光礼，姜嘉乐，王孙禺，等. 高校科研的教育性：科教融合困境与公共政策调整［J］. 高等工程教育研究，2018（1）：88-94.

② 周光礼，姜嘉乐，王孙禺，等. 高校科研的教育性：科教融合困境与公共政策调整［J］. 高等工程教育研究，2018（1）：88-94.

③ 李永刚. 高校教学与科研结合的政策困局与破解路径：基于科教结合政策文本（1987—2016年）的分析［J］. 教师教育学报，2017，4（4）：84-92.

可喜的是，随着科教融合理念的深入，政策合力小的问题正在被解决，多部门协同制定的政策日渐增多。2012 年 8 月，中国科学院、教育部联合印发了《科教结合协同育人行动计划》，由科苑学者上讲台计划、重点实验室开放计划、大学生科研实践计划、大学生暑期学校计划、大学生夏令营计划、联合培养大学生计划、联合培养研究生计划、人文社科学者进科苑计划、中科院大学生奖学金计划、科苑学者走进中学计划等 10 个项目构成，这一系列行动方案共同促进了中国科学院与大学的科教融合。更为重要的是，2018 年 6 月 11 日，科技部、教育部在北京召开科教协同工作会议暨高校校长座谈会，双方签署《科技部、教育部科教协同工作协议（2018—2022 年）》。根据工作协议，双方将建立协同工作机制，设立科教协同领导小组，加强政策措施协调，加强新时代科教协同融合①。这是具有里程碑意义的事件，在科教融合最为直接相关的两个政府部门即科技部和教育部的协同领导下，大学科教融合必然会走向深水区，取得更卓越的成果。当然，若能进行机构改革，把科技部和教育部融合为一个部门，那将更具深远意义。其实，一些国家如英国已经在这样做了。2007 年，英国政府重组贸工部和教育技能部，成立创新、大学与技能部（Department Innovation，Universities Skills，DIUS），全面管理高等教育、科学研究和技能发展等事宜。2009 年，英国政府进一步把 DIUS 和商业、企业和管理改革部（Department for Business，Enterprise and Regulatory Reform，BERR）合并，成立商业、创新与技能部（Department for Business，Innovation and Skills，BIS），全面管理高等教育、科学研究与技术、商业等事宜。

第二节 组织制度创新与大学科教融合

大学教学与科研的融合，需要良好的外部政策环境支持，更需要组

① 教育部. 科技部、教育部签署科教协同工作协议 建设新时代科教协同绿色通道［EB/OL］.［2018-07-10］. http://www.moe.gov.cn/jyb_xwfb/gzdt_gzdt/moe_1485/201806/t20180612_339345.html.

织自身的努力。推进科教融合，关键在组织自身及其成员。而组织制度是宏观政策与组织行动的中介，也是理念和实践的中介，对于大学科教融合而言，大学制度创新显得至关重要。

一、把科教融合作为组织共同愿景

组织变革的前提是，组织成员有共享的组织愿景。组织愿景是成员共享的价值观，是对组织共同的关切期许，能把组织的各种活动融合起来。彼得·圣吉（Peter Senge）指出，组织愿景能孕育无限的创造力和强大的驱动力，能够促使组织走出常规和“庸俗”并不断获取新的成功。

（一）以科教融合为组织愿景

随着科教融合的深化，近年来，不少一流研究型大学已把它作为组织愿景之一，并以学校使命、价值观、战略规划和操作性规划等形式呈现。如前文所述，坎特伯雷大学在官网就宣称，这所大学所有的教学项目都是以研究为基础的，其教师把探究和发现置于教育过程的中心。不仅如此，坎特伯雷大学还把科教融合列入了其章程，在学校制度层面确定了科教融合的地位。很多大学虽没有在章程或学校使命中直接标明科教融合，却把科教融合纳入了学校的规划。如悉尼大学在2000年就专门设计了一个解决教学与科研关系的战略规划，2005年的新规划也把科教融合作为悉尼大学的特色之一，《悉尼大学2011—2015年》用很大篇幅规划了科教融合相关内容。坎特伯雷大学在2003—2005年的规划及其操作性规划中，都确认了科研与教学的联结，其专项规划如《教学和学习规划2013—2017》和《科研规划2013—2017》也都强调了科教融合。牛津大学的《学术战略绿皮书（2005）》也强调了科教融合。《华中科技大学中长期发展战略规划（2011—2020年）》提出将“学科建设成果转化为优质教学资源”，强调科教融合。

由于科教融合是一个基本理念，可以有不同的体现形式，在国外不同大学中，就存在使用“联结”（nexus）、“结合”（integrate）、“互动”（interaction）、“连接”（link）、“链接”（linkage）、“协同”（synergy）和“相互依存”（interdependence）等来指代科教之间的类似中文意义上的“融合”，并通过各种不同的主导措施加以推进。因此，组织在建构科教融合愿景时，需要根据自身情况制定独特的科教融合概念及其建构方式。

（二）把科教融合变为共同愿景

实际上，仅有组织愿景远远不够，还必须把组织愿景和个人愿景结合起来，变为组织的共同愿景。如果仅仅是高层宣言，或者来自组织制度化规划过程，那么组织愿景便会“夭折”甚至束之高阁。彼得·圣吉告诉我们，愿景可以来自高层，也可以源自不在权力核心者的个人，但无论怎样，“分享愿景的过程，远比愿景源自何处重要”[①]。也就是说，组织愿景不能单独落在个人肩上，不能是一两个人的愿景，也不能仅仅是“写下”的“官方愿景”，而应该是一个共同创造的理想，把“我的”变成“我们的”愿景。

彼得·圣吉的智慧，在大学组织中也非常适用。近年来，越来越多的一流研究型大学（包括很多其他研究型大学）把科教融合作为学校愿景，这改变了21世纪初“鲜有组织在他们的学习和教学策略中提到他们的科研策略，教学策略和科研策略可能的冲突或共生关系也基本上没有涉及……甚至，教学与科研关系可能的进展方案也没有被提及”[②]的现象。但这些科教融合的愿景并没有成为师生真实的经验，如有研究就发现，虽然欧洲研究型大学联盟的一些院校具有明确的结合教学与科研的使命，但它们似乎并没有在课程和计划等方面有实际的作为[③]。这种现象可能有两种原因：一是大学并没有把科教融合真正作为愿景，限于各种压力，仅仅是一种政策上的华丽的辞藻（rhetoric）；二是大学官方把科教融合作为学校的“真”愿景，也想把它转化为相应的具体制度和实践，却因不是“共同”愿景，而得不到基层的支持，最终难以实现。显然，随着科教融合理念被普遍接受，第一种原因的可能性很小，第二种

① 彼得·圣吉. 第五项修炼：学习型组织的艺术与实务［M］. 郭进隆，译. 上海：上海三联书店，1997：248.

② GIBBS G. Analysis of Strategies for Learning and Teaching［R］. Bristol：Higher Education Funding Council for England，2001：5.

③ ELSEN M，et al. How to Strengthen the Connection between Research and Teaching in Undergraduate University Education［J］. Higher Education Quarterly，2009，63（1）：64-85.

可能性非常大。那么，为推进大学科教融合，必须把这种愿景建立为组织的共同愿景。

在把科教融合变为组织的共同愿景方面，一些大学如坎特伯雷大学、悉尼大学等做了很好的示范。以坎特伯雷大学为例，如前文所述，坎特伯雷大学2000年设立了一个由教学和学习委员会、科研委员会两个委员会的部分成员共同组成的小组，全面研究了学校科教融合的状况：回顾了这所大学在科教融合方面的责任和承诺；讨论通过何种机制可以监控这些制度；检视培育科教融合的实践；探讨保持科教融合的障碍；提出可以强化教研连接的机制。最终，发布了《坎特伯雷大学的科研与教学连接》。这份报告很重要的一个特色是，研究小组对管理人员、教师和学生进行了深入调查访谈，发挥共同创造的精神，吸纳教师的建议，提出相关策略。这种全校性的研究和讨论，是不断鼓励成员发展自己个人愿景的过程，更是组织愿景与个人愿景“视界融合”的过程。坎特伯雷还通过其他方式进行类似的共同愿景创造，如通过举办科教融合论坛、以专门刊物发表科教融合文章、设置奖项鼓励教师科教融合等方式，为科教融合升华为共同愿景创造氛围。更值得肯定的是，坎特伯雷大学不断审视其科教融合制度和实践。为应对第三轮学术评估，坎特伯雷大学2004年发布了报告《新的科研资助环境将如何影响坎特伯雷大学的教学与科研联结》，它通过实证调研方式，评估对于2000年报告中提出的问题的改进情况，并分析新的资助环境的影响。在之后的两轮评估过程中，坎特伯雷大学也都评估了其科教融合状况。这种不断回顾与审视问题的做法，能够真正推进组织变革。正如彼得·圣吉所言：“组织里的人开始了解现有的政策与行动如何创造或改变现况，适合建立愿景的一片沃土就开发出来了，也培养出一个新的信心来源，这个信心来源是由于更深层的了解塑造现实的力量和影响这些力量的杠杆点。”①

二、建构研究型课程体系

课程是大学的关键资源，淡化专业、强化课程是世界大学教学改革

① 彼得·圣吉. 第五项修炼：学习型组织的艺术与实务［M］. 郭进隆，译. 上海：上海三联书店，1997：266.

的普遍趋势。因为，课程“是学生和大学的结合点，是学生和社会的结合点，是教学和科研的结合点，是学生个体文化和社会文化的结合点，十分重要”①。

在科教融合制度方面，国内外一流研究型大学多聚焦于课程，这可能是最关键的组织策略。因为在课程中，学生最可能看到科教融合的实践并体会到其益处②。而这种科教融合性质的课程，其基本模式就是1998年的《博耶报告》所提出的研究型课程。

对于研究型课程，一些学者和大学提出了有价值的概念框架。格里夫斯（Ron Griffiths）基于英国大学的实践和自身体验，认为教学与科研联结类型可以基于主导的教学类型来进行区分③。据此，作者提出了四种教学类型及相应的教学与科研联结的类型，具体如下：

> 研究引导型教学（research-led teaching）：围绕学科专业内容形成课程，而且选择的内容直接基于教师自己的研究兴趣；教学基本上是信息传递模式，强调的是理解研究成果而不是研究过程；较少关注如何提高教学对于科研可能的影响。
>
> 科研导向型教学（research-oriented teaching）：课程同等强调对于知识创造过程的理解、对于固定知识的学习；很注重探究技能的教学、研究气质的获得；教师的研究经历更多以一种弥散的方式影响教学和学生学习。
>
> 以科研为基础的教学（research-based teaching）：课程很大程度上围绕探究活动而不是专业内容的获取而进行设计；教师在探究过程中的经验高度融合到学生学习活动中；师生之间的角色分化最小化；积极探索教学和科研间双向互动的范围。
>
> 科研丰富型教学（research-informed teaching）：有意识地系统探

① 刘献君. 大学课程建设的发展趋势［J］. 高等教育研究，2014，35（2）：62-69.

② JENKINS A，HEALEY M. Institutional Strategies to Link Teaching and Research［R］. York：The Higher Education Academy，2005：33.

③ GRIFFITHS R. Knowledge Production and the Research-teaching Nexus：The Case of the Built Environment Disciplines［J］. Studies in Higher Education，2004，29（6）：709-726.

究教学和学习过程本身。

时任曼彻斯特大学（The University of Manchester）分管教学与学习的副校长布拉德福德（Michale Bradford）在设计本校的教学和学习策略时，修改使用了上述的类型，分别用“学习他人的研究”、“学习做研究—研究方法”、“以研究的方式学习—以探究为基础”和“教育研究”来指代①。

基于上述的概念框架和理论智慧，一流研究型大学可根据学科性质、学生年级和兴趣，制订不同类型的课程，形成研究型课程体系。由于院校及其所处的政策环境不同，一流研究型大学可以综合使用下列这些课程设置制度。

第一，在全校所有课程中强化探究性学习。在这方面，一些研究型大学已经做了很好的探索。比如，英国牛津布鲁克斯大学（Oxford Brookes University）在2002—2003年要求重新设计全校所有本科生和研究生课程，以在课程教学中展示科研与教学和学习是如何联系的。澳大利亚国立大学（Australian National University）则要求确保所有本科生从一开始就进入探究学习的课程之中。

第二，集中建设一些研究型课程，并要求全部或大多数学生修习。随着高等教育规模的扩张，即使在一流精英研究型大学中，也普遍存在大班上课现象（大一尤其如此），这给研究性学习造成了一定的困难。解决这一问题的一个办法是集中资源到一些关键课程（核心课程），用好的教师和优质课程进行科教融合。如康乃尔大学（Cornell University）在生物学一年级学生中实施“探索项目”（explorations program），这个项目是在一门700—900人的课程中开展的，经过分组，每组6—8人，开展3—4小时的研究，最终创造了100—120个“经验”——绝大多数是让学生参与教师开展的研究问题，项目在校内的实验室以及学校附近的野外开展②。我国不少大学也采取了类似的形式，在一些课程中实施

① JENKINS A, HEALEY M. Institutional Strategies to Link Teaching and Research [R]. York: The Higher Education Academy, 2005: 21.

② JENKINS A, HEALEY M. Institutional Strategies to Link Teaching and Research [R]. York: The Higher Education Academy, 2005: 21.

“大班授课＋小班研讨”，北京大学的实践就颇具代表性。北京大学的大班授课和小班研讨相结合的“小班课教学”试点工作自2012年秋季学期开始实施，学校原则上要求选择低年级专业必修基础课程，开展大班授课、小班研讨和一对一答疑相结合的教学模式①。牛津大学则是一个特别的案例。牛津大学的学生也上一些全校性的课程，但核心是参加各学院的导师制教学，而导师制教学有很强的研究性，是科教融合课程的典型。

第三，针对个别学生设计科教融合课程。在国外一流研究型大学中，普遍存在一些针对个别学生，尤其是学业能力突出和研究动机强烈的学生开设的研究型课程，这些课程多是在暑期开设，以本科生科研的形式开展。

上述这些课程制度，基本上是基于改变教学的角度来设计的。实际上，科教融合还可以从改变科研的角度来推进，而这一思路常被忽视。在这方面，已经有一些国家层面的政策，如美国国家科学基金会要求申请者必须在项目中呈现如何促进教育教学，而英国的“科研卓越框架”则要求相关项目（那些基于教学的项目）展示如何培育或支持相关课程的教学。而大学层面却很少有意识地强化科研的教育价值。一流研究型大学可采取一些措施，提高科研对于课程教学的积极作用，如要求和支持高水平的研究者参与课程建设和课程教学，要求相关项目陈述其如何影响课程（转化为教材、课程内容或教学方式）。

三、教师管理制度

教师是大学学术活动的主体，是大学教学和科研的具体实践者，相应地，大学教师也是教学与科研关系最根本的载体。作为组织成员，大学教师被组织赋予的角色及相应的行为模式，对于大学教学和科研关系有着基础性的作用。这种角色赋予的过程，在大学组织制度上就体现为教师管理制度，包括教师聘任、晋升、奖励及教师发展制度等。

① 北京大学．“小班课教学”简介［EB/OL］．［2018-07-10］．http://dean.pku.edu.cn/tutorialclasses/.

（一）教师聘任

聘任制对于教师如何处理自己的教学和科研有直接影响。推进大学科教融合，需要建构相应的教师聘任制度。

在高等教育领域，长期存在一个普遍的信念，那就是好的学者即好的教师。因此，各大学在聘任教师时，主要甚至全部看重应聘者的研究能力、科研成果及学术声望。这表现为各大学普遍用高收入、好政策等“猎取”著名学者，或从一流研究型大学中遴选科研能力突出的年轻教师。无论是著名学者还是年轻的博士，在应聘中大多不需要展示教学能力。这对于大学科教融合显然是不利的。近年来，这一问题受到关注，一些大学也开始尝试做出改变，如牛津大学在遴选教师时，会用多种方法考察教师的包括教学能力在内的综合能力。当然，对于教学能力的考察，主要是让应聘者总结、汇报自己的研究。

但是，由于刚毕业的博士生普遍没有教学经验，因此整体的教学能力并不理想。而美国和英国的做法值得借鉴，那就是在博士生教育阶段，在研究生课程中开设相关的教学课程、教学训练和相关的研讨，培养他们科研能力的同时，提升他们的教学的能力和技巧。2003 年，美国国家自然科学基金成立了“科研、教学与学习整合中心”（The Center for the Integration of Research，Teaching，and Learning，CIRTL），以提升高校学生的 STEM 领域的学习，并据此提高美国国民的 STEM 素养。2006 年，由霍华德大学、密西根州立大学、得克萨斯工农大学、科罗拉多大学博尔德分校、威斯康星大学麦迪逊分校、范德堡大学等 6 所研究型大学组建了“科研、教学与学习整合中心”联盟（CIRTL Network）。2011—2016 年，联盟得到了快速发展，目前由包括美国和加拿大共计 41 所大学是其成员。这个联盟致力于未来教师的培养，以“像研究一样教学”等为理念，培养了博士生的教育教学技能，促进了未来教师科教融合的意识和能力[①]。英国“连接项目”（Project Link）的主要目的，则是发现并传播教学与科研方面有效连接的实践。经过三年的实践，这个

① 原霞. 提高大学教学质量的新尝试：美国“科研、教学与学习整合中心”的发展与经验 [J]. 福建师范大学学报（哲学社会科学版），2015（6）：161-168.

项目获得了很多优秀的结合教学与科研的学科课程和教学案例。在这个过程中，教师发展获得了很大的提升①。

（二）教师晋升和奖励制度

在教师晋升和奖励方面，近年来的改革也趋向于重视教学。如哈佛大学文理学院要求在教师职称评定和晋升，尤其是授予新的终身教职方面，要更多地考虑教师的教学表现。从2007年开始，对优秀教师进行薪资方面的奖励，依据教师的教学考核表现调整他们的年薪②。哥伦比亚大学（Columbia University）规定其终身教职的授予标准是："在任何情况下，候选人必须是出色的学者……同时，获得终身教职的前提是，这个人还必须是一个出色的教师。"③ 加州大学洛杉矶分校（University of California，Los Angeles）强调教学是学术表现评价的一个核心，在评估任何聘任或晋升的档案材料时，都要分析候选人在课堂中的多样化的活动和成效，如查看教师授课类型、课时及注册学生数、学生评教成绩及排名、指导毕业生和研究生的记录、同行评价及个人评价等④。在教师奖励方面，设置大学教学奖已成为世界的一大趋势，不少国家都设置了国家性的大学教学奖，一流研究型大学也普遍设立了此类奖项，本书的几所案例大学也都设置了教学奖。

但是，这种提升教学地位的做法，很可能会有意想不到的后果，那就是进一步分离、对立科研和教学——大学社群会形成一种教学和科研各自独立、互不相干的观念，这显然是无助于科教融合的。因此，更换

① GRIFFITHS R. Knowledge Production and the Research-teaching Nexus：The Case of the Built Environment Disciplines [J]. Studies in Higher Education，2004，29（6）：709-726.

② 陈超，郄海霞. 美国研究型大学的教学激励机制及其启示 [J]. 高等教育研究，2001，32（5）：70-76.

③ The Office of the Vice Provost for faculty Affairs at Columbia University. The Faculty Handbook [EB/OL]. [2016-07-07]. http://www. columbia. edu/cu/vpaa/handbook/instruction. html.

④ Academic Personnel Office at University of California，Los Angeles. Teaching News [EB/OL]. [2016-07-07]. https://www. apo. ucla. edu/news/announcements/cap-corner-teaching.

制度设计是非常必要的，且已有个别大学做了尝试。在教师晋升方面，得克萨斯大学圣安东尼奥分校（University of Texas at San Antonio）要求，终身教职申请者和副教授申请人员，除了应具备出色的科研成果和科研潜力、院校和公共服务外，还应做到认真对待培养学生的责任，在教学中使用创新性的方法。该校还特别要求申请人员必须以学术提升教学活动，即传授学科前沿知识，提供来自不同知识领域的多维视角，能够介绍具有争议性的知识，给所有学生提供发现和创造的机会，建立把学术活动作为一种终身学习的模式①。而坎特伯雷大学教师晋升副教授还要把自己的科研/学术/创造性工作与教学联结起来，发表相关论文或设计出课程，提供在教学和学习方面具有创新性和持续性的证据；晋升教授则要求申请人在学科领域国际知名，在研究、学术、创造性工作、丰富教学内容方面表现出色。多伦多大学设置了著名的诺斯洛普弗莱奖（Northrop Frye Award），每年有一位教师和一个系凭借示范性的、创新性的方式联结教学与科研而获奖。新西兰的维多利亚大学奖励那些把自己的学术研究与教学相结合而表现出色的教师、引导本科生参与研究的教师，以及开展学科教学与学习研究的教师②。

随着高等教育从外延式发展转向内涵式提升，我国一流研究型大学普遍提升了教学的地位。与国外普遍的实践相似，设置教学奖励、在晋升中强调教学甚至设置教学型教授等，成为我国大学基本的制度选择。但正如上文所言，这种平衡式的思路方式无助于科教融合。如果要推进科教融合，各一流研究型大学就要重新评估所有层次教师的晋升和奖励政策，确保“不只是奖励好的教学或好的科研，而是奖励那些展现出教研融合的教师”③。因此，必须转换思路，学习坎特伯雷大学和得克萨斯

① The Office of the Provost and Vice President for Academic Affairs at the University of Texas at San Antonio. Criteria for Promotion and Tenure [EB/OL]. [2016-07-07]. http://provost. utsa. edu/home/Evaluation/PromotionTenure/criteria. asp.

② JENKINS A, HEALEY M. Institutional Strategies to Link Teaching and Research [R]. York: The Higher Education Academy, 2005: 44-45.

③ HATTIE J, MARSH H W. The Relationship between Research and Teaching: A Meta-analysis [J]. Review of Educational Research, 1996, 66 (4): 507-542.

大学圣安东尼奥分校等一流研究型大学的做法，在制度上要求教师致力于教学和科研这两种活动、角色的融合。

（三）教师发展制度

教师发展是促进大学科教融合的重要方式。为促进教师全面发展而不只是科研发展，近年来，大学教师教学发展受到重视。设置教学发展项目、设立教学发展中心等成为各国一流研究型大学普遍的制度选择。如牛津大学于2000年成立了牛津大学学习中心，新教师必须接受牛津大学学习中心的课程培训，老教师也必须参加教学提升计划的培训。悉尼大学2000年就设立了一个教学改进基金以资助学校内部教学和学习改善的项目，悉尼大学还要求每位新进教师必须参加2—4年的系统培训，另外，悉尼大学要求教师必须完成教学与学习中心开设的大学教学理论和实践等方面的课程学习，并获得资格证书。坎特伯雷大学鼓励所有教师获得教学资格，尤其是获取研究生教学三级资格。有类似制度设计的一流研究型大学还有不少，可以说，目前有一种对教师进行教学培训、教学发展资助的国际趋势。但是，此类项目大多限于入职后的一两年，且主要是从教学方面考虑问题，这样会让教师感觉教学方面课程的学习与他们的研究角色分离甚至竞争①。

改革现有的制度是必要的。一流研究型大学要确保科教融合成为教师培养和专业发展制度的核心，继而采取教学与科研相结合的方式来促进教师发展，建构融合式的教师发展模式。在这方面，坎特伯雷大学做了一些积极的探索，如该校为新教师设计了一个工作坊，这个工作坊要求新教师在注册学习之前，必须学习一篇关于大学科教联结的文章。当然，这还远远不够。最好的办法是从博士生教育阶段，就开始强调科教融合。入职以后，教师还要继续接受教学和科研融合项目培训、认证课程学习，一直到入职后的三年甚至五年以上。

行文此处，我们只是从组织愿景、课程体系、教师管理制度等核心制度方面，描述了一流研究型大学科教融合的组织制度设计。其实，推

---

① JENKINS A，HEALEY M. Institutional Strategies to Link Teaching and Research［R］. York：The Higher Education Academy，2005：43.

进科教融合，还需要大学全面系统地进行变革，如变革科研政策、组织架构等。如何推进这些变革，需要更为深入持续的研究。但基本的逻辑是，如果不再只是把科教融合作为宣传的“华丽修辞”，相关大学就必须改变组织架构，变革组织制度，奖励那些创造性地、成功地融合教学和科研活动的行为。

第三节　实践策略再造与大学科教融合

任何理念和制度要真正发挥作用，都必须有相应的实践策略加以落实。大学科教融合理念及相应的组织制度变为行动，同样需要恰当的策略和措施。基于案例大学及其他一流研究型大学的实践，本书提出建构特色概念、系统化推进以及注重监控等发展科教融合的策略。

一、建构特色概念

科教融合是现代高等教育的基本理念，而这一理念是颇具包容性的观念范畴，科教融合相应地具有多种形式。而作为具体的组织，各一流研究型大学在设计组织制度和实践策略时，需要有相对具象的抓手，这就需要各大学基于自身所处的政策环境、组织特质和发展规划，建构具有特色的“科教融合”概念。

本书的案例大学多具有自己科教融合的概念。牛津大学强调它是一个学者共同体，其基本特征是“学生与那些出色的学者之间具有密切的联系”，可见，牛津大学的科教融合就是学者和作为学术共同体成员的学生之间的密切交往，相应地，牛津大学的本科生导师制和导师制教学便是其科教融合的基本制度和策略。

悉尼大学的科教融合概念为“研究引导的教学”。这一概念的内涵是，教师基于自身的科研经验开展一个主题或技能的教学。在教学过程中，教师分享自己最新的研究成果、研究方法。也就是说，研究引导的教学，是以教师的研究内容和研究方法为基础并引领教学的开展。之所以确定这样的科教融合概念，根本原因在于悉尼大学是澳大利亚顶尖的精英研究型大学，有大量的知名学者。这些学者既是悉尼大学教学的主体，也是吸引学生进入悉尼大学的主要原因——学生想接受那些学者的教导，而研究引导的教学可以实现学校与学生的双赢。在这一科教融合概念的指导下，悉尼大学制订了多项措施，设立与研究技能学习相关的机构等。《悉尼大学2011—2015年战略计划》丰富了科教融合的内涵，提出了“沉浸于探究”的概念，意指悉尼大学是一个学生在学习过程中和研究者无缝对接、师生共同磨砺批判性思维能力并推进知识和理解的探究共同体。

坎特伯雷大学用教研连接（link）和联结（nexus）概念化科教融合。悉尼大学2004年发布的一份报告指出，教学与科研可能通过三种方式相互联系，分别是传递性连接、过程性连接和研究文化连接①。

华中科技大学很早就提出了自己的科教融合的概念。在20世纪70年代末，时任校长朱九思便提出了科研应走在教学前面，强调科研是“源”，教学是“流”。用颇具中国特色的话语，清晰地阐释了华中科技大学的科教融合，即用科研引领教学、丰富教学、激发教学。

总之，科教融合内涵丰富、外延宽泛，各研究型大学需要确立一个核心概念，并围绕它形成相应的制度和策略体系。

二、系统推进科教融合

科教融合的推进是一个系统工程，需要大学组织各方力量共同努力，需要多种策略的结合。除了进行战略规划、课程体系、教师管理等组织制度变革外，还需要把科教融合理念贯彻到学生培养的全过程和学校的各层次。

学生培养是一个持续的、动态的过程，包括入学、中期学习和毕业等阶段。科教融合的真正推进，需要渗透到学生培养的全过程。结合国内外一流研究型大学的经验，本书认为需要做到以下方面。

在培养目标和课程教学目标设定上体现科研的素养和相关知识技能。2003—2005年，悉尼大学就做过类似的工作，要求全校各专业项目重新修订“毕业生一般特质”（generic attributes of graduates）以帮助学生展现科研知识。有了这样的培养目标，科教融合便有了动力和考核的依据。

① SPRONKEN-SMITH R. The Research-teaching Link at Canterbury [R]. Christchurch：University of Canterbury，2004：3.

为新生开设研讨课，帮助其进入科研为导向的学习进程。1998 年发布的《博耶报告》提出了改变美国研究型大学本科教育的 10 条途径，其中第二条是“建立研究性学习的大一经历”。其目的是通过讨论激发学生智慧，使学生在合作的环境中有机会探究学习的主题；帮助学生适应大学阶段的学习，迈入探究学习之旅。三年之后的调查发现，有 76 所研究型大学（占 80%）为学生开设了学术性的研讨课，其中 32 所大学的参与人数在一半以上①。丹麦的洛斯基勒大学（University of Roskilde）一到二年级需要评价的课程中，至少有 50%的学时要通过项目活动来完成②。近年来，我国一些一流研究型大学也尝试开设了类似课程，如为实现“双一流方案”，中国人民大学就准备建设 15 门示范性新生研讨课③。

整个学生培养的过程都应以研究的方式开展。克拉克说：“以科研为首要的成分，教授的作用在于把科研和教学结合起来——科研活动十分恰当地成为一种教学的模式。学生的作用就是把科研和学习结合起来——科研活动转变成一种学习的模式。因此，科研使教授和学生定向，把教学和学习合拢来成为促进知识的一个无缝的承诺之网，铸成了一个紧密的科研—教学—学习连结体。”④ 有两种方式可以实现研究的方式教学，一是改变传统灌输式教学，实施研究性教学；二是教师组织本科生参与科研项目。而我国大学在这两面做得都不够好。研究性教学的实践还不那么普遍，本科生的科研参与度还非常低。有调查显示，本科生最不满意的 10 个方面之中，就有“教学方式”、“参与科研”和“学术讲座”等⑤。

除了上述策略外，美国研究型大学还为大四学生开设顶峰体验课程

① Boyer Commission on Educating Undergraduates in the Research University. Reinventing Undergraduate Education: Three Years after the Boyer Report [R]. Stony Brook: State University of New York at Stony Brook, 2002: 12.

② LEGGE K. Problem-orientated Group Project Work at Roskilde University [R]. Roskilde: Roskilde University, 1997: 5.

③ 张航. 清华北大人大公布“双一流”建设方案 [N]. 北京日报，2018-1-2.

④ 伯顿·克拉克. 探究的场所：现代大学的科研和研究生教育 [M]. 王承绪，译. 杭州：浙江教育出版社，2001：1.

⑤ 中国教育科学研究院. 全国高等教育满意度调查报告 [R]. 中国教育报，2017-05-17 (4).

(capstone experience course)，让学生把零散的知识结合起来，探究具有深度和难度的项目，最终，解决问题并结束学业。

必须提及的是，科教融合可以体现在多个层面，如高等教育系统层面、大学组织层面、院系和学科层面、教师个体层面等，本书主要探讨于大学组织层面。在组织制度和实践策略创新的同时，大学还要推动院系采取相应的措施，最终形成从组织到个体多层面的科教融合推进方案——正如第六章所述，坎特伯雷大学在这方面做了有益的尝试。为了促进大学实现全过程、多层面的科教融合，需要专业发展策略、资源分配策略、绩效评价策略等同时发力。

三、监控科教融合进展

由于受到各种力量的推拉，作为现代大学两项基本活动的教学和科研之间的关系是复杂的。在不同的大学、学科、系所和个体身上，会呈现融合、正相关、负相关、零相关、混合的和非线性的等多种关系。换句话说，科教融合并不会自然而然地呈现，至少不会普遍存在，这就需要加以监控、调控，使教学与科研二者之间的负面影响最小化。

本书所分析的悉尼大学和坎特伯雷大学都建立了科教融合的监控机制。为推进研究引导的教学，悉尼大学基于相关文献设计了一系列的行为指标用以评价和监控院系的实践。院系需要提供7个方面的数据，包括：(1) 学生对于科研的意识以及积极参与的程度；(2) 教师教研结合的能力；(3) 开设相应课程，把学生纳入相关研究活动，引导他们进入研究社群，提高他们的科研意识；(4) 鼓励科教融合的努力程度；(5) 对于教师强化教研联结的支持与鼓励；(6) 学院对于教研联接的认可和支持；(7) 学校对于加强教研关系的努力。为了保证实施，院系上述几方面的表现会跟其部分预算挂钩①。不仅如此，悉尼大学还曾与蒙纳什大学 (Monash University) 合作，共同检视两所大学科教融合的进展，并通过了一份基准协议 (benchmarking agreement)②。

---

① JENKINS A, HEALEY M. Institutional Strategies to Link Teaching and Research [R]. York: The Higher Education Academy, 2005: 43.

② JENKINS A, HEALEY M. Institutional Strategies to Link Teaching and Research [R]. York: The Higher Education Academy, 2005: 33.

坎特伯雷大学则通过全校性的调查研究，系统监控科教融合的进展。2000年发布的《坎特伯雷大学的科研与教学连接》就是这样一个过程的结果。在这份报告中，悉尼大学呈现了组织层面、系所层面和教师个体层面科教融合的状况，发现主要是在系所和个体层面才有较多体现（也不理想），而组织层面虽然有明确的行动指南，但少有证据显示科教融合。为此，这份报告提出了一些强化大学组织层面科教融合的措施。之后，坎特伯雷大学还进行了对科教融合的持续监控。2004年发布的《新的科研资助环境将如何影响坎特伯雷大学的教学与科研联结》就是一次系统的审核。为应对新西兰大学学术质量局的接下来的几轮学术审核，坎特伯雷每次都进行科教融合状况的扫描分析。

总之，通过宏观政策、组织制度和实践策略的系统变革，大学科教融合会有更进一步的发展，甚至是巨大的发展。正如有学者指出的那样，如果没有整体背景的变化和组织层面的回应，个体层面的实践变革将会是毫无意义的。如果有来自等级化组织高层的支持，事情会变得简单①。

反过来说，组织变革也必须伴随有基层单位的变革和教师行动变革，这也就是为什么克拉克把大学层面称为整合科研和教学的“形成的条件”，而把基层称为“实施的条件”的原因。大学组织变革最终需要基层和教师落实，科教融合亦是如此。更进一步说，本书主要关注的是制度变革，这很重要，但不能忽视的是，组织文化变革同样重要甚至更具深远意义。我们必须强化大学及其教师融合教学和科研两种角色和责任的文化。

---

① WALKER P，ENTWISTLE N. Conceptions of Teaching and Levels of Understanding：Emering Structures and Shifting Awareness［C］// RUST C. Proceeding of the 1998 6th International Improving Student Learning Srmposium：Improving Student' Learning Outcomes. Oxford：Oxford Center for Staff and Learning Development，1999：309-318.

参考文献

一、中文文献

[1] 安德烈亚斯·弗利特纳．洪堡人类学和教育理论文集［M］．胡嘉荔，崔延强，译．重庆：重庆大学出版社，2013.

[2] 安东尼·吉登斯．失控的世界［M］．周红云，译．南昌：江西人民出版社，2001.

[3] 安维复．社会建构主义：后现代知识论的“终结”［J］．哲学研究，2005（9）：60-67.

[4] 白强．危机·转机·生机：哈佛大学改革轨迹探究［M］．重庆：重庆大学出版社，2016.

[5] 彼得·德鲁克．功能社会［M］．曾琳，译．北京：机械工业出版社，2009.

[6] 伯顿·克拉克．高等教育系统：学术组织的跨国研究［M］．王承绪，徐辉，殷企平，等译．杭州：杭州大学出版社，1994.

[7] 伯顿·克拉克．探究的场所：现代大学的科研和研究生教育［M］．王承绪，译．杭州：浙江教育出版社，2001.

[8] 伯顿·克拉克．高等教育新论：多学科的研究［M］．王承绪，译．杭州：浙江教育出版社，2001.

[9] 彼得·圣吉．第五项修炼：学习型组织的艺术与实践［M］．张成林，译．北京：中信出版社，2009.

[10] 陈超，郄海霞．美国研究型大学的教学激励机制及其启示［J］．高等教育研究，2001，32（5）：70-76.

[11] 陈洪捷．德国古典大学观及其对中国大学的影响［M］．北京：

北京大学出版社，2006.

［12］成洪波．论科教融合与应用型创新人才培养［J］．高等工程教育研究，2017（4）：141-145.

［13］崔爱林．二战后澳大利亚高等教育政策研究［M］．保定：河北大学出版社，2011.

［14］崔爱林，董佳佳，荣艳红．英国高等教育质量外部评估体制与指标体系［J］．高校教育管理，2008（2）：22-26.

［15］大卫·帕尔菲曼．高等教育何以为“高”：牛津导师制教学反思［M］．冯青来，译．北京：北京大学出版社，2011.

［16］代林利．大学内部学术质量保障体系的系统建构：以悉尼大学为例［J］．比较教育研究，2006（3）：32-35.

［17］丹尼尔·贝尔．后工业社会的来临［M］．高铦，译．北京：新华出版社，1997.

［18］邓云清．新大学运动与英国高等教育的近代化［J］．高等教育研究，2008（1）：85-91.

［19］杜海燕．澳大利亚大学发展史研究［M］．天津：天津教育出版社，2012.

［20］杜智萍．19世纪以来牛津大学导师制发展研究［M］．呼和浩特：内蒙古大学出版社，2011.

［21］弗兰克·H．T．罗德斯．创造未来：美国大学的作用［M］．王晓阳，蓝劲松，译．北京：清华大学出版社，2007.

［22］弗里德里希德·包尔生．德国大学与大学学习［M］．张弛，郄海霞，耿益群，译．北京：人民教育出版社，2009.

［23］符明娟．比较高等教育［M］．北京：北京师范大学出版社，1987.

［24］古川安．科学的社会史：从文艺复兴到20世纪［M］．杨舰，梁波，译．北京：科学出版社，2011.

［25］顾海良．“双一流”建设要坚持以学科建设为基础［J］．中国高等教育，2017（19）：15-16.

［26］郭晓娟．专利产业化与大学科技园建设：以牛津大学科技园为

例［J］. 东岳论丛，2006（2）：194-195.

［27］韩震，周文斌，邢晖. 系统推进教学改革　全面强化质量建设:高校领导赴澳大利亚培训研修报告［J］. 国家教育行政学院学报，2009（4）：73-83.

［28］贺国庆，王保星，朱文富. 外国高等教育史［M］. 2版. 北京：人民教育出版社，2006.

［29］何梅. 牛津大学人才培养的历史传统、现代走向及中国启示［M］. 成都：电子科技大学出版社，2014.

［30］何晓芳. 20世纪80年代以来澳大利亚高等教育政策变迁［J］. 高教发展与评估，2013（1）：62-69.

［31］黄福涛. 外国高等教育史［M］. 2版. 上海：上海教育出版社，2008.

［32］侯定凯. 博耶报告20年：教学学术的制度化进程［J］. 复旦教育论坛，2010，8（6）：31-37.

［33］胡建华. 科学研究在大学中的历史演进［J］. 南京师大学报（社会科学版），2006（4）：76-81.

［34］华中科技大学. 信息公开网［EB/OL］.［2018-06-20］. http://xxgk.hust.edu.cn/info/1024/1348.htm.

［35］华中科技大学. 华中科技大学章程［EB/OL］.［2018-07-08］. https://baike.baidu.com/item/华中科技大学章程/16312741.

［36］华中科技大学. 华中科技大学中长期发展战略规划（2011—2020年）［EB/OL］.［2018-07-09］. http://office.hust.edu.cn/info/1076/1731.htm.

［37］江洪洋. 试析华中科技大学办学的历史经验［J］. 湖北教育：领导科学论坛，2011（6）：8-10.

［38］金耀基. 大学之理念［M］. 北京：生活·读书·新知三联书店，2008.

［39］卡尔·雅斯贝尔斯. 大学之理念［M］. 邱立波，译. 上海：上海人民出版社，2007.

［40］康德. 论教育学［M］. 赵鹏，译. 上海：上海人民出版

社，2005.

[41] 孔令帅. 英、加、澳高校新教师发展的经验及启示：以剑桥大学、多伦多大学、悉尼大学为例 [J]. 徐州工程学院学报（社会科学版），2017，32（2）：98-104.

[42] 李爱民，马海泉. 科教融合高校必须解决的时代命题 [N]. 中国教育报，2012-10-26（6）.

[43] 李慧清. 悉尼大学面向新世纪的教学改革 [J]. 河南教育：高校版，2006（5）：60-61.

[44] 李麟，辛志成. 牛津大学凭什么出名 [M]. 北京：同心出版社，2012.

[45] 李茂国，周红坊，朱正伟. 科教融合教学模式：现状与对策 [J]. 高等工程教育研究，2017（4）：58-62.

[46] 李其荣. 美国哈佛大学的魅力与特色：我所了解的哈佛大学 [J]. 中南民族大学学报（人文社会科学版），2009，29（6）：176-180.

[47] 李永刚. 高校教学与科研结合的政策困局与破解路径：基于科教结合政策文本（1987—2016 年）的分析 [J]. 教师教育学报，2017，4（4）：84-92.

[48] 李政云，徐辉. 卡内基教学促进基金会对美国高等教育的影响及其机制分析 [J]. 高等教育研究，2007（6）：98-104.

[49] 李智，胡艳华，欧阳康. 华中科技大学纪事 [M]. 武汉：华中科技大学出版社，2012.

[50] 李作章，刘学智. 澳大利亚大学教学规范与标准：框架与评析 [J]. 外国教育研究，2016（6）：81-94.

[51] 林玉体. 哈佛大学史 [M]. 台北：高等教育文化事业有限公司，2002.

[52] 刘宝存. 牛津大学办学理念探析 [J]. 比较教育研究，2004（2）：16-22.

[53] 刘宝存. 为未来培养领袖：美国研究型大学本科生教育重建 [M]. 北京：高等教育出版社，2011.

[54] 刘宝存. 大学理念的传统与变革 [M]. 北京：教育科学出版

社，2004.

[55] 刘宝存. 雅斯贝尔斯的大学教育理念述评 [J]. 外国教育研究，2003 (8)：60-64.

[56] 刘力. 美国产学研合作模式及成功经验 [J]. 教育发展研究，2006 (7)：16-22.

[57] 刘献君. 倡导 创新 发展：湖北省高等学校改革案例集 [M]. 武汉：华中科技大学出版社，2011.

[58] 刘献君. 大学课程建设的发展趋势 [J]. 高等教育研究，2014，35 (2)：62-69.

[59] 罗纳德·巴尼特. 高等教育理念 [M]. 蓝劲松，译. 北京：北京大学出版社，2012.

[60] 骆四铭. 洪堡理念与德国高等教育发展 [J]. 高等工程教育研究，2010 (5)：107-112.

[61] 罗云，黄值. 哈佛大学高层次人才队伍建设的基本经验及启示 [J]. 华北电力大学学报（社会科学版），2009 (4)：117-122.

[62] 诺沃特尼，斯科特，吉布斯. 反思科学：不确定性时代的知识与公众 [M]. 冷民，徐秋慧，译. 上海：上海交通大学出版社，2011.

[63] 皮特·斯科特. 高等教育全球化：理论与政策 [M]. 周倩，高耀丽，译. 北京：北京大学出版社，2009.

[64] 平森. 德国近代史 [M]. 范德，译. 北京：商务印书馆，1987.

[65] 李其龙，孙祖复. 教育学文集：联邦德国教育改革 [M]. 北京：人民教育出版社，1991.

[66] 沙敏. 哈佛校训 [M]. 北京：中国工人出版社，2006.

[67] 施林淼，刘贵松. 我国研究型大学教学科研融合的方式、问题及对策：以清华大学等 6 所高校发布的本科教学质量报告为例 [J]. 中国高教研究，2015 (3)：31-35.

[68] 石中英. 本质主义、反本质主义与中国教育学研究 [J]. 教育研究，2004 (1)：11-20.

[69] 孙承武. 谁与争锋：全球十大名牌大学智慧 [M]. 北京：京

华出版社，2003.

[70] 唐纳德·肯尼迪. 学术责任 [M]. 阎凤桥，译. 北京：新华出版社，2002.

[71] 唐霞. 英国高等教育质量保证体系 [M]. 北京：北京师范大学出版社，2012.

[72] 唐颐，胡军，王晓青，等. 悉尼大学本科化学专业课程设置及其思考 [J]. 中国大学教学，2003 (5)：34-36.

[73] 田凌晖. 澳大利亚高等教育发展：战略分析的视角 [J]. 复旦教育论坛，2008 (1)：63-67.

[74] 童世骏. 大学的理念和高校的社会责任 [C] //中共上海市委宣传部. 2004 理论创新咨询专家文集. 上海：上海人民出版社，2006.

[75] 托尼·比彻，保罗·特罗勒尔. 学术部落及其领地：知识探索与学科文化 [M]. 唐跃勤，蒲茂华，陈洪捷，译. 北京：北京大学出版社，2015.

[76] 万玉凤. 教育部部署直属高校"十三五"规划编制和央属高校教育教学改革 将建设一流本科教育纳入"双一流"建设方案 [N]. 中国教育报，2013-03-30 (1).

[77] 王保星. 教育智库的基本特质分析：基于 20 世纪"卡内基教学促进基金会"的案例分析 [J]. 高校教育管理，2014 (6)：50-55.

[78] 王建华. 重温"教学与科研相统一" [J]. 教育学报，2015 (3)：77-86.

[79] 王炯华. 朱九思评传 [M]. 武汉：华中科技大学出版社，2011：125.

[80] 王莉华. 澳大利亚高校科研绩效拨款改革及其影响 [J]. 外国教育研究，2013，40 (7)：122-128.

[81] 王英杰. 大学校长与大学的改革和发展：哈佛大学的经验 [J]. 比较教育研究，1993 (5)：1-10.

[82] 汪霞. 世界一流大学研究生培养模式和课程体系研究 [M]. 南京：南京大学出版社，2015.

[83] 韦家朝，李福灼. 教学质量保障：悉尼大学教学中心的建设

[J]. 黑龙江高教研究，2014 (9)：50-52.

[84] 威廉·冯·洪堡. 论柏林高等学术机构的内部和外部组织 [J]. 高等教育论坛，1987 (1)：93-96.

[85] 吴洪富. 大学场域变迁中的教学与科研关系：一项关于教师行动的研究 [M]. 北京：教育科学出版社，2014.

[86] 吴洪富. 美国研究型大学建构教学与科研关系的行动逻辑研究 [M]. 北京：科学出版社，2016.

[87] 吴洪富. 高深知识的双重性：读布鲁贝克《高等教育哲学》[J]. 高教探索，2009 (6)：28-32.

[88] 吴雪萍，刘辉. 澳大利亚高等教育教学质量保障策略探究 [J]. 比较教育研究，2004 (9)：71-75.

[89] 徐辉，郑继伟. 英国教育史 [M]. 长春：吉林人民出版社，1993.

[90] 徐来群. 哈佛大学史 [M]. 上海：上海交通大学出版社，2012.

[91] 徐木兴，喻擎苍，沈婷. 将“以教师为本”理念贯穿管理全过程：悉尼大学师资柔性管理策略 [J]. 中国高等教育，2015 (Z3)：77-79.

[92] 许晓东，卞良. 本科工程教育研究性教学探索与实践：以华中科技大学为例 [J]. 高等工程教育研究，2014 (2)：43-49.

[93] 薛澜，何晋秋. 国家创新系统的演进与发展：以科教结合为视角 [M]. 北京：中国社会科学文献出版社，2016：22.

[94] 亚伯拉罕·弗莱克斯纳. 现代大学论：美英德大学研究 [M]. 徐辉，陈晓菲，译. 杭州：浙江教育出版社，2001.

[95] 雅克·勒戈夫. 中世纪的知识分子 [M]. 张弘，译. 北京：商务印书馆，1996.

[96] 亚瑟·科恩. 美国高等教育通史 [M]. 李子江，译. 北京：北京大学出版社，2010.

[97] 杨九斌. 二战后美国联邦政府对研究型大学科研资助政策研究 [D]. 上海：华东师范大学，2014.

[98] 约翰·亨利·纽曼. 大学的理想 [M]. 徐辉，顾建新，何曙

荣，译．杭州：浙江教育出版社，2001.

[99] 约瑟夫·本-戴维．科学家在社会中的角色［M］．赵佳苓，译．成都：四川人民出版社，1988.

[100] 约瑟夫·本-戴维．学术研究的历史、目的和组织［J］．李亚玲，译．外国教育资料，1983（6）：27-30.

[101] 原霞．提高大学教学质量的新尝试：美国“科研、教学与学习整合中心”的发展与经验［J］．福建师范大学学报（哲学社会科学版），2015（6）：161-168.

[102] 詹姆斯·费尔韦瑟．论全球化背景下的大学知名度、学术研究及大学教学的相互关系［J］．北京大学教育评论，2009（1）：2-15.

[103] 张安梅．澳大利亚：教学型大学压力倍增［J］．比较教育研究，2011，33（3）：92-93.

[104] 张国祥．悉尼大学化工本科课程设置特色分析［J］．教育评论，2014（4）：165-167.

[105] 张伟，张茂聪．我国高校一流大学建设的校际经验：基于6所高校一流大学建设方案的文本分析［J］．中国高教研究，2018（5）：26-32.

[106] 张庆辉．生态学视野中的大学战略管理［M］．青岛：中国海洋大学出版社，2016：140.

[107] 赵婷婷．从大学与社会的矛盾看教学与科研的关系［J］．高等教育研究，1999（2）：47-50.

[108] 张伟．华中科技大学培养拔尖创新人才的案例研究［D］．武汉：华中科技大学，2007.

[109] 周川．论高等学校科学研究的教育性原则［J］．高等教育研究，2007，28（3）：9-16.

[110] 周常明．牛津大学史［M］．上海：上海交通大学出版社，2012.

[111] 周光礼，马海泉．科教融合：高等教育理念的变革与创新［J］．中国高教研究，2012（8）：15-23.

[112] 周光礼，马海泉．科教融合与大学现代化：西方大学科研体

制化的同质性和差异性［J］. 中国高教研究，2013（1）：12-21.

［113］周光礼，马海泉. 科教融合　创新育人：科学研究如何支撑高质量的本科教育［M］. 杭州：浙江大学出版社，2014.

［114］周光礼，武建鑫. 什么是学术评价的全球标准：基于四个全球大学排行榜的实证分析［J］. 中国高教研究，2016（4）：51-56.

［115］周光礼，姜嘉乐，王孙禺，等. 高校科研的教育性：科教融合困境与公共政策调整［J］. 高等工程教育研究，2018（1）：88-94.

［116］朱九思. 对目前高等教育中几个问题的我见［N］. 光明日报，1981-07-10（2）.

［117］邹晓东，韩旭，姚威. 科教融合：高校办学新常态［J］. 高等工程教育研究，2016（1）：43-50.

二、外文文献

［1］Academic Quality Agency for New Zealand Universities. Report of the 2014 academic audit of the university of Canterbury［R］. Wellington：Academic Quality Agency for New Zealand Universities，2015：46-47.

［2］ASMAR C. Strategies to enhance learning and teaching in a research-extensive university［J］. International journal for academic development，2002，7（1）：18-30.

［3］AUSTIN A E. Creating a bridge to the future：preparing new faculty to face changing expectations in a shifting context［J］. The review of higher education，2002，26（3）：119-144.

［4］BAKER P J. The helter-skelter relationship between teaching and research：a cluster of problems and small wins［J］. Teaching sociology，1986，14（1）：50-66.

［5］BALDWIN G. The research-teaching nexus：how research informs and enhances teaching and learning in the university of Melbourne［R］. Melbourne：Centre for the Study of Higher Education，2005.

［6］BARNETT R. Linking teaching and research：a critical inquiry［J］. Journal of higher education，1992，63（6）：619-636.

［7］BARNETT R. Beyond all reason：living with ideology in the

university [M]. Buckingham: Society for Research into Higher Education and Open University Press, 2003.

[8] BARNETT R. Realizing the university in an age of supercomplexity [M]. Buckingham: Society for Research into Higher Education and Open University Press, 2000.

[9] BARNETT R. University knowledge in an age of supercomplexity [J]. Higher education, 2000, 40: 409-422.

[10] BARNETT R. Reshaping the university: new relationships between research, scholarship and teaching [M]. Maidenhead: McGraw-Hill/Open University Press, 2005.

[11] BEN-DAVID J. Centers of learning: Britain, France, Germany and the United States [M]. New York: McGraw-Hill, 1977.

[12] BERRIEN M T. Education in New Zealand [R]. Bulletin of US Department of Health, Education, and Welfare, 1964 (34).

[13] BILLOT J, CODLING A. Lost in translation: aligning strategies for research in New Zealand [J]. Higher education management and policy, 2011, 23 (3): 93-113.

[14] BOYER E L. Scholarship reconsidered: priorities of the professoriate [R]. Princeton: Carnegie Foundation for the Advancement of Teaching, 1990.

[15] Boyer Commission on Educating Undergraduates in the Research University. Reinventing undergraduate education: a blueprint for America's research universities [R]. Stony Brook: State University of New York at Stony Brook, 1998.

[16] Boyer Commission on Educating Undergraduates in the Research University. Reinventing undergraduate education: three years after the Boyer report [R]. Stony Brook: State University of New York at Stony Brook, 2002.

[17] BREW A. Research and teaching: beyond the divide [M]. London: PalgraveMacmillan, 2006.

［18］ BREW A. Research and teaching：changing relationships in a changing context［J］. Studies in higher education，1999，24（3）：291-301.

［19］ BREW A. Imperatives and challenges in integrating teaching and research［J］. Higher education research and development，2010，29（2）：139-150.

［20］ BREW A. From the international desk：an Australian perspective on undergraduate research［J］. CUR quarterly，2010，31（1）：37-42.

［21］ BREW A. Understanding the scope of undergraduate research：a framework for curricular and pedagogical decision-making［J］. Higher education，2013，66（5）：603-618.

［22］ BREW A，BOUD D. Research and learning in higher education［M］//SMITH B，BROWN S. Research，teaching and learning in higher education. London：Kogan Page，1995.

［23］ CLARK B. The modern integration of research activities with teaching and learning［J］. The journal of higher education，1997，68（3）：241.

［24］ Commission of Inquiry，University of Oxford. Commission of inquiry report［EB/OL］.［2017-12-27］. http://www. admin. ox. ac. uk/coi/commission of inquiry report.

［25］ Commission of the European Communities. The role of the universities in the Europe of knowledge［R］. Brussels：European Commission，2003.

［26］ Commission of the European Communities. Developing foresight for the development of higher education/ research relations in the perspective of the European research area（ERA）［R］. Brussels：European Commission，2002.

［27］ Committee on Higher Education. Higher education report of the Committee Appointed by the Prime Minister under the Chairmanship of Lord

Robbins [R]. London: Her Majesty's Stationery Office, 1963.

[28] CONNELL W F. Australia's First: a history of the university of Sydney (1940—1990) [M]. Sydney, NSW: Hale & Iremonger, 1995: 445.

[29] DEEM R, LUCAS L. Research and teaching cultures in two contrasting UK policy contexts: academic life in Education Departments in five English and Scottish universities [J]. Higher education, 2007, 54 (1): 115-133.

[30] Department for Education and Skills. The future of higher education [R]. London: Department for Education and Skills, 2003.

[31] Department For Business, Innovation and Skills. Success as a knowledge economy: teaching excellence, social mobility and student choice [EB/OL]. [2017-12-22]. https://assets. publishing. service. gov. uk/government/uploads/system/uploads/attachment _ data/file/23546/bis-16-265-success-as-a-knowledge-economy-web. pdf.

[32] Department for Business, Energy & Industrial Strategy. Higher education and research bill: joint working between OFS and UKRI [EB/OL]. [2017-12-22]. https://www. gov. uk/government/uploads/system/uploads/attachment _ data/file/568909/UKRI _ OFS _ joint _ working _ factsheet. pdf.

[33] Department of Education and Traning. Higher education in Austria: a review of reviews from Dawkins to today [R]. Canberra: higher education fund in Austria, 2015: 14-16.

[34] ELSEN M. How to strengthen the connection between research and teaching in undergraduate university education [J]. Higher education quarterly, 2009, 63 (1): 64-85.

[35] Faculty of Physiological Sciences, University of Oxford. Teaching opportunities for postdoctoral researchers and senior postgraduate students in the faculty of physiological sciences [EB/OL]. [2017-12-26]. https://www. ox. ac. uk/sites/files/oxford/media _ wysiwyg/Teaching%

20opportunities%20in%20the%20Faculty. pdf.

[36] FAIRWEATHER J S. Beyond the rhetoric: trends in the relative value of teaching and research in faculty salaries [J]. The journal of higher education, 2005, 76 (4): 401-422.

[37] FELDMAN K A. Research productivity and scholarly accomplishment of college teachers as related to their instructional effectiveness: a review and exploration [J]. Research in higher education, 1987, 26: 227-298.

[38] FOX M F. Research, teaching, and publication productivity: mutuality versus competition in academia [J]. Sociology of education, 1992, 65 (10): 293-305.

[39] FULTON O, TROW M. Research activity in higher education [J]. Sociology of education, 1974, 47 (1): 29-73.

[40] GEIGER R L. Optimizing research and teaching: the bifurcation of faculty roles at research universities [M] // HERMANOWICZ J C. The American academic profession: transformation in contemporary higher education. Baltimore: Johns Hopkins University Press, 2011.

[41] GIBBS G. Analysis of strategies for learning and teaching [R]. Bristol: Higher Education Funding Council for England, 2001.

[42] Group of Eight. Studying at Go8 universities [EB/OL]. [2018-07-01]. https://go8. edu. au/page/ studying-go8-universities.

[43] GRIFFITHS R. Knowledge production and the research-teaching nexus: the case of the built environment disciplines [J]. Studies in higher education, 2004, 29 (6): 709-726.

[44] HARLAND T. Neoliberalism and the academic as critic and Conscience of Society [J]. Teaching in Higher Education, 2010, 15 (1): 85-96.

[45] Harvard University. FAS appointment and promotion handbook [EB/OL]. [2018-01-05]. http://academic-appointments. fas. harvard. edu/appointment-parameters.

[46] Harvard University. Tenure-track handbook [EB/OL]. [2018-

01-07]. https:// facultyresources. fas. harvard. edu/files/facultyresources/. files/final_2017-2018_tenuretrackhbk_for_website. pdf.

[47] Harvard University. FAS appointment and promotion handbook [EB/OL]. [2018-01-09]. https//academic-appointments. fas. harvard. edu/5-assistant-professors-associate-professors-and-convertible-instructors.

[48] Harvard University. Handbook for faculty of Harvard University [EB/OL]. [2018-01-08]. http://www. Fas. Harvard. edu/home/academic_ affairs/faculty handbook. pdf.

[49] HATTIE J, MARSH H W. The relationship between research and teaching: a meta-analysis [J]. Review of educational research, 1996, 66 (4): 507-542.

[50] HEALEYM, JENKINS A. Developing undergraduate research and inquiry [R]. York: The Higher Education Academy, 2009.

[51] Hertford College, University of Oxford. Grants & prizes [EB/OL]. [2017-12-27]. https://www. hertford. ox. ac. uk/support-us/fundraising-priorities/teaching-research/grants-prizes.

[52] JENKINS A, HEALEY M. Institutional strategies to link teaching and research [R]. York: The Higher Education Academy, 2005: 33.

[53] KELLER M, KELLER P. Making Harvard modern: the rise of America's university [M]. Oxford: Oxford University Press, 2001.

[54] KINKEAD J. Learning through inquiry: an overview of undergraduate research [J]. New directions for teaching and learning, 2003 (93): 5-17.

[55] LOCKE W. The dislocation of teaching and research and the reconfiguring of academic work [J]. London review of education, 2012, 10 (3): 261-274.

[56] MILOJEVIC I. Women's higher education in the 21st century: from women friendly towards women's universities [J]. Futures, 1998, 30 (7): 693-703.

[57] Ministry of Education. Tertiary education strategy 2002—2007 [R]. Wellington: New Zealand Ministry of Education, 2002.

[58] Ministry of Education. Tertiary education strategy 2007—2012 [R]. Wellington: New Zealand Ministry of Education, 2006.

[59] Ministry of Education. Tertiary education strategy 2014—2019 [R]. Wellington: New Zealand Ministry of Education, 2014.

[60] MORISON S E. Three centuries of Harvard (1636—1936) [M]. Cambridge: Harvard University Press, 1937.

[61] National Science Foundation. About NSF [EB/OL]. [2018-01-03]. https://www. NSF. gov/about/what. jsp.

[62] National Science Foundation. Grant proposal guide [EB/OL]. [2018-01-03]. https://www. nsf. gov/pubs/policydocs/pappguide/nsf10_1/gpg_3. jsp# fn35.

[63] National Science Foundation. Shaping the future: new expectations for undergraduate education in science, mathematics, engineering, and technology [R]. Washington: National Science Foundation, 1996.

[64] NEARY M. Student as producer: pedagogy for the avant garde [J]. Learning exchange, 2010, 1 (1): 1-17.

[65] NEUMANN R. Researching the teaching-research nexus: a critical review [J]. Australian journal of education, 1996, 40 (1): 5-18.

[66] New College, University of Oxford. The fellows [EB/OL]. [2017-12-26]. https://www. new. ox. ac. uk/fellows.

[67] New Zealand Universities Academic Audit Unit. University of Canterbury academic audit report cycle3 [R]. Wellington: New Zealand Universities Academic Audit Unit, 2005: 8.

[68] New Zealand Universities Academic Audit Unit. University of Canterbury academic audit report cycle4 [R]. Wellington: New Zealand Universities Academic Audit Unit, 2010.

[69] Office of Undergraduate Research and Fellowships, Harvard College. About the program [EB/OL]. [2018-01-12]. https://freshmanseminars.

college. harvard. edu/about-program.

[70] Office of Undergraduate Research and Fellowships, Harvard College. Undergraduate research [EB/OL]. [2017-12-10]. https://college. harvard. edu/academics/research-initiatives.

[71] OLSSEN M. The restructuring of tertiary education in New Zealand: governmentality, neo-liberalism, democracy [J]. McGill journal of education, 2002, 37 (1): 57-87.

[72] Oxford Learning Institute. Programmes and courses [EB/OL]. [2017-12-26]. http://www. learning. ox. ac. uk/teaching/programmes/.

[73] PARKER J. Comparing research and teaching in university promotion criteria [J]. Higher education quarterly, 2008, 62 (3): 237-251.

[74] PERKINS J A. The university as an organization [M]. New York: McGraw-Hill, 1973: 3-14.

[75] PROSSER M, MARTIN E, TRIGWELL K, et al. Academics' experiences of understanding of their subject matter and the relationship of this to their experiences of teaching and learning [J]. Instructional science, 2005, 33 (2): 37-57.

[76] RAMSDEN P, MOSES I. Associations between research and teaching in Australian higher education [J]. Higher education, 1992, 23 (3): 273-295.

[77] RHODE D. In pursuit of knowledge: scholars, status, and academic culture [M]. Palo Alto: Stanford University Press, 2006.

[78] ROBERTSON J. Beyond the "research/teaching nexus": exploring the complexity of academic experience [J]. Studies in higher education, 2007, 32 (5): 541-56.

[79] ROBERTSON J. Research and teaching in a community of inquiry [D]. Canterbury: The University of Canterbury, 2003: 244.

[80] ROBERTSON J, BOND C. The research/teaching relation: a view from the "edge" [J]. Higher education, 2005, 50 (3): 509-535.

[81] ROWLAND S. Intellectual love and the link between teaching and research [M] // BARNETT R. Reshaping the university: new relationships between research, scholarship and teaching. Maidenhead: McGraw-Hill/Open University Press, 2005.

[82] ROMAINVILLE M. Teaching and research at university: a difficult pairing [J]. Higher education management, 1996, 8 (2): 5-144.

[83] SCHIMANK U, WINNES M. Beyond Humboldt? The relationship between teaching and research in European university systems [J]. Science and public policy, 2000, 27 (6): 397-408.

[84] SCOTT P. Divergence or convergence? The links between teaching and research in mass higher education [M] // BARNETT R. Reshaping the university: new relationships between research, scholarship and teaching. Maidenhead: McGraw-Hill/Open University Press, 2005.

[85] SHATTOCK M. Making policy in British higher education 1945—2011 [M]. Maidenhead: Open University Press, 2012.

[86] SHORE C. Beyond the multiversity: neoliberalism and the rise of the schizophrenic university [J]. Social anthropology, 2010, 18 (1): 15-29.

[87] SIMONS M. Education through research at European universities: notes on the orientation of academic research [J]. Journal of philosophy of education, 2006, 40 (1): 31-50.

[88] SPRONKEN-SMITH R. The research-teaching link at canterbury [R]. Christchurch: University of Canterbury, 2004.

[89] SPRONKEN-SMITH R, KINGHAM S. Strengthening teaching and research links: the case of a pollution exposure inquiry project [J]. Journal of geography in higher education, 2009, 33 (2): 241-253.

[90] SPROKEN-SMITH R, WALKER R. Can inquiry-based learning strengthen the links between teaching and disciplinary research [J]. Studies in higher education, 2010, 35 (6): 723-740.

[91] TAYLOR J. The teaching: research nexus: a model for

institutional management [J]. Higher education, 2007, 54 (6): 867-884.

[92] TAYLOR J. The teaching-research nexus and the importance of context: a comparative study of England and Sweden [J]. Comparative education, 2008, 38 (1): 53-69.

[93] TERENZINI P T, PASCARELLA E T. Living with myths: undergraduate education in America [J]. Change, 1994, 26 (1): 28-32.

[94] Tertiary Education Advisory Commission. Shaping the system [R]. Wellington: Tertiary Education Advisory Commission, 2001.

[95] Tertiary Education Quality and Standards Agency. Statistics report on TEQSA registered higher education providers [R]. Melbourne: TEQSA, 2017.

[96] Tertiary Education Quality and Standards Agency. Higher education standards framework 2015 [EB/OL]. [2018-07-01]. https://www. teqsa. gov. au/higher-education-standards-framework-2015.

[97] The University of Sydney. Strategic directions 2006—2010 [R]. Sydney: The University of Sydney, 2005.

[98] The University of Sydney. Strategic plan 2007—2010 [R]. Sydney: The University of Sydney, 2006.

[99] The University of Sydney. 2011—2015 Green paper [R]. The University of Sydney, 2010.

[100] The University of Sydney. 2011—2015 Strategic plan [R]. The University of Sydney, 2010.

[101] The University of Sydney. 2011—2015 White paper [R]. The University of Sydney, 2010.

[102] The University of Sydney. Study [EB/OL]. [2018-03-20]. https://sydney. edu. au/study. html.

[103] THWING C F. Higher education in Australia and New Zealand [R]. Bullentin of Bureau of Education, 1922 (25).

[104] TURNEY C, BYGOTT U, CHIPPENDALE P. Australia's first: a history of the university of Sydney (1850—1939) [M]. Sydney, NSW: Hale & Iremonger, 1991.

［105］ University of Canterbury. AUT report shows NZ Well behind Britain and Austria ［C］. Chronicle，1974，9（5）.

［106］ University of Canterbury. Chancellor appeals for continued investment ［C］. Chronicle，1978，13（3）.

［107］ University of Canterbury. The university charter ［R］. Christchurch：University of Canterbury，1991.

［108］ University of Canterbury. UC charter 2003—2010 ［R］. Christchurch：University of Canterbury，1991.

［109］ University of Canterbury. University of Canterbury：statement of objectives 2003 to 2005 ［R］. Christchurch：University of Canterbury，2002.

［110］ University of Canterbury. Learning and teaching plan 2013—2017 ［R］. Christchurch：University of Canterbury，2013.

［111］ University of Canterbury. How will the new research funding climate impact on the teaching-research nexus at the university of Canterbury ［R］. Christchurch：University of Canterbury，2004：3.

［112］ University of Canterbury. Academic promotion ［EB/OL］. ［2017-11-30］. http://www.canterbury.ac.nz/about/hr/academic-promotion/.

［113］ University of Canterbury. UC-a World Recognised ［EB/OL］. ［2017-12-25］. http://www.canterbury.ac.nz/get-started/why-uc/prestigious/top-uni/.

［114］ University of Oxford. Selection tests ［EB/OL］. ［2017-12-25］. http://www.admin.ox.ac.uk/personnel/recruit/select_cand/tests/.

［115］ University of Oxford. UGP 2018 entry courses ［EB/OL］. ［2017-12-15］. https://www.ox.ac.uk/sites/files/oxford/UGP%202018%20entry%20Courses.pdf.

［116］ University of Oxford. Strategic plan 2013-18 ［EB/OL］. ［2017-12-20］. https://www.ox.ac.uk/sites/files/oxford/field/field_document/Strategic%20Plan%202013-18.pdf.

［117］ U. S. Department of Education. The framework of employability skills ［EB/OL］. ［2018-05-14］. https://cte.ed.gov/initiatives/employability-skills-framework.

后　　记

2009 年 4 月，还在读博士一年级的我接到导师刘献君先生的电话，自那一刻，“大学教学与科研关系”便成为我近十年来主要关注的研究领域。

2012 年的某天，师姐肖兴安博士电话垂询我的生活、学习状况，刚刚博士毕业一年的我兴致勃勃地跟她分享了自己的“宏伟计划”：出版 3 本关于大学教学与科研关系的书，分别聚焦于教师层面、大学组织层面和国家创新体系层面。

时光荏苒，转眼间我从事“大学教学与科研关系”研究已近 10 年，是时候总结反思一下自己的工作状况了。

2014 年 10 月，在我的博士学位论文基础上修订而成的《大学场域变迁中的教学与科研关系：一项关于教师行动的研究》，被纳入教育科学出版社“教育博士文库”并获资助出版。2016 年 12 月，在博士后研究报告基础上修订而成的《美国研究型大学构建教学与科研关系的行动逻辑研究》，得以在科学出版社出版。而现在的这本书则是我完成的关于“大学教学与科研关系”的第三本书。单从数量而言，至此我算是完成了自己的“宏伟计划”，可从研究主题看，仍是“同志仍需努力”的状况。前两本书，分别集中于大学教师和大学组织层面，是依据计划开展的工作成果，而第三本书，仍是集中于大学组织层面，而非国家创新体系方面。好在这本书与之前的两本书还是有些区别的：前两本书的任务主要是描述和解释，描述大学教师、大学组织（尤其是美国研究型大学）建构教学与科研关系的行动，解释其行动逻辑；这本书的主要任务则是描述和建构，在描述五所一流研究型科教融合制度和实践的基础上，建构理想的科教融合制度设计和实践策略。

研究是一件令人着迷的事业，却又常让研究者陷入困惑、苦恼、迷惘之中。这十年间，我乐此不疲地沉溺于“大学教学与科研关系”的研究，想穷尽主要的研究文献，搞清教师及其大学是如何认识和处理教学与科研关系的。可是，这一路走来，时常感到困惑、困顿甚至困倦，难怪著名学者彼得·斯科特说：“在大众化高等教育系统中，教学与科研关系是一个在思想上最混乱、政治上争论最多、管理上最复杂的问题之一。”

我是幸运的，几位恩师的教导，激励我在困惑与困顿中一直前行，沉迷于自己喜爱的研究。我在博士阶段的导师、华中科技大学刘献君教授，博士后研究期间的导师、河南大学刘志军教授，访学期间的导师、伊利诺伊大学香槟分校 Jessica Li 教授等，都给予了我诸多指导帮助，让我能持续研究这个异常复杂的课题。

本书是国家社科基金教育学青年课题——“大学科教融合的制度设计与实践策略研究”的成果。感谢课题组成员王萍、王立、王洪席、王占军、宋燕等同志，感谢指导本课题开题的涂艳国教授、刘志军教授、许远理教授、汪基德教授和刘黎明教授，若没有这些学者的参与、指导和帮助，课题恐难以完成。

感谢执笔写作本书的各位作者！本书的框架由吴洪富设计并负责统稿。各章撰写人分别为：吴洪富（河南大学）撰写导言、第一章、第二章、第六章和第八章；刘彩霞（河南大学）撰写第三章；谢泽银（河南大学）撰写第四章；吴洪富、刘彩霞撰写第五章；赵娟娟（河南大学）、张琳琳（郑州师范学院）撰写第七章。

本书得以出版，要特别感谢董泽芳教授。2008 年至 2011 年，我在华中科技大学攻读博士学位，那几年间，董泽芳教授多次参加我师兄、师姐们的论文开题会、答辩会，从董老师对论文的评价中，我受益很多。荣幸的是，2011 年 6 月，我的论文答辩会也请到了董老师，自那以后，我跟董老师的交流更多了，常常得到董老师的教导、帮助和关心。本书正是在董老师的直接帮助下出版的。2017 年 10 月，董老师在电话中询问我的学习情况，我向他汇报了国家社科基金项目的进展，董老师说他正在主持一项国家出版基金项目，并表示尽量为我争取资助的机会。感恩董老师！在董老师的全力支持下，本书顺利地获得了出版基金的资助。感谢董老师！若没有老师的鞭策，本书的成稿还不知道要拖到何年何月。

感谢华中师范大学出版社冯会平主任和魏耀武博士！冯主任睿智、热情，在她的帮助下，本书得以顺利出版。魏耀武博士是本书的编辑，付出了大量艰辛的工作，为本书增色良多。

吴洪富

2018 年 9 月 30 日

★国家社会科学基金教育学青年课题
“大学科教融合的制度设计与实践策略研究”（CIA130169）
成果